Prof. Hademar Bankhofer

Prof. Bankhofers
Winter-Wellness

Prof. Hademar Bankhofer

Tipps und Anregungen

für die kalte Jahreszeit

Winter-Wellness

- Naturarzneien, die dem Winter einheizen
- Winterobst und -gemüse
- Ihr Badezimmer als Kurzentrum
- Mehr Licht für triste Tage

Die 17 besten Winter-Cocktails

ISBN 3-902191-56-2

Autor: Prof. Hademar Bankhofer

Fotos: Lizzy Bankhofer, W. Eisl und Kneipp-Verlag

Layout, Fotosatz, technische Bearbeitung: Kneipp-Verlag

Druck: Theiss GmbH, A-9431 St. Stefan

1. Auflage

Leoben, November 2003

Inhalt

Eiskalt, nass und ungemütlich: Genießen Sie den Winter!

Ein Vorwort

Geht es Ihnen auch so? Allein der Gedanke an den Winter lässt bei vielen von uns ein negatives Gefühl aufkommen. Man denkt an die Kälte, die vielen düsteren, ungemütlichen Tage ohne Sonnenschein. Man denkt an den feuchten Nebel, ans Glatteis, an den grippalen Infekt. Das ist im Allgemeinen das Image der kalten Jahreszeit.

Ich war auch jahrzehntelang so ein „Winter-Muffel" – mit Einschränkungen. In den Bergen, wo auch in den eiskalten Monaten ein strahlend blauer Himmel lacht und eine saubere, weiße Schneelandschaft auf uns wartet, da kann man die Zeit schon genießen. Daher haben Winterurlauber und Schifahrer immer ein gutes Wort für den Winter. Aber überall sonst im Land hat der Winter eigentlich, wenn man genau überlegt, nur Unangenehmes zu bieten.

Und genau das stimmt nicht. Dahinter bin ich auch erst im Laufe vieler Jahre gekommen. Es lohnt, sich näher mit den positiven Seiten des Winters zu befassen. Es gibt sie nämlich tatsächlich. Ich werde Ihnen beim Nachdenken ein wenig helfen. Denken Sie nur an das Ambiente eines gemütlichen, kuschelwarmen Zimmers, an ein flackerndes Kaminfeuer, an einen vergnüglichen Nachmittag auf dem Eislaufplatz oder auf der Rodelwiese vor der Stadt.

Denken Sie an den Advent mit seinen Düften, an die Weihnachtsfeiertage, an die Silvester-Party und an den Karneval, Fasching, an die Fastnacht oder wie immer man diese verrückte, ausgelassene Zeit nennt. Und was die Ernährung betrifft: Die Lebensmittel verderben nicht so schnell. Die Gefahr einer Salmonellen-Belastung ist viel geringer. Der Genuss eines Sauna-Besuches und eines Kurzurlaubes in einem Thermalbad ist im Winter viel größer als in der schönen Jahreszeit.

Dann gibt es auch eine Reihe von gesundheitlichen Vorteilen, die den Winter nahezu zu einer „Naturarznei" machen. Die Allergiker können sich freuen. Es gibt keine Pollen. Die Luft ist rein von derartigen Belastungen. Man kann durchatmen. Die Kälte hilft uns beim Schlankwerden und Schlankbleiben. Wenn es draußen sehr kalt ist und man sich im Freien etwa 2 Stunden bewegt, dann verbrennt der Organismus – je nach Körpergröße und Gewicht – etwa 300 bis 600 Kalorien. Nach einem Spaziergang an kalten Wintertagen kann man mit gutem Gewissen ein Stück Torte genießen und nimmt nicht zu.

Auch ich habe lange gebraucht, um all die Vorzüge des Winters zu erkennen, ihn als positive Jahreszeit zu mögen. Aber ich habe es geschafft und möchte dieses positive Gefühl an Sie, liebe Leser, weitergeben. Deshalb habe ich dieses Buch für Sie geschrieben.

Man kann den Winter natürlich nur dann positiv sehen, wenn man sich in der kalten Jahreszeit richtig verhält, wenn man die Gefahren kennt, ihnen vorbeugt und die nötigen Rezepte und Maßnahmen weiß, mit denen man sie bekämpfen kann. Dazu möchte ich Ihnen viele Anregungen geben, damit Sie gesund, fit und vital durch die kalten Monate kommen.

Ich lade Sie ein: Lernen Sie mit mir den Winter lieben. Er hat es sich verdient. Es ist eine faszinierende, wunderbare Zeit.

Herzlichst

Ihr

Prof. Hademar Bankhofer

Es wird kalt: So meistern Sie die ersten Belastungen für Körper und Seele

Der Sommer und der Herbst mit den goldenen, sonnigen, schönen Tagen sind für die meisten von uns viel zu kurz. Wenn das Wetter auf kalt umschlägt, dann dürfen wir uns dagegen nicht wehren. Wir müssen in unserem Kopf einen Schalter umlegen und müssen uns darauf einstellen, dass jetzt eine ganz andere Zeit beginnt, die ebenfalls viele schöne Seiten hat. Lernen Sie in diesem Kapitel den Einstieg und das Umdenken für die kalte Jahreszeit. Dabei müssen Körper und Geist mitmachen.

Jahreszeitenwechsel für den Körper

Es ist wieder soweit. Es heißt Abschied nehmen von der schönen Jahreszeit. Das bedeutet, die Temperaturen sinken und unser Organismus muss sich gewaltig umstellen. Für viele ist das eine Zeit der Krise, in der sie sich leicht die erste Erkältung der Saison oder eine andere Erkrankung einhandeln.

Dazu gehören Kopfschmerzen, Migräne, Durchblutungsstörungen, Kreislaufstörungen, Verspannungen, Verkrampfungen, schlechte Laune, Gereiztheit, depressive Stimmung, allgemeines Unwohlsein. Sehr oft ist auch das Immunsystem geschwächt. Das haben Untersuchungen an der Universität in Paris ergeben.

Man muss beim Übergang auf die kalte Jahreszeit auf die Kleidung achten. Viele Menschen sind einfach seit Monaten leichtere Kleidung gewohnt.

Wer zu leicht gekleidet in die kalten Tage geht, handelt sich sehr schnell eine Erkältung ein.

Beim Sport muss man an den ersten kalten Tagen allerdings daran denken, dass man nicht zu warm angezogen ist. Wer joggt, wandert oder zügig geht, der fühlt sich um 10 – 15 °C wärmer als es tatsächlich ist. Wer zu warm angezogen ist, wird bei der Bewegung schwitzen und danach frieren. Also beim Sport leichter, danach warm anziehen.

Sport ist jetzt besonders wichtig:

- Der Körper gewöhnt sich an die neuen Außentemperaturen.
- Der Kreislauf, der beim Jahreszeitenwechsel leidet, wird angekurbelt.
- Durch den Sport werden im Gehirn mehr Glückshormone – so genannte Endorphine – produziert. Und diese lassen uns den Winter besser und leichter ertragen. Die idealen Sportarten für den Übergang zum Winter sind: Wandern, Joggen, Walking, vor allem Power-Walking; am besten mindestens 15 – 20 Minuten täglich, egal welches Wetter draußen herrscht.

Wenn es draußen kalt wird, dann hat man weniger Durst und trinkt weniger. Aber gerade jetzt ist das Trinken von großer Bedeutung. Damit der Kreislauf die Umstellung auf die kalte Jahreszeit besser schafft, braucht er sehr viel Flüssigkeit. Dazu kommt noch, dass das auch wichtig ist für eine positive Einstellung zum neuen Wetter, da Flüssigkeitsmangel die Botenstoffe, die für das positive Denken zuständig sind, blockiert.

2 bis 3 Liter Wasser am Tag, jeweils ein 1/4 Liter mit etwas frisch gepresstem Zitronensaft, sind ideal. Wenn es sehr kalt wird, dann ist es sinnvoll, ungesüßten lauwarmen Lindenblütentee zu trinken. Heiß würde er uns zum Schwitzen bringen. Lauwarm macht er angenehm warm. Sehr bewährt hat sich eine Trink-Kur mit Molke. Entweder trinkt man jeden Tag 1/4 bis 1/2 Liter frische Molke oder man greift zu einer besonderen Form der Molke, der gänzlich das Eiweiß entzogen wurde. Das Molkekonzentrat bekommt man in der Apotheke oder im Reformhaus. Man verrührt 1 Esslöffel Molke-Konzentrat in einem 1/4 Liter Wasser und trinkt dies in kleinen Schlucken.

Der Körper braucht jetzt viel Flüssigkeit.

Es macht auch Sinn, des Öfteren Rosenblütenblätter-Tee (aus der Apotheke) zu trinken. 2 Teelöffel getrocknete Rosenblütenblätter aus biologischem Anbau mit einer Tasse kochendem Wasser übergießen, 8 Minuten ziehen lassen, mit etwas Honig süßen, langsam trinken. Das ist ein sehr guter Tee für den Kreislauf zu Winterbeginn und schafft obendrein bessere Laune.

Beim Jahreszeitenwechsel in den Winter muss man in Sachen Ernährung einiges beachten. Beim Übergang in die kalte Zeit passiert nämlich etwas Kurioses: Viele bekommen einen regelrechten „Winter-Hunger", einen Riesen-Appetit. Dieser Winter-Hunger ist verständlich. Unser Organismus hat sich so sehr an die schöne Jahreszeit gewöhnt, dass er die ersten kühlen Tage bereits als sehr, sehr kalt empfindet. Die Folge ist, dass sich unser Körper nach deftiger Nahrung sehnt. Es hat keinen Sinn dagegen anzukämpfen. Das bringt sinnlosen Stress. Am besten gibt man dem „Winter-Hunger zu Saisonbeginn" nach, aber nur gebremst und mit kleinen Portionen.

Hier einige Tipps:

- Ideal für den „Winter- Hunger": Greifen Sie zu einem kleinen Stück Schokolade und lassen es langsam auf der Zunge zergehen. Wunderbar ist auch eine Tasse heiße Trinkschokolade.
- Trinken Sie eine Tasse lauwarme Suppe, am besten eine Gemüsebrühe.
- Essen Sie eine Portion Milchreis, ideal wäre Naturreis.
- Sinnvoll ist es auch, Salate mit Weizenkeimöl anzurichten. Es ist ein klassischer Vitamin-E-Lieferant. Vitamin E macht den Organismus stark für die ersten kalten Tage. Darum ist es jetzt auch sehr wichtig, Vollkornprodukte zu essen.

Ideale Nahrungsmittel für den Jahreszeitenwechsel zum Winter:

- Bananen, weil sie die Stimmung verbessern.
- 1 Teelöffel Honig, wenn man ihn langsam auf der Zunge zergehen lässt, denn er beruhigt sehr.
- An Wintertagen, an denen die Sonne nicht scheint, macht es Sinn, 200 Gramm Champignons zu verzehren. Diese Champignons ersetzen nämlich 2 Sommertage mit Sonne, weil sie Vitamin D liefern, das wir sonst nur selbst erzeugen können, wenn Sonnenschein auf unsere Haut auftrifft.

Es gibt auch einfache, natürliche Tricks, mit denen man den Übergang in die Winterkälte leichter schafft:

- In der Aroma-Therapie haben sich Rosmarinöl und Rosenöl sehr bewährt. Entweder gibt man jeweils 20 Tropfen auf ein Textiltaschentuch und schnuppert tagsüber daran oder man gibt 20 Tropfen in eine Dessertschale mit Wasser und atmet die aufsteigenden ätherischen Öle aus der Raumluft ein.
- Umgeben Sie sich mit den Farben Orange und Rot. Tragen Sie Kleidung in diesen Farben. Eine Untersuchung an der Universität Paris hat schon vor Jahren ergeben, dass die Farben Rot und Orange für den Jahreszeitenwechsel zu den kühleren Temperaturen Kraft geben.
- Ziehen Sie sich 1- bis 2-mal die Woche ins Badezimmer zurück und nehmen Sie ein Wannenbad mit Lavendel- oder Melissenöl.
- Reduzieren Sie Alkohol, Nikotin und Bohnenkaffee. Sie belasten damit den Organismus speziell beim Übergang in die Winterszeit.
- Der amerikanische Psychologe Prof. Dr. Lawrey rät den Menschen viel Liebe, Zärtlichkeit und Zuwendung beim Jahreszeitenwechsel in den Winter. In der Partnerschaft sollte man sich also Zeit fürs Kuscheln, Küssen und Streicheln nehmen.
- Schlafen Sie ausreichend (8 Stunden).
- Zur Stärkung des Kreislaufs bei starken Wetterschwankungen hat sich sehr das Kneipp'sche Wassertreten bewährt: Steigen Sie in kaltem, knietiefem Wasser in der Badewanne oder in einem Fußkneipper im Storchenschritt 1 bis 2 Minuten umher. Das härtet ab für die kalte Jahreszeit. Oder machen Sie ein Wechselfußbad: Füllen Sie einen Eimer (oder Fußkneipper) mit warmem und einen mit kaltem Wasser. Beine zuerst 5 Minuten ins warme Wasser (Wasser soll über die Waden reichen) geben, dann die Beine für 10 Sekunden ins kalte Wasser tauchen und das Ganze wiederholen (anfangs 2-mal wechseln bis max. 4-mal). Nach kaltem Abschluss die Beine abstreifen, zwischen den Zehen abtrocknen und warme Socken anziehen.

Hier spezielle einfache Übungen, damit wir uns leichter an die neuen Wettersituationen gewöhnen:

- Spannen Sie einfach einen Muskel oder mehrere Muskelgruppen für 10 Sekunden an und lassen Sie dann wieder locker. Zum Beispiel die Po-Backen, die Oberarm- oder Bauchmuskeln. Die Übung sollte jeweils 5-mal wiederholt werden.
- Eine andere Übung: Nehmen Sie einen kantigen Bleistift zwischen die Handflächen beider Hände und reiben Sie 3 Minuten lang daran die Handflächen. Sie aktivieren damit Energiepunkte und Energiebahnen, die Ihnen Kraft geben.
- Es gibt auch Akupressur-Massagen aus der chinesischen Medizin, die uns den Übergang in den kalten Winter leichter machen.

3 sehr wichtige Punkte für den Übergang vom Herbst zum Winter:

1. Bei Kreislaufproblemen: Auf der Kuppenspitze des Mittelfingers befindet sich der wichtige Energiepunkt KS 9 für den Kreislauf. Reiben Sie gleichzeitig an beiden Händen jeweils 30 – 60 Sekunden lang den Daumen gegen die Spitze des Mittelfingers. Es soll dabei ein Wärmegefühl entstehen.

2. Wenn es durch einen Temperatursturz zu Verspannungen im Nacken kommt, dann suchen Sie auf beiden Seiten den Punkt G 21 am oberen Schulterrand genau in der Mitte, einen Fingerbreit zum Rücken nach hinten. Hier greifen Sie mit dem Daumen und dem Zeigefinger den Muskel, drücken ihn zusammen und massieren ihn in kreisenden Bewegungen. Etwa 1 – 2 Minuten. Der Griff muss mehrmals wiederholt werden.

3. Wenn Sie durch die ersten Wintertemperaturen müde und erschöpft sind, dann massieren Sie den Punkt „Palast der Arbeit". Er befindet sich an beiden Händen jeweils zwischen den Fingerknöcheln von Zeigefinger und Mittelfinger am Handrücken. Massieren Sie ihn 30 – 60 Sekunden, machen Sie dann eine Pause und wiederholen Sie die Massage, bis Sie sich wieder fit fühlen.

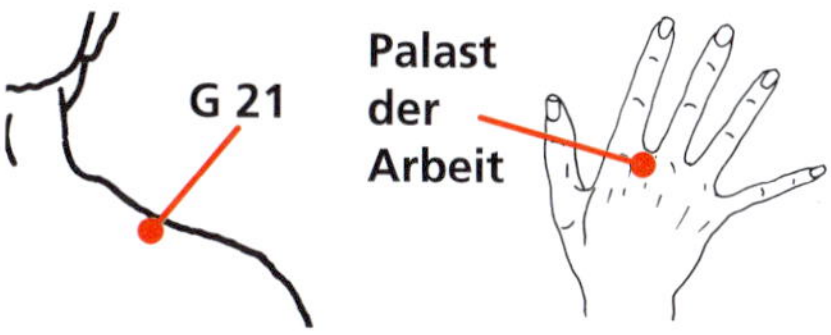

Die positive Kraft eines tristen Wintertages

Im Oktober und November gibt es vielleicht noch einige strahlende, wärmere Tage mit relativ angenehmen Temperaturen. Im Dezember ist das höchst selten der Fall. Da wird uns die kalte Jahreszeit erstmals richtig bewusst. Draußen ist es oft düster, feucht, kalt und nebelig.

Ende November, Anfang Dezember gibt es die unwirtlichsten Wochen des Jahres. Deshalb sind auch die meisten von uns froh, wenn sie wieder vorbei sind. Das ist aber nicht richtig, denn jede Zeit ist zu kostbar, um sie bloß vorübergehen zu lassen.

Wir sollten daher die ersten ungemütlichen Winterwochen mit positiven und optimistischen Gedanken begrüßen. Wussten Sie, dass wir auch trostlose Eindrücke und triste Zeiten brauchen, damit wir die sonnigen, strahlenden Zeitabschnitte besonders genießen können? UNO-Soldaten, die auf den Golan-Höhen stationiert waren, berichteten später, wie langweilig und deprimierend es war, jeden Tag einen strahlend blauen Himmel ohne eine Wolke über sich zu haben, etwas, wovon wir in unseren Breiten träumen.

Wenn wir es auch nicht wahrhaben wollen: Wir brauchen den Winteranfang mit seiner nassen Kälte, die uns bis in die Knochen kriecht, den Nebel, der uns die Sicht nimmt, die kahlen Bäume in der Landschaft und die braunen Blätter auf den Straßen und Gehwegen. Denn dann genießen wir danach einen sonnigen, frostigen Wintertag und bauen eine Vorfreude auf das Frühjahr in uns auf, die uns Durchhaltekraft gibt.

Verstecken Sie sich nicht zu Hause in der warmen Stube. Nehmen Sie die herbstliche Herausforderung an und denken Sie daran, wie wichtig es ist sich zu bewegen: Ziehen Sie sich entsprechend warm an, vergessen Sie die Kopfbedeckung nicht und wagen Sie sich hinaus in die Natur. Lassen Sie die Kälte, die Nässe und vor allem den Nebel auf sich wirken. Das kann sehr romantisch sein!

Die Stimmung in der tristen Winterlandschaft hat noch einen Vorteil: Man beginnt bei solchen Spaziergängen zu sich selbst zu finden, denkt über sich selbst nach. Mitunter entdeckt man bei solchen Selbstbetrachtungen Fehler, die man ablegen sollte, Entscheidungen die rückgängig gemacht werden sollten. Der Schriftsteller Mark Twain hat einmal gesagt: „Nichts kann einem die Türe zu sich selbst besser öffnen als ein Spaziergang bei schlechtem Wetter!"

Eines allerdings hat sich im Laufe der Zeit geändert. Unsere Großeltern und Urgroßeltern haben den Aufenthalt im Nebel noch als gesund bezeichnet, vor allem für die Gesichtshaut. Davon sind wir heute weit entfernt: Durch die Umweltschadstoffe sind die Wassertropfen des Nebels mit Schmutz und aggressiven Giften angereichert, welche äußerlich die Haut und innerlich den Bronchien schaden können. Daher gilt für den Spaziergang im November- oder im Winternebel: vorher und nachher muss die Haut gezielt geschützt, gestärkt und aufgebaut werden. Gerade in dieser unwirtlichen Jahreszeit sollte die Hautpflege aus der Apotheke kommen. Und als ideale Substanzen gegen die Auswirkungen des Nebels, der Schadstoffe und der Kälte haben sich auf Grund von Studien des amerikanischen Dermatologen Prof. Dr. Albert Kligman von der Universität Pennsylvania, USA, Wirkstoffkombinationen mit Jojoba-Öl, Aloe vera, Lavendelöl, Weizenkeimöl und den Vitaminen A und E besonders bewährt.

Es ist erwiesen, dass im November und Dezember, wenn dicker Nebel über der Landschaft brütet, bei vielen Menschen depressive Stimmungen aufkommen. Da es sich dabei nicht um Depressionen handelt, wie sie nur vom Arzt behandelt werden dürfen, gibt es mitunter kleine Tricks, um das Problem besser in den Griff zu bekommen.

Fröhliche Nahrung für trostlose Tage

Mehr Menschen als man vermutet verfallen in der trostlosen Zeit des Winteranfangs in eine depressive Stimmung und haben meist gar keinen Grund dafür.

Man kann zwar die aussichtslose Wettersituation in dieser Jahreszeit nicht ändern, aber man kann dennoch etwas tun. Es gibt Nahrungsmittel, mit denen wir an tristen Wintertagen unsere Laune bessern und depressive Verstimmungen abbauen können.

Es sind ganz einfache Tricks:

- Greifen Sie recht oft zu einer goldgelben, reifen Banane. Sie enthält die natürlichen Hormone Serotonin und Norepinephrin sowie viele Vitamine, Mineralstoffe und Spurenelemente, die positiv auf Nerven und Gemüt wirken. Der regelmäßige Genuss der Banane gibt Jung und Alt mehr Lebensmut und bessere Laune. Sie enthält den Bioaktivstoff Katecholamin, der zusätzlich beruhigt.
- Essen Sie regelmäßig Pellkartoffeln, nur mit etwas Kräutersalz, wenig Butter oder Topfen (Quark). Kartoffeln machen optimistisch, weil sie kaliumreich sind und Giftstoffe aus dem Organismus ableiten.
- Naschen Sie einmal am Tag 1 Esslöffel Bienenhonig und lassen Sie diesen langsam auf der Zunge zergehen. Die Spurenelemente und pflanzlichen Hormonstoffe stimmen harmonisch und bekämpfen Nervosität. Vorsicht, wenn Sie gegen Pollen allergisch sind!
- Kaufen Sie Backwerk mit Anis. Anis macht fröhlich und vertreibt negative Gedanken. Das wusste man schon im antiken Ägypten.
- Trinken Sie Fencheltee. 1 Teelöffel gestoßene Fenchelkörner mit 1 Tasse kochendem Wasser übergießen, 10 Minuten ziehen lassen, durchseihen. Oder mischen Sie Fenchel, Anis und Kümmel zu gleichen Teilen. 1 gehäuften Teelöffel davon mit 1 Tasse kochendem Wasser übergießen, 8 Minuten ziehen lassen, durchseihen und lauwarm mit etwas Honig trinken.
- Kauen Sie Rosinen und Datteln.
- Es kann der Stimmung im Winter auch helfen, wenn Sie des Öfteren Speisen mit Hirse zubereiten. Man nannte sie bereits im Mittelalter das „fröhliche Getreide", weil man beobachtet hatte, dass man nach dem Verzehr von Hirse einfach besser drauf war. Die Wirkung ist auf die Sonnenenergie zurückzuführen, die in der Hirse besonders gut gespeichert wird und dann als Energie an den Körper abgegeben wird.
- Schlechte Stimmung lässt sich auch durch den regelmäßigen Genuss von Naturreis vertreiben. Der Reis mit dem Silberhäutchen enthält reichlich Magnesium und das Nerven-Vitamin B_1, das sind ideale Voraussetzungen für eine bessere Laune und positives Denken.

Winterdepression: Die Lichttherapie für zu Hause

Jetzt sind sie wieder da: die düsteren Tage ohne Sonne. Draußen ist alles grau, nass und kalt. Viele Menschen haben schlechte Laune, sind traurig oder haben eine depressive Stimmung.

Die Ursache für diese gesundheitliche Störung, oft auch mit Reizbarkeit, Spannung und Nervosität verbunden, ist der Mangel an natürlichem Licht. Künstliches Licht wird vom Organismus als Dunkelheit empfunden. Das natürliche Licht steuert im Menschen den Schlaf- und Wachrhythmus und die innere Uhr. Bekommt der Körper zu wenig natürliches Licht, erzeugt die Zirbeldrüse bereits tagsüber das Schlafhormon Melatonin, das ins Blut ausgeschüttet wird und müde macht.

Das Licht der Vollspektrum-Lampe kann die quälende Winterdepression besiegen.

Und so unterscheidet man die Herbst- und Winterdepression von der klassischen Depression: Bei der Lichtmangel-Depression hat man ein starkes Schlafbedürfnis und einen Heißhunger auf Süßes. Man nimmt zu. Bei der echten Depression nimmt man ab, kann nicht schlafen, hat keinen Appetit.

Bei sonnigem Wetter in der schönen Jahreszeit empfängt der Mensch eine Lichteinstrahlung von 100.000 Lux. An sonnenlosen Herbst- und Wintertagen beträgt die Einstrahlung 1.500 Lux, in der Wohnung sogar nur 500 Lux.

Daher macht es wenig Sinn, gegen die Herbst- und Winterdepression Medikamente oder Naturarzneien einzunehmen. Prof. Dr. Siegfried F. Kaspar, Ordinarius für Psychiatrie an der Universität Wien hat seit Jahren die Lichtmangel-Erkrankung erforscht und betont: „Die beste Therapie ist die Zufuhr von Licht, das der Natur nachempfunden ist. Mit Speziallampen kann man das Lichtdefizit ausgleichen."

Es handelt sich dabei um Lampen mit Vollspektrumlicht, auch Bright Light Energy genannt. Sie liefern eine Lichteinstrahlung von 2.500 Lux. Das entspricht der Helligkeit eines strahlenden Frühlingsmorgens. Das ist ideal zur Stimmungsaufhellung. Es gibt diese Lampen seit einigen Jahren. Früher waren sie in erster Linie für Kliniken, Kurzentren, Krankenhaus-Ambulatorien und Arzt-Praxen vorgesehen und haben entsprechend viel Geld gekostet, nämlich um die 800 bis 1.000 Euro.

Die Licht-Behandlung wird in der Medizin Bright-Light-Energy-Therapie genannt, weil sie nicht nur gute Stimmung schafft, sondern auch neue Energie gibt. Seit dem Jahr 2002 gibt es, entwickelt von der Philips-Forschung, in den großen Warenhäusern sowie in Apotheken solche Bright-Light-Lampen, die für die tägliche Bestrahlung zu Hause gedacht sind. Sie brauchen wenig Strom, liefern kein ultraviolettes Licht und sind mit Lampen ausgestattet, die über 10.000 Stunden Lebensdauer haben. Sie kosten unter 200 Euro.

Namhafte Wissenschaftler, darunter auch Prof. Dr. Kaspar, fordern auf Grund ihrer Erfahrungen, dass man sich täglich 1 bis 2 Stunden bestrahlen sollte. Es wäre sinnvoll, wenn all jene, die unter einer Herbst- und Winterdepression leiden, so eine Lampe zu Hause hätten. Man bleibt während der Bestrahlung angekleidet und kann dabei lesen und arbeiten.

Das Licht der Lampe wird über Fotorezeptoren der Augen-Netzhaut aufgenommen und an die Zirbeldrüse weitergeleitet. Dadurch werden die Gute-Laune-Hormone und Botenstoffe im Gehirn verstärkt. Der gesamte Organismus wird mit Energie aufgeladen.

Nach 3 bis 7 Tagen Bestrahlung spürt man die Wirkung der Lichttherapie. Je näher man bei der Lampe sitzt, desto stärker wirkt sie. Bei einer Distanz von 20 Zentimetern erreicht man eine Lichtintensität von 10.000 Lux. Da genügt eine tägliche Bestrahlung von 30 Minuten.

Sonnenbank in Maßen: Naturarznei im Winter

Ohne Sonne könnten wir nicht leben. Wir brauchen sie für unseren Stoffwechsel, für unsere Vitalität, für die Durchblutung der Haut, für die Bewältigung von schlechter Laune, für die Wundheilung, für die Produktion von Sexualhormonen, für die bessere Aufnahme und Verwertung von Vitaminen und Mineralstoffen aus der Nahrung, für die Produktion von Vitamin D zum Stärken der Immunkraft und für die Festigung der Knochen gegen Osteoporose.

Vollwertkost, Fisch, Pilze sowie ein bis zwei Stunden tägliche Sonnenbestrahlung auf Gesicht und Hände sorgen für eine ausreichende Zufuhr bzw. Produktion von Vitamin D. Das funktioniert im Winter nicht. Dazu kommt noch, dass im Alter die Fähigkeit der Haut schwindet, das UV-Licht nützlich umzuwandeln. Vor allem in der zweiten Winterhälfte steigt das Risiko für einen Vitamin-D-Mangel. Das ist nicht nur schlecht für die Knochen. Wir wissen heute, dass das Vitamin D auch entscheidend beim Aufbau der Immunkraft und der guten Laune beteiligt ist.

In den sonnenarmen Monaten weisen einfache Analysen des Blutes eindeutig einen Rückgang von Vitamin D_3 (Vorstufe des Vitamin D) auf. Das bedeutet eine Schwächung der Knochen, aber auch eine beeinträchtigte Muskelleistung sowie schwache

Nerven. Man kann dagegen natürlich vom Arzt entsprechende hochdosierte Vitamin-Präparate verschreiben lassen. Doch von der UV-Bestrahlung im Sonnenstudio hat jeder Betroffene wesentlich mehr positive Effekte.

Auf dem 107. Kongress der Deutschen Gesellschaft für Innere Medizin in Wiesbaden hat Dr. Rolfdieter Krause von der Abteilung Naturheilkunde des Universitätsklinikums Benjamin Franklin Berlin mit Orthopäden, Röntgenologen, Pharmaexperten, Nierenspezialisten und Naturheilfachleuten aus Boston und Berlin das Ergebnis einer umfassenden Studie präsentiert. Das klare Ergebnis: Ganzkörper-Bestrahlung im Solarium ist das Mittel der Wahl gegen viele gesundheitliche Risiken in den dunklen Monaten.

Die Probanden der Studie legten sich unter ärztlicher Kontrolle zweimal die Woche auf die Sonnenbank. Die Knochenmasse nahm um 4 Prozent zu. Erhöhter und zu hoher Blutdruck sank. Bestrahlt wurde nur 10 Wochen. Die Wirkung hielt 12 Monate an.

Priv.-Doz. Dr. H.-J. Winterfeld an der Klinik für Kardiovaskuläre Chirurgie an der Charité in Berlin hat sich in den letzten 20 Jahren eingehend mit der Wirkung von Solarien befasst:

- Herz und Kreislauf sind bei jungen und alten Menschen in der kalten Jahreszeit besonders belastet. Dazu tragen überheizte Räume, Viren, vitaminarme Ernährung und mangelnde Bewegung bei. Die Sonnenbank stärkt Herz und Kreislauf. Am Universitätsklinikum Charité der Medizinischen Fakultät der Humboldt-Universität Berlin hat man nachgewiesen: Patienten, die einen Herzinfarkt überlebt oder eine Bypass-Operation hinter sich hatten, tat die Bestrahlung mit UV-B-Licht sehr gut.
- Wer sich 2-mal wöchentlich auf die Sonnenbank legt, ist weniger krankheitsanfällig gegenüber Erkältungen.
- Sonnenbank-Besucher sind beim Joggen und am Zimmerfahrrad leistungsfähiger.
- Die Durchblutung in den feinsten Blutgefäßen, die Mikrozirkulation, wird verbessert.
- Das Wohlbefinden wird gesteigert.

Dosierung eines Sonnenbades auf der Sonnenbank:

So lange man sich bei der Bestrahlung so richtig wohl fühlt. Der Körper muss aber mindestens 10 Minuten die Sonne auf sich einwirken lassen, damit die Strahlen ihre positive Wirkung zur Geltung bringen können. Der Vorteil der Sonnenbank ist, dass man die Bestrahlung exakt der Haut anpassen kann.

Die Sehnsucht des Menschen nach Licht und Sonne fürs Wohlfühlen wird umso größer, je länger der Winter dauert. Sonnenmangel führt zu Müdigkeit, zu einem verstärkten Schlafbedürfnis, zu Gereiztheit, verstärkten Ängsten, zu Antriebslosigkeit. Sonne aus der Steckdose kann da Abhilfe schaffen. Man weiß, dass bei der Bestrahlung auf der Sonnenbank verstärkt Glückshormone im Gehirn produziert werden. Das Praktische: Man kann sich zu jeder Tageszeit eine „Sonnen-Ration" holen. Der Effekt tritt nicht immer sofort nach der ersten Bestrahlung ein. Nach 3 bis 7 Tagen kann man das Wohlbefinden sogar messen.

Die Solarienhersteller haben es in den letzten Jahren verstanden – und da ist die Philips-Technologie weltweit an der Spitze – das Lichtspektrum so zu gestalten, dass von den Geräten keine Gefahr mehr droht, wenn man sich genau an die Beratung und an die Anweisungen hält. Man hat es hier mit dosierten UV-Strahlen zu tun, die das Immunsystem stärken, aber – bei maßvoller Nutzung – keinen Schaden an der Haut anrichten können. Man kennt die Stärke der Bestrahlungslampen. Man berücksichtigt den Zustand der Haut – ob sie vorgebräunt ist oder nicht. Man kann die Bräunungszeiten einstellen, so kann dann nichts passieren: Allerdings ist eine kompetente, fachliche Beratung notwendig. Dasselbe gilt auch für den Fachhandel beim Verkauf von Heimgeräten und praktischen Mobil-Solarien, die immer beliebter werden.

Wie oft man sich auf die Sonnenbank legt, ist eine Sache der Hautverträglichkeit. Standard ist einmal die Woche, eventuell 2-mal. Bei häufigeren Besuchen im Solarium ist die Gefahr einer beschleunigten Hautaustrocknung und -alterung zu beachten.

Prof. Hademar Bankhofer lässt sich die High-Tech-Funktionen eines modernen Solariums in einem Sonnenstudio erklären.

So können Sie mit Wärme heilen

Wer an einem eiskalten, klirrenden Wintertag unterwegs ist, der weiß, wie gut es tut, dann endlich in die wohlige Wärme einer Wohnung zu kommen. Im Winter übt die Wärme auf uns eine besondere Faszination aus, weil sie uns Wohlbefinden vermittelt. Wärme ist übrigens auch ein hervorragendes und vor allem preiswertes Naturheilmittel.

Seitdem es den Menschen gibt, galt die Wärme als besonders kostbares Gut. In den Anfängen der Menschheit konnte man sich diese Wärme nur durch das Einhüllen in Felle und durch gegenseitige Massagen verschaffen. Später war das Feuer ein lohender, willkommener Wärmespender.

Im Ägypten zur Zeit der Pharaonen wusste man bereits, dass man mit Wärme die Selbstheilkräfte des Körpers aktivieren kann. Man kannte damals sogar spezielle Kräutermischungen, die im Organismus Wärme erzeugten. Die Römer in der Antike waren die ersten, die ganz gezielt heiße Thermalquellen zu Kurbädern ausbauten und die das heiße Wasser im Kampf gegen Rheuma und Gelenkbeschwerden einsetzten.

Um 1900 wurde die Wärme als Heilmittel nur von Naturheilern propagiert. Mit dem Trend zur Naturmedizin hat auch die Schulmedizin wieder die Wärme entdeckt. Heute ist sie anerkannter Bestandteil zahlreicher Therapien. Noch niemals fanden Thermalbäder einen derartigen Zustrom wie heute. Es werden dort vor allem Erfolge bei der Behandlung von Wirbelsäulenproblemen, rheumatischen Erkrankungen und Gelenkbeschwerden erzielt. Aber auch Verspannungen – vielfach durch Stress verursacht – können erfolgreich mit Wärme behandelt werden.

In der Sauna kann man Erkältungskrankheiten vorbeugen. Sämtliche Stoffwechselvorgänge werden angekurbelt. Die natürlichen Abwehrkräfte werden gestärkt. Stress und Nervosität werden abgebaut. Man stärkt Herz und Kreislauf. Jedoch ist das Saunieren bei Venenerkrankungen verboten – bei allen Herz-Kreislauf-Erkrankungen vorher den Arzt fragen und niemals erkältet oder krank die Sauna aufsuchen.

Bei rheumatischen, chronischen Beschwerden hat sich auch die Rotlicht-Bestrahlung bewährt. Es entsteht dabei eine tiefgehende Erwärmung. Die bestrahlten Körperstellen werden besser durchblutet. Eine ideale Behandlungsmethode bei Gelenk- und Muskelschmerzen.

Sehr beliebt für die Selbstbehandlung von rheumatischen Beschwerden zu Hause – am besten in Absprache mit dem Arzt – sind Wärmepflaster oder Fangopackungen aus der Apotheke.

Aber auch viele Einreibetinkturen, Cremes und Salben aus der Apotheke, die man bei rheumatischen Beschwerden und Gelenkschmerzen aufträgt, wirken nach dem Prinzip der Wärme. Sie aktivieren die Durchblutung des Gewebes und schaffen Wärme. Man kann diese Erwärmung an der Haut sogar messen.

Die klassische Art, im Winter dem Körper wohltuende Wärme zuzuführen, ist die des Wannenbades, für das der Apotheker viele gesunde Kräuterzugaben bereithält. Für Heilzwecke sollte man 20 Minuten in der Badewanne im warmen Wasser zubringen, dann abtrocknen und 1 Stunde im Bett nachschwitzen. Warme oder heiße Bäder sind bei Venenerkrankungen (Krampfadern) verboten. Menschen mit Herz-Kreislauf-Erkrankungen sollen kein Vollbad, sondern nur ein Halbbad nehmen. Vollbäder belasten den Kreislauf.

Wir sollten auch – sozusagen als erste wohltuende Hilfe bei Verdauungsstörungen – wieder das gute alte Hausmittel der Gummi-Wärmeflasche, gefüllt mit heißem Wasser, einsetzen. Man legt sie auf und fühlt sich gleich besser.

Wo liegt das Geheimnis der heilenden Wärme? Ganz einfach: Wärme fördert die Durchblutung der Gefäße. Es werden mehr Nährstoffe und Sauerstoff zugeführt, mehr Giftstoffe abtransportiert. Allein damit wird bereits eine Selbstheilung eingeleitet. Wärme wirkt aber auch entkrampfend und entspannend. Das allein kann schon Schmerzen beseitigen.

Ein weiterer wesentlicher Effekt der Wärme:

Durch die Wärmezufuhr entsteht im Organismus ein künstliches Fieber, werden Krankheitserreger abgetötet oder geschwächt und schneller ausgeschieden. Parallel werden die Abwehrkräfte gestärkt.

Prof. Bankhofers

heißer Tipp für die kalte Zeit:

Wenn Ihnen kalt ist, trinken Sie ungesüßten, lauwarmen Lindenblütentee, dann wird Ihnen angenehm warm. Trinken Sie ihn nicht heiß, denn sonst bringt er Sie zum Schwitzen und Sie laufen Gefahr, sich zu erkälten.

Gesünder Fernsehen im Winter

Das Fernsehen ist heutzutage aus unserem Alltag nicht wegzudenken. Und speziell in der kalten Jahreszeit sitzen wir wieder öfter und länger vor dem Bildschirm. Fernsehen ist ein amüsantes Freizeitvergnügen. Vom gesundheitlichen Standpunkt aus kann es allerdings zum Problem werden, wenn man zu viel Zeit vor der „Glotze" verbringt und dabei zu viel isst und trinkt. Herz, Kreislauf, Magen, Muskel- und Bewegungsapparat und Augen werden belastet. Sie können jedoch eine Menge tun, damit Sie vom Fernsehen keine gesundheitlichen Schäden davontragen.

Gesünder essen und trinken beim Fernsehen:

- Beim Fernsehen niemals eine Hauptmahlzeit einnehmen. Wer sich auf den Bildschirm konzentriert, verliert vollkommen den Überblick über die Mengen, die er verzehrt.
- Verbannen Sie Knabbergebäck, Schokolade und Bonbons aus der Reichweite. Diese Naschereien machen dick und jagen Ihre Cholesterinwerte in die Höhe.
- Essen Sie frisches Obst und knabbern Sie rohes Gemüse. Ideal sind Äpfel, Orangen, Kiwis, Grapefruits. Damit tanken Sie wenig Kalorien, dafür Vitamine, Mineralstoffe, Spurenelemente und Enzyme.

- Erlaubt sind auch Kürbis-, Sesam- und Sonnenblumenkerne, Walnüsse, Haselnüsse, allerdings in Maßen.
- Gut geeignet beim Fernsehen ist ein Stück trockenes Vollkornbrot oder 1 Becher Jogurt, Fruchtjogurt, Kefirmilch oder Buttermilch.
- Wenn Sie Durst haben, trinken Sie Mineralwasser und ungesüßte Kräutertees.

Gesunde Bewegung beim Fernsehen:

Wir alle sitzen den ganzen Tag zu viel. Und abends setzen wir diese gesundheitsschädliche Gewohnheit vor dem TV-Gerät fort. Das führt mit der Zeit zu Durchblutungsstörungen, Wirbelsäulenproblemen, Verspannungen, Kreislauf-Erkrankungen, Haltungsschäden.

Machen Sie am besten beim Fernsehen einfache Übungen, die das lange Sitzen wettmachen.

- Ziehen Sie Schuhe und Strümpfe aus. Versuchen Sie während des Fernsehens mit den Zehen des rechten Fußes einen Golfball zu greifen. Dann übergeben Sie ihn, ohne ihn zu verlieren, an die Zehen des linken Fußes.
- Strecken Sie im Sitzen die Beine – eng aneinander – durch. Dann winkeln Sie die Knie an und stellen die Füße wieder vor sich hin. Wiederholen Sie die Ubung immer wieder.
- Setzen Sie sich so auf einen Stuhl, dass Sie sich mit dem Rücken nicht anlehnen. Nun geben Sie die Arme

nach hinten und haken die Finger beider Hände ineinander. Drücken Sie die Schultern zurück und versuchen Sie die Hände auseinander zu ziehen, ohne sie wirklich zu lösen. Eine ideale Entspannungsübung für die Wirbelsäule.

Gesunde Augen beim Fernsehen:

Wer viele Stunden täglich vor dem Bildschirm zubringt, der strapaziert seine Augen, die ohnehin tagsüber durch die Arbeit am Computer, durchs Autofahren und durch Umweltschadstoffe belastet sind.

Machen Sie daher ein Fernseh-Fitness-Programm für Ihre Augen:

- Knabbern Sie täglich 3 – 4 Karotten (Möhren). Sie liefern dem Organismus das für die Sehkraft so wichtige Provitamin A.
- Legen Sie nach einem langen TV-Abend 15 Minuten lang zimmerwarmen Quark (Topfen) auf die geschlossenen Augen.
- Lassen Sie am Wochenende Ihre Augen reichlich sattes Grün der Natur schauen.
- Massieren Sie während des Fernsehens die Schläfen mit Klosterfrau Melissengeist ein.
- Bereiten Sie 1 Tasse Fencheltee, tauchen Sie ein Leinentuch ein und legen Sie es 2-mal am Tag für 10 Minuten auf die geschlossenen Augen.

Wenn Sie diese Ratschläge befolgen, dann wird Fernsehen für Sie zu einem Genuss ohne Reue.

So stärken Sie Ihre Immunkraft für den Winter

Wir können nur dann gesund durch die kalte Jahreszeit kommen, wenn wir starke natürliche Abwehrkräfte haben, wenn unser Immunsystem funktioniert.

Das Immunsystem schützt uns rund um die Uhr vor Krankheiten, besser gesagt vor Krankheitserregern, die in den Organismus gelangen. Dafür verfügen wir über ein ganzes Netzwerk an Abwehrmöglichkeiten: Abwehrzellen (Lymphozyten, T-Lymphozyten und B-Lymphozyten, auch Killerzellen genannt, Makrophagen und Granulozyten, auch Fresszellen genannt) und sie sind alle durch Botenstoffe – Zytokine – miteinander in Verbindung.

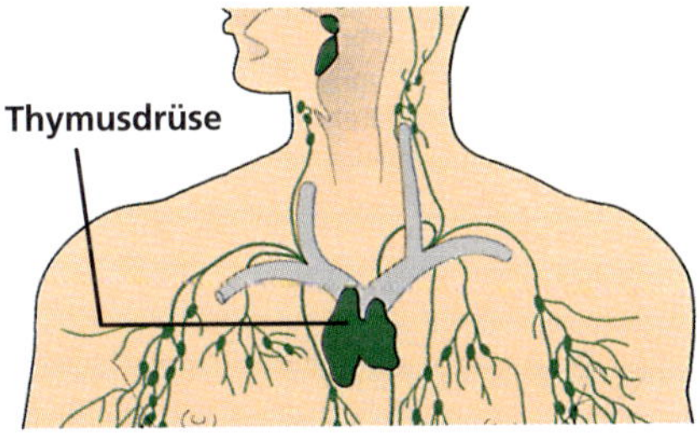

Die Immunologie hat im Laufe der Jahrzehnte den Mechanismus des Abwehrsystems entdeckt: Hinter dem Brustbein sitzt die Thymusdrüse. Sie ist die Schaltzentrale für die Immunabwehr. Vom Rückenmark werden neue Zellen hierher geschleust und wie in einer Schule zu Abwehrzellen herangebildet.

Aber: Die Thymusdrüse bildet sich schon von der Pubertät an wieder zurück, ihre Leistungen für das Immunsystem werden schwächer.

Daher müssen wir alles vermeiden, was das Immunsystem schwächt und dafür sorgen, dass unsere Abwehrzellen aktiv bleiben und Kraft haben.

Das kann man tun, um das Immunsystem zu schützen:

- Ständigen Stress, Ärger und körperliche Überanstrengung meiden.
- Ausreichend und ungestört schlafen.
- Lachen, fröhlich sein. Am Europäischen Zentrum für Immun-Therapie hat man eine Studie durchgeführt: Menschen, die lustige Filme zu sehen bekamen, hatten eine messbar bessere Immunkraft. Bei denen, die tragische Filme anschauten, sank die Zahl der Abwehrzellen.
- Sport treiben, am besten im Freien. Ideal im Winter sind Wandern und Joggen. Der Körper muss gleichmäßig belastet werden. Kraft- und Hochleistungssport schwächen das Immunsystem.
- Atemübungen im Freien durchführen.
- Härten Sie den Körper mit Kneipp-Anwendungen ab, z. B. mit Wassertreten am Morgen. Lassen Sie knietief kaltes Wasser in die Badewanne ein oder füllen Sie einen Fußkneipper mit kaltem Wasser. Steigen Sie im Storchenschritt 1 – 2 Minuten darin umher.

Und das kann man tun, um gezielt zum Winteranfang das Immunsystem aufzubauen und zu stärken, damit man weniger gefährdet ist, krank zu werden:

- Mit einer gesunden Ernährung: reichlich Obst und Gemüse essen, 5 kleine Mahlzeiten am Tag, Fett und zu viel Fleisch sowie Konservierungsstoffe im Essen meiden.
- Erkälteten aus dem Weg gehen.
- Ihre Hände oft waschen, denn daran sind viele Krankheitserreger.
- Vitamine zu sich nehmen. An sich sind alle Vitamine im Verbund wichtig, besonders aber A, Betacarotin, E und C. Vitamin C schützt die Zellflüssigkeit, A und Betacarotin die Zellstruktur, E die Zellwand. Eine zentrale Rolle aber spielt das Vitamin C: Unsere Abwehrzellen – vor allem die Granulozyten – brauchen große Mengen an Vitamin C als Sprit, um arbeiten zu können. Daher macht es in Zeiten grippaler Erkältungen Sinn, jeden Tag zwischen 100 und 200 mg Vitamin C aufzunehmen: 3 Orangen, 5 Kiwis, 2 Paprikaschoten, 3 Gabeln Sauerkraut.
  Raucher brauchen 3-mal so viel Vitamin C, denn Nikotin zerstört es. In extremen Winterszeiten raten viele Ärzte täglich zu 1.000 mg Vitamin C aus der Apotheke.
  Vitamin B_6 ist ebenfalls wichtig für die Immunkraft im Winter: Bananen, und Weizenkeime enthalten viel Vitamin B_6.

- Aufnahme von Mineralstoffen und Spurenelementen: Zink ist sehr wichtig für die Immunkraft. Das erklärt auch, warum unsere Großmütter bei Erkältungen Hühnersuppe mit Fleischstücken empfohlen haben. Da sind große Mengen an Zink drinnen. Zink ist auch in Milch- und Vollkornprodukten enthalten. Wichtig für die Immunkraft ist auch Selen (enthalten in Knoblauch und Meeresfisch), das betont Prof. Schrauzer von der Universität San Diego, Kalifornien, USA.

Tee-Trinken für die Gesundheit

Jetzt ist wieder Tee-Zeit. Draußen ist es ungemütlich. In der Wohnung sitzt man bei einer heißen Tasse Tee. Doch Tee ist nicht nur ein Genussmittel, das man zur Entspannung, zum Warmmachen trinkt, Tee ist auch eine Naturarznei.

Kräutertees sind flüssige Arzneien. Enzyme, Gerb-, Farb- und Geruchsstoffe, vor allem ätherische Öle geben Kräutern ihre Wirkkraft. Sie enthalten auch Vitamine, Mineralstoffe und Spurenelemente. Es gibt 3 Arten für die Zubereitung von Kräutertees:

1. **Überbrühen (der Absud):** 1 Teelöffel Teekraut mit 1 Tasse kochendem Wasser überbrühen, zugedeckt 8 bis 15 Minuten ziehen lassen. Dann durchseihen und lauwarm trinken. Die meisten Tees werden so zubereitet.
2. **Aufkochen (die Abkochung):** 2 – 3 Esslöffel Teekraut einmal in 1 Liter Wasser aufkochen, 2 – 3 Minuten kochen, dann 10 Minuten ziehen lassen, durchseihen und lauwarm trinken. Beispiel: Vor allem Wurzel- und Rindentees.
3. **Kalt ansetzen (der Kaltansatz):** Das Teekraut mindestens 3 Stunden, besser aber über Nacht, in kaltem Wasser ansetzen. Dann durchseihen, leicht erwärmen und trinken. Beispiel: Schleimdrogen wie Eibisch.

Teezubereitung: Frische Kräuter – gewaschen und klein gehackt – dürfen nicht länger als 1 – 2 Minuten ziehen, getrocknete müssen meistens 8 – 10 Minuten ziehen. Kräutertees werden am besten ungesüßt oder mit etwas Honig oder Ahornsirup gesüßt getrunken.

Kräutertees sollte man niemals länger als 3 Wochen täglich trinken, sonst gewöhnt sich der Organismus an die Inhaltsstoffe und reagiert nicht mehr darauf.

Welche Heilkräutertees setzt man im Winter wogegen ein?

Kamillentee: nur für Magen- und Darmstörungen (Gastritis) – Rollkur

Baldriantee: gegen Schlafprobleme

Basilikumtee: gegen Blähungen

Melissentee: beruhigt, bringt besseren Schlaf

Brennnesseltee: zum Entschlacken

Löwenzahntee: zum Stärken der Leber

Mariendisteltee:
ebenfalls zur Leberstärkung

Eibischwurzeltee: gegen Heiserkeit, Halsschmerzen, entzündete Mundschleimhaut

Gänsefingerkrauttee: gegen die schmerzhaften Tage der Frau

Hagebuttentee:
gegen Erkältungen, besonders reich an Vitamin C

Himbeerblättertee:
schweißtreibend

Lindenblütentee:
schweißtreibend

Holunderblütentee:
gegen Schnupfen und grippalen Infekt

Johanniskrauttee:
gegen depressive Verstimmungen, schlechte Laune

Lavendeltee:
zur Nervenberuhigung

Hibiskusblütentee: beruhigend

Pfefferminztee:
stärkt den Magen, gegen Blähungen, Magenkrämpfe

Salbeitee:
gegen Entzündungen im Hals- und Rachenbereich, immunstärkend und atemwegsstärkend

Spitzwegerichtee:
gegen Bronchitis

Zinnkrauttee:
für schöne Nägel und Haare

Fencheltee: gegen Blähungen

Anis-Fenchel-Kümmel-Tee (zu gleichen Teilen):
gegen schlechte Laune

Apfelschalentee:
gegen leichte Erkältungen, erfrischend

So stärken wir unsere Atemwege für den Winter

Wenn es draußen nass, kalt und ungemütlich ist, dann sind sehr oft unsere Atemwege in Mitleidenschaft gezogen und gefährdet. Die Bronchitis geht um. Husten und Verschleimung sind bei vielen an der Tagesordnung. Wir spüren eine quälende Enge in der Brust, können nicht richtig durchatmen. Kann man eigentlich vorbeugend etwas für die Atemwege tun? Ja, das kann man. Ich sage Ihnen, wie man es richtig macht und wie man einer Reihe von Erkrankungen zum Winteranfang vorbeugen kann.

Ein erwachsener Mensch hat rund 300 Millionen Lungenbläschen, die ihn mit lebenswichtigem Sauerstoff versorgen. Die Gesamtfläche all dieser Lungenbläschen entspricht der Größe eines Fußballplatzes. Bei jedem Infekt, der nicht richtig ausheilt, geht wertvolles Lungengewebe verloren. Auf diese Weise wird das Atemfeld des Menschen kleiner.

Sie sollten daher regelmäßig messen, wie groß Ihre Atem-Kapazität ist. Das geht ganz einfach. Wenn Sie morgens im Badezimmer laut ein Schlagerlied mit dem Radio mitsingen können und nicht außer Atem kommen oder wenn Sie aus der Entfernung von 1 Meter eine brennende Kerze ausblasen können, dann ist alles in Ordnung. Schaffen Sie es nicht, dann sollten Sie zum HNO-Arzt gehen. Zum Messen des Atemvolumens gibt es ein Gerät: das Peakflow-Meter oder den Pulmo-Test. Das ist ein Gerät, in das man hineinbläst und von einer Skala oder von Farben ablesen kann, ob man einen idealen Atemstoß hat oder nicht. Das Gerät kann man auch in der Apotheke kaufen.

Die verstärkte Umweltbelastung durch Hausbrand, durch Schmutz, der aus so vielen Schornsteinen kommt, belastet besonders im Winter die Atemwege. Auch die Auto-Auspuffgase bleiben bei Schlechtwetter in Atemhöhe. Ja, und dann herrscht in vielen Wohnungen in der kalten Jahreszeit entsetzlich schlechte Luft durch Rauchen, zu wenig und falsches Lüften, zu trockene Luft auf Grund der Zentralheizungen.

Auto-Auspuffgase: Belastung für die Atemwege.

Und das können Sie für die Atemwege vorbeugend tun:

Man kann mit einer Salbeitee-Kur die Atemwege stärken. Zu diesem Zweck sollte man jeweils 3 Tage über den Tag verteilt 1 Liter Salbeitee trinken. Nicht viel länger, weil er doch sehr viele Bitter- und Gerbstoffe enthält.

Zubereitung: Morgens 1 Liter kaltes Wasser zustellen, 2 gehäufte Esslöffel Salbeiblätter aus der Apotheke dazugeben, das Ganze zum Kochen bringen und dann 3 Minuten kochen lassen. Durchseihen, etwas abkühlen lassen und 1/4 Liter gleich trinken. Den Rest in eine Thermosflasche füllen und über den Tag verteilt trinken.

Kinder werden oft mit verschiedenen Salben und Tinkturen eingerieben, wenn sie Atemwegsprobleme haben. Auch dies stärkt die gesunden Atemwege. Beim allerersten Anzeichen von Husten oder Bronchitis massiert man Propolis-Salbe, Eukalyptus-Tinktur oder asiatischen Tigerbalm auf Brust und Rücken ein. Untersuchungen von Prof. Dr. Schneeweiß in Berlin haben ergeben, dass die Inhaltsstoffe der Natursubstanzen sowohl durch die Atemwege als auch durch die Hautporen in den Körper gelangen.

Die effektivste Aufbau-Therapie für gesunde und bereits erkrankte Atemwege ist und bleibt das Inhalieren. Da gibt es verschiedene Möglichkeiten. Viele denken beim Wort Inhalieren immer nur an die klassische Art und die geht so: Man nimmt einen Küchentopf oder einen Kunststoff-Inhalator aus der Apotheke, der nicht viel kostet. Da gibt man 20 – 30 Tropfen

Eukalyptusöl oder Teebaumöl hinein. Dann gießt man 1/4 bis 1/2 Liter heißes Wasser auf und atmet 10 Minuten lang die aufsteigenden Dämpfe ein. Die ätherischen Öle vom Eukalyptus- oder vom Teebaumöl gelangen tief in die Atemwege.

Dr. Uwe Jürgens von der Universität Bonn hat kürzlich nachgewiesen: Der von Reizstoffen befreite, gereinigte und isolierte Hauptwirkstoff Soledum-Cineol aus dem Eukalyptus-Blatt lindert nicht nur Atembeschwerden und löst den Schleim, sondern wirkt auch entzündungshemmend, z. B. auch bei Raucher-Husten. Eukalyptus stärkt die natürlichen Abwehrkräfte der Atemwege.

Wenn man mit gesunden Atemwegen inhaliert, stärkt Eukalyptus die natürlichen Abwehrkräfte der Atemwege.

Wie oft sollte man inhalieren, um vorzubeugen?

Wie oft, wenn man bereits erkältet ist?

Zur Vorbeugung einmal am Tag, am besten abends vor dem Zu-Bett-Gehen. Wenn man bereits Atemwegsprobleme hat, 2- bis 3-mal am Tag. Man muss da aber sehr vorsichtig sein. Danach darf man 1 – 2 Stunden nicht ins Freie, sonst erkältet man sich erst recht. Ideal ist es, wenn man sich anschließend ins Bett legt. Besonders vorsichtig muss man sein, wenn Kinder inhalieren sollen. Lassen Sie Kinder niemals mit dem Gefäß mit heißem Wasser allein. Es kann zu schlimmen Verbrennungen kommen.

Unsere Großmütter haben uns immer eine Decke über den Kopf gestülpt, wenn wir heiße Dämpfe inhaliert haben. Davor warnen heute viele Ärzte. Es wird sehr heiß unter der Decke und es kann zu Kreislaufstörungen kommen. Besser ist es einen Schirm kurz am Griff knapp über den Kopf zu halten. Da hat man rundherum Luft.

Inhalieren – eine Wohltat für die Atemwege

Es gibt aber noch andere Möglichkeiten des Inhalierens, an die man oft gar nicht denkt, die aber so logisch und hilfreich sind:

- **Inhalation im Wannenbad:** Man bereitet ein schönes Wannenbad vor, setzt sich hinein, träufelt dann 20 Tropfen Eukalyptus-Tinktur oder Teebaumöl auf die Wasseroberfläche, atmet entspannt und tief durch.
- **Inhalation aus der Raumluft:** Man stellt einen kleinen Teller oder eine Dessertschale mit Wasser oder mit einem nassen Wattebauschen auf. Da drauf kommen 30 Tropfen

Eukalyptus-Tinktur oder Teebaumöl. Die ätherischen Öle steigen auf, werden aus der Raumluft eingeatmet und wirken auf die Atemwege.

- **Die Taschentuch-Inhalation:**
  Wenn man beruflich unterwegs ist, dann gibt man mehrmals am Tag 5 Tropfen Eukalyptus- oder Teebaumöl auf ein Stoff-Taschentuch, trägt es immer bei sich und schnuppert regelmäßig daran.

Wenn jemand kein Eukalyptus- oder Teebaumöl zu Hause hat, dennoch seine Atemwege stärken und zugleich die Atemluft verbessern will, für den gibt es ganz einfache Hausmittel, die immer da sind.

- Man inhaliert die ätherischen Öle der Zwiebel. Sie geben den Atemwegen neue Kraft. Man schneidet eine Zwiebel in Würfel, gibt sie in heißes Wasser, lässt sie einmal kräftig aufkochen, zieht den Topf dann von der Herdplatte und atmet die aufsteigenden Dämpfe etwa 10 Minuten lang ein.
- Oder man nimmt eine Orange und eine Hand voll Gewürznelken und bespickt die Orange rundum mit den Gewürznelken. Dann stellt man mehrere solcher Orangen in der Wohnung auf. Das riecht nicht nur wunderbar, sondern baut auch die Abwehrkräfte der Atemwege auf.

Es ist gar nicht schwer, in der kalten Jahreszeit etwas für die gefährdeten Atemwege zu tun.

Wunderbar: Der erste Schnupfen ist da!

Gehören Sie zu jenen glücklichen Menschen, die Jahr für Jahr in den ersten Winterwochen noch kerngesund umherlaufen? Oder haben Sie immer schon sehr früh Schnupfen, Husten, Halsschmerzen? Diese Beschwerden haben in der kalten Jahreszeit Hochsaison. Das Papiertaschentuch wird zum am meisten gebrauchten Gegenstand.

Freuen Sie sich über Ihren Schnupfen. Wenn Sie nämlich jetzt an einer relativ belanglosen Infektion erkrankt sind, baut der Organismus eifrig Abwehrstoffe auf. Und in vielen Fällen haben Sie dann aller Voraussicht nach den ganzen Winter keine weitere Erkältung.

Heute weiß man, dass ein Schnupfen durch 5 – 6 Misch-Viren hervorgerufen wird und gegen all diese Viren werden sofort Abwehrkörper aufgebaut.

Freuen Sie sich also über Ihren Schnupfen. Begrüßen Sie ihn mit Begeisterung.

Allerdings:

- Spielen Sie nicht den Helden. Bleiben Sie bei Erkältungen ein, zwei Tage zu Hause. Herz und Kreislauf werden belastet. Der Körper braucht Ruhe und Erholung. Beruf und Freizeitsport müssen Pause machen.

- Wer absolut nichts gegen die erste Wintererkältung unternimmt, läuft Gefahr, dass aus wenigen Tagen des Unwohlseins viele beschwerliche Wochen werden.

- Schnupfen, Husten, Heiserkeit und andere kleinere Infekte können fast immer von jedem selbst auskuriert werden. Das gilt natürlich nicht für kränkliche Senioren, für Kinder und Patienten mit anderen Leiden. Für einen sonst Gesunden gilt die Regel: Wenn das Fieber 39 °C überschreitet, dann muss der Arzt gerufen werden.

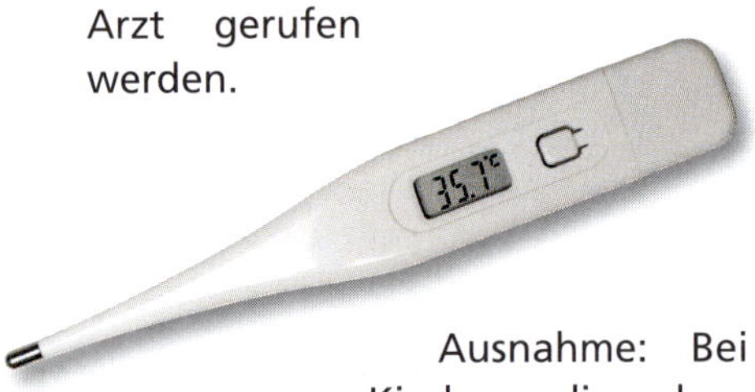

Ausnahme: Bei Kindern, die schon einen Fieberkrampf hatten, muss der Arzt schon bei 38 °C gerufen werden.

Und das sind bewährte Mittel gegen Schnupfen und andere leichte Erkältungen:

- Als erste Maßnahme:
  Ein ansteigendes Fußbad: Fußkneipper oder großen Eimer, in dem die Beine gut Platz haben, in die Badewanne stellen und mit lauwarmem Wasser füllen. Bequem dazusetzen, Beine hineingeben und im Laufe einer viertel Stunde langsam heißes Wasser zulaufen lassen (Gefäß wird überlaufen), bis ca. 40 bis 42 °C erreicht sind. 5 Minuten im sehr warmen Wasser bleiben, anschließend abtrocknen. Gummi-Wärmeflasche ins Kreuz, eine Wollmütze bis in die Stirne. 1/4 Liter heißen Lindenblütentee mit 2 Teelöffeln Melissengeist (nach dem klassischen Rezept der Kölner Klosterfrau Maria Clementine Martin) und 2 Teelöffeln Honig trinken. Dann ab ins Bett und „gesund" schlafen.

- Essen Sie viel Obst und Gemüse, das reich an Vitamin C ist: Kiwis, Orangen, Paprika, Sauerkraut.

Fit in den kalten, tristen Wintermorgen

Wer möchte im Winter morgens nicht gern fit und vital aus dem Bett springen und den Tag voll Elan beginnen? Wenn das so einfach wäre. Millionen Menschen haben ein Problem damit. Sie kommen an so einem düsteren, freudlosen Wintermorgen nicht richtig in Schwung. Manche fühlen sich total kaputt und fragen sich, wo sie bloß die Kraft und die Energie hernehmen sollten, die sie für den Tag brauchen. Wer sich in so einer Situation befindet, darf nicht aufgeben, der muss an sich arbeiten, damit er mit mehr Freude und Fitness den Morgen erobern kann.

Sie werden morgens immer dann Probleme haben, wenn Sie abends zuvor zu lange vor dem Fernseher ausgeharrt haben; wenn Sie spät nachts zu Bett gegangen sind und Alkohol getrunken haben; wenn Sie Streit hatten; wenn Sie bis tief in die Nacht gearbeitet haben. In all diesen Fällen ist es möglich, dass Sie morgens wie gerädert sind. Doch das wird ja vermutlich bei den meisten von uns nicht jeden Morgen so sein.

Man kann auch vollkommen unschuldig sein, wenn man ein Morgen-Muffel ist. Es liegen wissenschaftliche Studien vor, die nachweisen: Es gibt von Natur aus Menschen, die man als Eulen bezeichnen muss. Sie haben ihren Leistungshöhepunkt abends. Sie kommen dann morgens schlecht aus dem Bett und brauchen eine lange Anlaufzeit. Diese Menschen werden sich nur schwer oder niemals einen anderen Tages-Rhythmus angewöhnen können. Sie tun sich an einem Wintermorgen besonders schwer. Dann gibt es auf der anderen Seite die Lerchen unter den Menschen. Sie springen morgens hellwach aus dem Bett, sind sofort voll Energie. Dafür sind sie schon am frühen Abend müde.

Man schätzt, dass es in Mitteleuropa etwa 10 Millionen „Eulen" gibt. Das sind Millionen klassische Morgen-Muffel, die im Winter am liebsten erst mittags aus dem Bett steigen würden. Das Verhängnisvolle dabei ist, dass sie einen Beruf haben und sich den Zeitabläufen anpassen müssen. Und sie gelten bei Freunden, Kollegen und Chefs als launisch, weil sie morgens überhaupt nicht fröhlich sein können.

Was alles kann man als Morgen-Muffel tun, um gut in den Tag zu kommen? Was sind die ersten wichtigen Maßnahmen?

- Sobald Sie erwacht sind, bleiben Sie noch ein wenig im Bett liegen. Dehnen und strecken Sie sich wie eine Katze.
- Dann stützen Sie die Hände in die Hüften, schwingen die Beine hoch und machen 5 Minuten lang Radfahr-Bewegungen in der Luft.

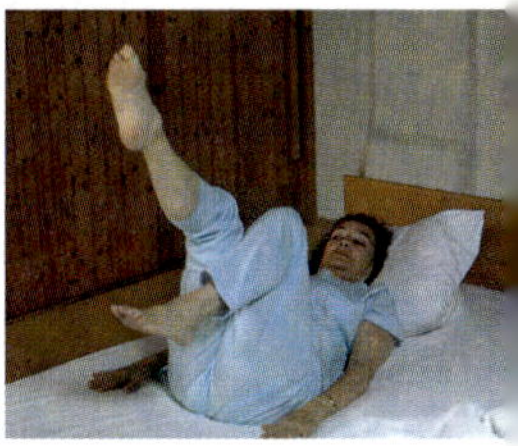

- Gähnen Sie kräftig und oft. Dadurch nehmen Sie viel Sauerstoff auf und bauen Kohlendioxyd ab.
- Gehen Sie ins Badezimmer und vergessen Sie das Märchen vom kalten Duschen am Morgen. Lassen Sie den warmen oder gar heißen Strahl des Wassers auf die Wirbelsäule auftreffen. Sie spüren dann, wie neue Kräfte in Ihren Körper einziehen. Zum Abschluss sollten Sie eine kalte Kneippanwendung z. B. einen Knieguss durchführen. Stülpen Sie einen Waschlappen über den Brausekopf und begießen sie Ihr rechtes Bein beginnend an der kleinen Zehe, langsam an der Außenseite des Beines hinauf, über der Kniekehle 3-mal hin und her, über dem Knie 3-mal hin und her und abschließend an der Innenseite des Beines hinab. Das linke Bein wird ebenso begossen. Anschließend wiederholen Sie die ganze Anwendung.

- Wenn Sie keine Zeit zum langen Duschen haben, dann nehmen Sie eine Naturborsten-Bürste mit einem langen Stiel und bürsten Sie die Wirbelsäule ganz fest. Auch das bringt Wärme und Energie.
- Sehr sinnvoll ist es auch, mit beiden Handrücken den unteren Teil des Rückens in Hüfthöhe hin und her und auf und ab zu massieren. Besonders angenehm ist es, wenn man auf die Handrücken Sesamöl träufelt. Nach so einer Massage spürt man, wie in den ganzen Körper Wärme und Energie einziehen.
- Sehr schnell baut man Energie auf, wenn man nach dem Duschen die Fußsohlen mit ein paar Tropfen Rosmarinöl einreibt. Das fördert die Durchblutung im ganzen Körper.

Rosmarin

Das sollte der Morgen-Muffel essen und trinken:

- Ein uraltes indisches Rezept zum Energie-Tanken: Lassen Sie 1/4 Liter Wasser in einem Topf einmal aufkochen, gießen Sie es in eine Tasse und trinken Sie das Wasser – so heiß wie möglich – langsam in kleinen Schlucken.
- Trinken Sie im Laufe des Morgens 1 Liter Wasser. Sie haben nachts – vor allem in einem beheizten Schlafraum – fast 2 Liter in die Matratze geschwitzt. Das muss ausgeglichen werden, damit der Kreislauf funktioniert.
- Hier das Rezept für einen Fitness-Cocktail am Morgen, damit Sie schnell zu Kräften kommen: 1/4 Liter Molke mit 2 Esslöffeln Sanddornsaft.

- Die meisten denken, sie können sich mit etlichen Tassen starkem Kaffee Fitness holen. Wer zu viel Kaffee trinkt und nichts isst, der wird erst recht müde, weil die Durchblutung im Gehirn gebremst wird.
- Ideal am Morgen: 1/4 Liter stilles Mineralwasser mit 2 Esslöffeln Apfelessig und 2 Teelöffeln Honig in kleinen Schlucken auf nüchternen Magen trinken. Das bringt den Kreislauf in Schwung.
- 2 Äpfel zum Frühstück machen schnell wach.
- Kleiner Trick aus der Küche, der schnell Kraft gibt: Trinken Sie 1 Glas roten Traubensaft.

- Oder knabbern Sie 20 Sonnenblumenkerne. Sie liefern Eisen und Magnesium.

Mit diesen Übungen wird der Morgen-Muffel schnell munter:

- Die Hände wie zum Gebet falten, Handflächen gegeneinander pressen. Dabei werden Energie-Bahnen aktiviert.
- Stehstütz an der Wand statt Liegestütz auf dem Boden. Die Handflächen an die Wand legen und nun wie beim Liegestütz die Arme einklappen und ausstrecken, sodass Sie mit dem Kopf der Wand näher kommen und sich dann wieder entfernen.
- Die Finger beider Hände ineinander verzahnen, die Handballen aneinander reiben, bis sie sehr warm sind.
- Wer keine Übungen machen möchte, sollte sich an den Rat von Prof. Dr. Edward Lawrey aus Los Angeles halten. Er hat in einer Studie an 500 Paaren nachgewiesen: Wer mit einem Partner morgens noch etwas im Bett bleibt und kuschelt, der erzielt denselben Effekt wie mit Morgen-Gymnastik: Stress wird abgebaut, der Kreislauf kommt in Schwung und die Atemwege werden gestärkt.
- Man kann sich auch mit Atmen fit für den Tag machen: Gerade hinstellen, Arme hoch, dann weit nach vorn beugen, Arme ausschwingen lassen. Dabei laut „Schwuuuh!" sagen. Da verlässt viel verbrauchte Luft schnell die Lungen.

So kann sich der Morgen-Muffel morgens geistig fit machen:

- Eine Paprikaschote in Streifen schneiden, an den Schnittstellen lecken, dann knabbern. Die Inhaltsstoffe der Paprikaschote regen im Gehirn die Ausschüttung von Hormonen an, die das positive Denken, das Konzentrationsvermögen und das Glücksgefühl fördern.
- Lecithin aus der Apotheke einnehmen. Natur-Lecithin – aus der Sojabohne gewonnen – liefert dem Gehirn den Stoff Cholin. Daraus erzeugt das Gehirn selbst den Botenstoff Acetyl-Cholin. Ohne ihn gibt es kein Denken, kein Erinnern und kein Konzentrieren. Darum ist die Zufuhr von Lecithin am Morgen so wichtig.

Naturarzneien für Morgen-Muffel, wenn sie einen anstrengenden Tag haben: Bienenblütenpollen, Ginseng-Präparate, 1 Tablette vom natürlichen Co-Enzym 1 NADH mit Wasser einnehmen:

Die stabile Form des NADH gibt es in der Apotheke unter dem Namen ENADA. Sie ist von dem österreichischen Wissenschaftler Prof. DDr. Jörg Birkmayer entwickelt worden. Sehr sinnvoll ist es auch, an einem Wintermorgen zum Frühstück 1 Glas Brottrunk aus dem Reformhaus zu trinken.

Mitmenschen können dem Morgen-Muffel helfen, wenn sie ihn um alles in der Welt in Ruhe lassen und akzeptieren wie er ist. Er braucht seine Zeit. Damit spart man Konflikte und unnötigen Stress.

Bewegung ist Leben: Die idealen Sportarten im Winter

Im Winter laufen viele von uns Gefahr, sich zu wenig zu bewegen. Das schadet der Gesundheit. Beim Sport produziert unser Gehirn Glückshormone, so genannte Endorphine. Sie lassen uns die kalte, unwirtliche Zeit leichter ertragen.

Laufen stärkt das Herz

Hohe Blutfettwerte, Bluthochdruck, Herzinfarkt, Stress, Lärm und Umweltgifte bedrohen uns in der kalten Jahreszeit besonders. Ein wirksames Mittel der Vorbeugung ist die regelmäßige Bewegung in sauerstoffreicher Luft. Die preiswerteste und einfachste Möglichkeit ist das Laufen. Beim Laufen kann man einen ganzen Liter mehr Luft nutzen, als wenn man keine Bewegung macht. Beim Laufen entwickelt sich die Lunge kräftiger.

Das Blut bekommt mehr Sauerstoff, der dann den Zellen zugeführt wird. Das Herz wird leistungsfähiger. Die Arterien werden weiter und elastischer. Der Kreislauf wird verbessert.

Im Winter sollten Sie immer mit einer Kopfbedeckung laufen.

Einige Tipps zum Laufen:

- Wenn es kalt ist, muss man beim Laufen warme Unterwäsche, eine Kopfbedeckung, Handschuhe und warme Socken tragen.
- Laufen Sie, wenn Sie Gelegenheit haben, nicht allein, sondern mit einem Partner oder einer Gruppe. Laufen kann jeder, der Spaß daran hat: Wer gesund ist, kann sofort damit beginnen. Wer ein Leiden hat, muss unbedingt vorher seinen Arzt fragen. Kinder und Senioren laufen besser kürzere und ebene Strecken. Laufen muss man lernen. Am Anfang bewegt man sich verkrampft, man bekommt keine Luft. Man läuft und atmet zu hektisch, man verspürt immer wieder Seitenstechen.

Daher ist wichtig:

- Finden Sie einen natürlichen Laufstil. Man sollte mit dem Vorderfuß auf dem Zehenballen auftreten. Das Bein sollte leicht angewinkelt sein, damit sich der Körper kraftvoll wieder abstoßen kann.
- Atmen Sie richtig. Durch die Nase wird eingeatmet, damit die Luft gefiltert wird. Durch den Mund wird ausgeatmet. Gewöhnen Sie sich einen Schrittrhythmus an: Bei jedem zweiten rechten Schritt wird eingeatmet, bei jedem zweiten linken Schritt ausgeatmet.
- Bewegen Sie beim Laufen die Arme richtig. Die Arme bestimmen den Laufrhythmus. Sie sollen abgewinkelt sein. Die Unterarme pendeln zwischen Taille und Brust, die

Ellenbogen haben Tuchfüllung zum Körper. Hände sind locker, Daumen zeigen nach oben.

- Wenn Sie mit dem Laufen etwas für Ihre Gesundheit tun wollen, übertreiben Sie nicht und beginnen Sie Ihr Training langsam und vorsichtig. Am besten 1 Minute laufen, 1 Minute gehen, 2 Minuten laufen, 2 Minuten gehen und so weiter.

Eislaufen fördert die Konzentration

In der kalten Jahreszeit zieht es alljährlich Menschen jeden Alters auf öffentliche Eisplätze oder Eislaufbahnen. Denn wer einmal mit dem Eislaufen begonnen hat, der bleibt diesem Sport treu. Wer Schlittschuh läuft, kann eine Menge für seine Gesundheit tun. Wenn man im Freien läuft, dann härtet die intensive Bewegung an frischer, trockener und kalter Luft den Körper ab.

Das stärkt die Abwehrkraft gegen Erkältungskrankheiten. Eislaufen regt den Blutkreislauf an. Herz und Lunge werden gekräftigt. Die gesamte Muskulatur kommt in Bewegung. Besonders gestärkt werden die Muskeln der Oberschenkel, der Hüften und des Rückens. Beim Eislaufen lernt man ein gutes Gleichgewichtsgefühl. Gewandtheit und Konzentrationsfähigkeit werden gefördert.

Eislaufen kann aber auch gefährlich sein. Wenn man nicht vorsichtig genug auf dem Eis unterwegs ist, kann es zu unangenehmen Sturzverletzungen kommen. Am häufigsten sind Prellungen der Hüft- und Ellenbogengelenke, Verstauchungen der Knie- und Sprunggelenke bei verunglückten Landungen und Schnittverletzungen durch die Kanten eines Schlittschuhs. Mit einiger Vor- und Rücksicht können diese Gefahren auf ein Minimum reduziert werden.

Tanzen fördert die Durchblutung

Der Tanz ist seit jeher für den Menschen jeder Altersgruppe ein Ausdruck der Freude, der Entspannung. Kinder tanzen ebenso gern wie Jugendliche, aber auch Senioren. In der Senioren-Disco in Hamburg tummeln sich Frauen und Männer zwischen 50 und 90 Jahren auf dem Tanzparkett. Tanzen steckt an und macht Spaß. Der Rhythmus der Musik regt an, reißt mit. Speziell in der kalten Jahreszeit können jene, die sich draußen nicht bewegen wollen, etwas für die Fitness tun.

Jeder kann das Tanzbein schwingen, wenn er gesunde Beine und etwas Gefühl für Musik hat. Je nach Kondition und Temperament bestimmt das Paar selbst das Tempo und die Dauer des Tanzens.

Tanzen macht nicht nur müde und lässt manchen erschöpft nach einem Sitzplatz suchen, Tanzen ist auch gesund. Durch die rhythmischen Bewegungen werden die Muskeln gelockert. Die Gedanken werden abgelenkt und Alltagsstress wird abgebaut. Der ganze Körper wird einer Belastung ausgesetzt, die kaum jemals als Anstrengung empfunden wird. Die Tätigkeit von Herz und Kreislauf wird angeregt. Haltungsschäden an der Wirbelsäule können beim Tanzen vermieden und sogar korrigiert werden. Die Bauch- und Rückenmuskeln werden gestärkt. Die Durchblutung im Unterleib sowie in den Beinen, die in unserer heutigen zivilisierten Welt durch mangelnde Bewegung und durch Zigarettenrauchen gefährdet ist, wird gefördert. Bein- und Fußmuskeln werden gestärkt. Die Hüften werden gelenkiger.

Allerdings sollte man beim Tanzen nicht übertreiben und Ruhepausen einlegen. Wer schwach auf den Beinen ist, sollte vorsichtig sein, dass er auf zu glattem Parkett nicht ausrutscht und sich verletzt. Das gilt vor allem für Kinder und ältere Menschen.

Eines wird einem klar, wenn man guten Tänzern zusieht: Tanzen führt zu einer optimalen Körperbeherrschung. Es macht beweglich und hilft zweifelsohne auch Kilos abzubauen. Beim Foxtrott verliert man z. B. in 1 Stunde 300 Kalorien, beim Wiener Walzer 350 Kalorien und beim Rock and Roll sogar 600 Kalorien.

Wandern in der Winterlandschaft ist das beste Beintraining

Gehen ist die natürlichste Möglichkeit für den Menschen sich fortzubewegen. Wenn man es zum Freizeitsport ausbauen möchte, dann spricht man vom Wandern, in den USA vom Walking. Wandern ist das ganze Jahr über eine beliebte Bewegungsart für die ganze Familie am Wochenende. Vielleicht tun Sie es gern und wissen gar nicht wie gesund es ist. Es gibt zweifelsohne Freizeitsportarten, die faszinierender und aufregender sind als das Wandern. Man leistet nichts Sensationelles, muss sich auch nicht groß anstrengen oder selbst überwinden. Es besteht auch nicht die Gefahr, dass man gefährlich übertreibt und sich schadet, wenn man von einem Muskelkater absieht.

Wandern kann jeder, ob Kleinkind, Schulkind, Frauen und Männer in den besten Jahren sowie Menschen im hohen Alter. Fürs Wandern braucht man keine teure Ausstattung: Wichtig sind feste Schuhe und eine Kopfbedeckung.

Gesundheitliche Bedeutung des Wanderns

Der ganze Körper wird dabei trainiert, die Beine allerdings am meisten. Die Muskulatur der Beine wird sanft und gleichmäßig durchblutet sowie elastisch gehalten. Es gibt dabei keine Gefahr einer Muskelzerrung oder eines Muskelrisses. Da der Fuß ständig Bodenkontakt hat, werden die Fußsohlen massiert und über die nachgewiesenen Reflexzonen werden Muskeln, Wirbelsäule und alle inneren Organe positiv beeinflusst. Kräftige Schritte spürt man bis ins Gesäß. Das ist ein Beweis, dass beim Wandern Becken-, Gesäß- und Bauchmuskulatur angeregt werden, wobei auch die Verdauung gefördert wird. Interessant ist, dass auch die locker mitschwingenden Arme besser durchblutet werden und zugleich sich Schultern und Nacken entspannen.

Bänder, Gelenke und Sehnen werden schonend gestärkt. Es kann dabei keine Verletzungen wie beim Laufen geben, wenn man einen Fehltritt macht und stürzt. Es können daher auch all jene wandern, die schwache Bänder oder einen Bandscheibenschaden haben.

Wandern ist eine stoßfreie Bewegungsart. Man muss dabei den ganzen Fuß von der Ferse bis zu den Zehen einsetzen. Wer wandert um abzunehmen, der muss sich ganz schön anstrengen. Wenn man 1 Stunde wandert, baut man bloß 300 Kalorien ab. Wer allerdings regelmäßig wandert und auch im Alltag nicht jeden Meter mit dem Auto fährt, der kann mit dem Gehen einiges erreichen. Und an einem kalten Wintertag funktioniert das ganz besonders gut, weil die Kälte auch beim Fettverbrennen mithilft.

Wandern stärkt den Kreislauf, fördert die Sauerstoffaufnahme, aktiviert Lunge und Herz, baut Stress ab, macht die Muskeln geschmeidig und fördert die allgemeine Konstitution sowie den Schlaf.

Ältere Menschen sowie Kinder sollten als kleine Hilfe einen Wanderstock benutzen. Wer wandert, der sollte so wenig wie möglich tragen und wenn, dann sollte das Gepäck gleichmäßig in einem Rucksack verteilt sein. Wandern Sie vor allem in sauerstoffreicher Luft, fern von Industriegebieten und starkem Straßenverkehr.

Langlaufen tut den Venen gut

Wenn Sie seit Jahrzehnten oder seit Jahren ein begeisterter Schiläufer sind, der die steilsten Hänge hinunterflitzt, dann werden Sie sich davon nicht abhalten lassen und jeden Winter mächtigen Spaß dabei haben. Wenn Sie aber nicht so schifest sind oder gar erst mit dem Wintersport auf zwei Brettern im Schnee beginnen wollen, dann sollten Sie genau überlegen, wofür Sie sich entscheiden, vor allem dann, wenn Sie schwache Venen haben.

Streichen Sie nach Möglichkeit den alpinen Schilauf aus Ihrem Winter-Freizeit-Programm. Diese Sportart ist nicht sehr venenfreundlich. Gerade bei schnellen Abfahrten in kurzen, engen Schwüngen entsteht ein hoher Kraftdruck auf die Beine, wobei die geschwächten Venen überlastet werden. Auf harten, eisigen Pisten oder auf so genannten Buckelpisten wirken sich die harten Stöße negativ auf das empfindliche Venengewebe aus. Belastend ist aber auch, dass die Beinmuskeln beim langen Warten am Lift und beim Sitzen am Sessellift untätig bleiben. Dadurch kann in dieser Zeit das Blut in die Beine sinken. Außerdem gibt es beim Alpin-Schisport ein relativ hohes Verletzungsrisiko. Wenn man sich das Bein bricht oder wenn es zu einer Verstauchung kommt, muss das betroffene Bein längere Zeit ruhig gestellt werden. Und das ist bei schwachen Venen extrem ungünstig für die Gesundheit. Beim Alpin-Schisport sind außerdem Füße und Unterschenkel in den Schischuhen oft extrem eingeschnürt. Das hemmt den Blutfluss.

Ein ideales Venen-Training im Schnee ist der Schi-Langlauf. Er ermöglicht es dem Venen-Patienten, in tief verschneiter Landschaft Sport und Spaß zu erleben. Ein Winterurlaub im Schnee ist ja grundsätzlich eine ideale Gelegenheit, etwas für die Gesundheit zu tun. Davon haben Herz, Kreislauf, Atmung und Muskulatur viele Vorteile. Für den Venen-Patienten ist dabei wichtig, dass die Beinmuskeln intensiv beansprucht und trainiert werden. Die Venen werden auf diese Weise gefestigt, ihre Pumpleistung wird bestens unterstützt und gefördert.

Beim Schilanglauf wird die gesamte Körpermuskulatur über einen längeren Zeitraum rhythmisch-dynamisch bewegt und gekräftigt. Langlaufen kann man leicht lernen. Es wird auch von reiferen Menschen schnell beherrscht. Das Verletzungsrisiko ist gering. Durch das gleichmäßige Vorwärtsgehen und Vorwärtsgleiten auf den Schiern werden die Wadenmuskeln abwechselnd angespannt und wieder entspannt. Bei jeder Anspannung üben die Muskeln einen kurzen Druck auf die Venen aus. Durch diesen Druck wird das Blut aus den Beinen herausgepumpt. Durch diese Arbeit der Wadenmuskel-Venenpumpe kommt der Bluttransport aus den Beinen in Schwung. Vorhandene Stauungen in den Beinen können auf diese Weise abgebaut werden.

Damit die Muskelarbeit bei einem geschwächten Gewebe nicht vergebens gefördert wird, ist es notwendig, dass es einen äußeren Gegendruck gibt. Und den können beim Langlaufen Kompressionsstrümpfe schaffen.

Prof. Bankhofers

heißer Tipp für die kalte Zeit:

Wenn Sie ein Morgen-Muffel sind, dann nehmen Sie sich etwas mehr Zeit für die Morgen-Dusche. Lassen Sie mehrere Minuten den sehr warmen Wasserstrahl auf die Wirbelsäule auftreffen und machen Sie anschließend einen kalten Knieguss (Anwendung Seite 35). Sie werden spüren, wie neue Kräfte in Ihren Körper einziehen.

Mit gesunden Beinen durch den Winter

Wenn von Venen-Erkrankungen die Rede ist, dann denkt man in erster Linie, wie sehr die Betroffenen an heißen Sommertagen leiden. Dabei ist speziell der Winter für die belasteten Beine vielfach eine Qual:

- In der kalten Jahreszeit werden die Beine in warme Strümpfe, in enge hohe Stiefel, in die beliebten Moon-Boots und in enge Schihosen gepackt.
- Öffentliche Verkehrsmittel, Wohnungen und Arbeitsräume sind überheizt und die Wärme kommt sehr oft direkt von unten auf die Beine, wenn eine Fußbodenheizung vorhanden ist.
- An so manchem kaltem Wintertag zieht man sich ins Badezimmer zurück und legt sich in die Wanne, um ein schönes, heißes Vollbad zu genießen. (Bei Krampfadern verboten!)

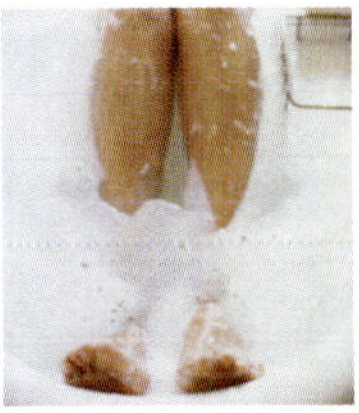

- Oder man wärmt sich in der Sauna so richtig auf. Saunieren schadet den Venen! Die Venen weiten sich in der Hitze der Sauna aus.
- Wenn man durchgefroren nach Hause kommt, setzt man sich hin und legt oft die Beine auf die Heizung.

Es soll im Winter keiner frieren. Aber die allzu große Nähe zu den Wärmequellen schadet den Venen. Die Wärme wirkt gefäßerweiternd und fördert eine vorhandene Venenschwäche. Die Probleme, die man sonst bei hohen Temperaturen im Sommer hat, setzen sich daher im Winter fort und belasten den Zustand der Venen. Dazu kommt noch, dass die meisten von uns speziell im Winter viel zu wenig Bewegung machen.

Das müssen Sie im Interesse Ihrer Beine und speziell der Venen in der kalten Jahreszeit beachten:

- Auch wenn es draußen stürmt und schneit, wenn klirrende Kälte herrscht, verkriechen Sie sich nicht in der warmen Wohnung. Die Wärme und der Bewegungsmangel sind sehr schädlich für die Venen. Gehen Sie hinaus ins Freie und machen Sie Spaziergänge an der frischen Luft.
- Stapfen Sie durch den hohen Schnee. Dabei müssen Sie die Knie anheben. Das aktiviert die Wadenmuskulatur, die das Blut aus den Beinen pumpt.
- Tragen Sie im Winter keine engen und hohen Stiefel. Wenn Sie warme, feste Schuhe tragen, dann ziehen Sie diese sofort aus, sobald Sie einen Raum betreten haben.
- Stellen Sie die Zentralheizung daheim auf Normalwerte und nicht zu warm ein. Meiden Sie zu Hause und am Arbeitsplatz die allzu große Nähe von Heizungen.

- Richten Sie elektrische Heiz-Ventilatoren niemals auf die Beine. Richten Sie aber auch die Heizlüftung Ihres Autos nicht in den Fußraum nach unten.
- Tragen Sie bei Winterwanderungen Stütz- oder Kompressionsstrümpfe. Stützstrümpfe eignen sich vor allem für jene, die zwar gesunde Beine, aber die Veranlagung zu Venenproblemen haben.
- Stellen Sie sich im Winter in freier Natur entspannt hin und machen Sie bewusste, tiefe Atemübungen. Das bringt den gesamten Kreislauf in Schwung.
- Tragen Sie im Winter warme, aber nicht zu schwere Kleidung.
- Sie sollten auch an kalten Wintertagen morgens und abends Wasseranwendungen absolvieren. Brausen Sie die Waden von unten nach oben mit der kalten Dusche ab. Auch das regt die Venen- und die Kreislauffunktionen an.
- Gehen Sie regelmäßig ins nächste Hallenbad schwimmen. Thermalbäder hingegen sind schlecht für die Venen.
- Nützen Sie im Winter den Karneval oder den Fasching und besuchen Sie Tanzveranstaltungen. Tanzen tut den Venen gut. Dabei wird die Muskulatur am Unterschenkel gekräftigt und die Pumpleistung des Venensystems verbessert.

So machen Sie Ihre Hände für den Winter fit

Wenn von Körperpflege und Körpergesundheit die Rede ist, dann denken wir an alles, nur nicht an die Hände. Sie werden meist stiefmütterlich behandelt. Dabei werden sie besonders strapaziert, speziell in der kalten Jahreszeit. Viele von uns tragen keine Handschuhe. Nach einer Reihe von besonders kalten Wintertagen leiden wir an geröteten, geschwollenen, trockenen, rauen und rissigen Händen.

Gerade jetzt brauchen unsere Hände besondere Aufmerksamkeit und Pflege.

Hier die wichtigsten Natur-Rezepte:

- Wer viel im Freien arbeiten muss, klagt im Winter oft über raue Haut an den Händen. Das sieht nicht nur hässlich aus, das fühlt sich auch unangenehm an. Mischen Sie 1 Esslöffel Staubzucker (Puder-) mit ein paar Tropfen Mandelöl (Apotheke). Damit reiben Sie nun mehrmals am Tag die Hände ein. Sie werden staunen, wie schnell Ihre Haut samtig weich wird.
- Durch den Einfluss der Kälte werden die Hände trocken und schuppig. Da hilft ein altes Hausmittel aus Großmutters Zeiten: Raffeln Sie 7 Karotten (Möhren) ganz fein, verrühren Sie sie mit etwas Olivenöl zu einem Brei und legen diesen auf die Hände auf. 10 Minuten lang einwirken lassen, dann abwaschen.

- An sehr kalten Wintertagen kann man sich Frostbeulen an den Händen einhandeln. Bereiten Sie einen Tee aus Kalmuswurzeln oder aus Eichenrinde (Apotheke) zu und legen Sie die Hände 15 Minuten in dieses lauwarme – nicht zu heiße – Bad. Danach die Hände 30 Sekunden in kaltes Wasser tauchen, gut abtrocknen. Anschließend mit Propolis-Salbe (Apotheke) einreiben.
- Wenn die geröteten Hände stark schmerzen, dann sollten Sie ein Erste-Hilfe-Rezept anwenden: Besorgen Sie sich Tonerde aus der Apotheke, vermischen Sie diese mit Ihrer Handcreme zu einem Brei und reiben Sie damit die Hände ein. 4 Minuten einwirken lassen, dann mit Kamillentee abwaschen.
- Wenn Sie immer wieder an eiskalten Händen leiden, dann bereiten Sie 2 Schüsseln vor. In die eine gießen Sie sehr warmes und in die andere kaltes Wasser. Jetzt legen Sie die Hände 5 Minuten in das warme Wasser, danach 30 bis 40 Sekunden ins kalte Wasser. Gut abtrocknen. Dann verrühren Sie in einer Schale 3 Tropfen Rosmarinöl mit 1 Teelöffel Arnikaöl und massieren damit die Hände ein. Über Nacht einwirken lassen.
- Wenn Sie in den Händen auf Grund des kalten Wetters schmerzhafte Verspannungen spüren, dann baden Sie sie regelmäßig in lauwarmem Kamillentee.
- Geschwollene Hände müssen Sie immer wieder sanft von den Fingerspitzen bis zum Arm massieren. Verrühren Sie abends 5 Tropfen Zitronenöl in 1/4 Liter kalter Milch, tauchen Sie ein Tuch ein, wringen Sie es aus und schlagen Sie 10 Minuten die Hände darin ein.

Kopf und Füße brauchen Wärme

Man kann sich in der Winterkälte nur dann wohl fühlen und gesund bleiben, wenn man einige wichtige Voraussetzungen erfüllt:

- Gehen Sie niemals ohne Kopfbedeckung ins Freie. Unser Körper hat auf der Hautoberfläche Rezeptoren, die bei Kälte verhindern, dass zu viel Wärme den Organismus verlässt. Am Kopf allerdings haben wir nur ganz wenige solcher Rezeptoren. Daher verlieren wir bei tiefen Temperaturen ohne Kopfbedeckung über den Kopf – wie durch einen Schornstein – besonders viel Wärme. Das Immunsystem ist gefährdet.

- Ziehen Sie warme Schuhe an. Wenn Sie nur eine Stunde in der Kälte mit kalten Füßen umherlaufen, dann sinkt im Mund die Temperatur bis zu 3 °C. Das bedeutet eine „Klima-Katastrophe“ für den Organismus. Viren und Bakterien können leichter eindringen.
- Trinken Sie bei Kälte keinen Alkohol. Er erweitet die Gefäße. Damit wird zu viel Wärme abgegeben.
- In der Winterkälte brauchen wir mehr Vitamin E. Essen Sie Naturprodukte, die viel enthalten: Nüsse, Vollkornbrot, Milchprodukte.
- Wenn Sie bei eiskalten Temperaturen wandern und laufen, dann binden Sie kein Tuch vor den Mund. Wichtig ist, dass Sie durch die Nase atmen. Dann kommt die kalte Luft garantiert mit 37 °C in die Bronchien. Der Mund muss geschlossen bleiben.
- Vergessen Sie nicht auf den „Frostschutz“ für Ihre Gesichtshaut. Bei großer Kälte darf man keine Feuchtigkeitscremes verwenden. Die Haut braucht Fettcremes und Öle. Auch die Lippen müssen mit einem Pflegestift geschützt werden und Ohren brauchen Ohrenschützer.

Wenn Sie sich richtig auf die Kälte einstellen, dann können Sie sie optimal genießen.

Kreislauf-Service für kalte Wintertage

Der Winter stellt bei fast allen Menschen eine Belastung für den Kreislauf dar. Das hat mehrere Gründe:

1. Die meisten von uns machen in der kalten Jahreszeit zu wenig Bewegung und das ist schlecht für den Kreislauf.
2. Unsere Blutgefäße werden bei kalten Außentemperaturen enger und das ist wieder schlecht für den Kreislauf.
3. Bei jeder Erkältung, die wir jetzt durchstehen müssen, kommt der Kreislauf in die Krise. Daher sollten wir vorbeugend darauf achten, dass wir mit einem stabilen und starken Kreislauf durch die kalte Jahrszeit gehen.

Das können Sie für Ihren Kreislauf tun:

- Achten Sie darauf, dass Sie nicht zu viele Kilos auf die Waage bringen. Übergewicht tut dem Kreislauf gar nicht gut.
- Trinken Sie täglich 2 Liter stilles Mineral- oder Leitungswasser. Unser Kreislauf braucht Flüssigkeit.

- Essen Sie jeden Tag 2 bis 3 Äpfel. Die Pektine des Apfels senken erhöhte Cholesterinwerte und entlasten den Kreislauf. Das hat eine Studie von Prof. Dr. Sinzinger an der Universität Wien ergeben.

- Essen Sie regelmäßig Knoblauch oder nehmen Sie standardisierte Knoblauch-Präparate aus der Apotheke ein. Knoblauch hält unsere Gefäße elastisch. Das ist wichtig für einen gesunden Kreislauf.
- Wichtig für den Kreislauf ist die ständige Versorgung des Körpers mit den Mineralstoffen Kalium und Magnesium. Kalium holen wir uns aus Bananen, getrockneten Feigen, roher Petersilie und Pellkartoffeln. Magnesium liefern Naturreis, Vollkornprodukte, Hirse, Leinsamen.
- Es gibt auch ein Heilkraut, das den Kreislauf stärkt: Weißdorn, auch Crataegus genannt. Aus Studien an der Freien Universtät Berlin weiß man: Die Wirkstoffe im Weißdorn – die Procyanidine – verbessern die Herzleistung, stärken die Herzkranz-Gefäße und stabilisieren den Kreislauf. Wenn jemand nach einer Erkältung abgeschlagen, müde und erschöpft ist, dann kann Weißdorn neue Kraft geben. Eine Kreislauf-Kur mit Weißdorn kann man mit Weißdorn-Tee, mit Weißdorn-Saft, mit Weißdorn-Tinktur oder mit einem Weißdorn-Präparat aus der Apotheke machen.
- Es ist wichtig, dass wir unseren Kreislauf durch Bewegung trainieren: mit Wandern, Laufen, Gymnastik, Treppen-Steigen, mindestens 3-mal in der Woche 20 Minuten lang.
- An der ersten medizinischen Akademie von Shanghai wurde eine Übung aus der chinesischen Heilgymnastik erprobt. Sie eignet sich bestens zur Stärkung des Kreislaufs: Setzen Sie sich kerzengerade auf einen Stuhl ohne Seitenlehnen. Stellen Sie die Füße locker auf den Boden. Legen Sie die Handflächen links und rechts von sich auf die Stuhlfläche. Nun drücken Sie mit der linken Handfläche 6-mal auf die Sitzfläche des Stuhls, danach mit der rechten Handfläche. Danach heben Sie zuerst die linke Hand – mit der Handfläche nach oben – empor, als wollten Sie eine Schale zur Decke heben. Und dann machen Sie das Gleiche mit der rechten Hand. Hände ausschütteln und die Übung wiederholen. Immer nur vor dem Essen trainieren.

So bereiten Sie Ihr Kind auf den Winter vor

Eltern und Großeltern wissen es aus Erfahrung: Kinder sind im Winter sehr oft krank. Sie haben häufig in einer Saison mehrere Erkältungen, laufen unentwegt mit rinnender Nase umher und leiden unter Husten. Damit Ihr Kind oder Enkelkind mehr Spaß am Winter haben kann und gesund durch die kalte Jahreszeit geht, sollten Sie es gezielt auf die bevorstehenden Monate vorbereiten.

Hier einige Anregungen:

- Eltern und Großeltern sollten sich in Innenräumen ein striktes Rauchverbot auferlegen. In Wohnungen, in denen geraucht wird, haben Kinder ein stark geschwächtes Immunsystem. Kinder von Rauchern sind im Winter besonders oft krank.
- Wenn Ihr Kind von Grund auf schwache Abwehrkräfte hat, sollten Sie mit Ihrem Arzt über eine Grippe-Impfung sprechen.
- Gewöhnen Sie dem Kind an, sich sofort, wenn es nach Hause gekommen ist, gründlich die Hände zu waschen. Es trägt auf der Haut viele Bakterien und Viren mit sich herum.
- Wenn Ihr Kind einen Schnupfen hat, dann sollte es die Nase mit Papiertaschentüchern säubern und diese nach einmaligem Verwenden weggeben. Bei Textil-Taschentüchern kommt es ununterbrochen zu einer neuerlichen Selbstinfektion.
- Achten Sie darauf, dass im Winter in der Wohnung die Heizung nicht zu warm eingestellt ist. Rachen und Nasenhöhle sind mit einer dünnen, feuchten Schicht bedeckt. Sie schützt uns vor Bakterien und Viren. Zu hohe Raumtemperaturen trocknen die Schleimhäute aus. Damit gibt es keine Abwehr gegen die Krankheitserreger. Aus demselben Grund müssen Sie dafür sorgen, dass die Luftfeuchtigkeit in den Wohnräumen nicht zu niedrig ist. Hängen Sie nasse Tücher auf. Stellen Sie Tonschalen mit Wasser auf. Auch gut gewartete Luftbefeuchtungsgeräte helfen.
- Gehen Sie mit Ihrem Kind in die Sauna. Das stärkt die Abwehrkräfte.
- Ein sehr guter Weg, den Körper des Kindes für die kalte Jahreszeit mit tiefen Temperaturen stark zu machen: Baden Sie Ihr Kind vor dem

Zu-Bett-Gehen in der Wanne. Sowohl das warme Wasser, die Kräuter-Badezusätze in der Wanne und der Dampf im Badezimmer machen stark gegen Viren und Bakterien. Schließen Sie das Bad mit einem kühlen Abguss ab. Die Kinder dürfen dabei herzhaft herausschreien, damit sie gut durchatmen.

- Kleiden Sie Ihr Kind in der gut beheizten Wohnung nicht zu warm an. Die Kleinen sollten nicht schwitzen.

- Hingegen müssen die Kinder im Freien warm angezogen werden. Am besten in Schichten: also Unterwäsche, Shirt, erster Pullover, zweiter Pullover. Die Luftschichten dazwischen regulieren Wärme und Kälte. Und man kann jederzeit, wenn es zu warm wird, ein Kleidungsstück ausziehen.

- Achten Sie darauf, dass Ihr Kind in der kalten Jahreszeit nicht den ganzen Nachmittag und Abend vor dem Fernsehapparat sitzt. Das ist schlecht für die Augen, für die Lungen und für die Wirbelsäule. Die Kinder sollten am Nachmittag – auch bei schlechtem Wetter – hinaus ins Freie. Und sie sollten sich bewegen. Eine jüngste Studie an der Harvard Universität in Boston, USA, hat ergeben: Tägliches, stundenlanges Fernsehen macht die Kinder dick und krank. Die Kinder leiden oft an zu hohen Blutdruck- und Cholesterinwerten. Täglicher Aufenthalt im Freien in warmer Kleidung ist sehr gesundheitsfördernd.

So machen Sie Ihre Augen Winter-fit

Wenn es draußen kalt wird und wir uns verstärkt in beheizten Räumen mit meist zu trockener Luft aufhalten, dann ist das nicht nur schlecht für den Teint, sondern auch für die Augen. Die Haut rund um die Augen ist weitaus empfindlicher als die der ganzen übrigen Gesichtshaut. Sie ist dünner und mit viel weniger Talgdrüsen ausgerüstet. Daher entstehen im Herbst und im Winter rund um die Augen markante Fältchen, die älter machen und hässlich aussehen.

Sonnenbrille: auch im Winter unentbehrlich.

Schlechte Luft in den Räumen und zu wenig natürliches Licht an düsteren Herbst- und Wintertagen lassen unsere Augen sehr oft müde und glanzlos wirken. Da sie aber ein wesentliches Ausdrucksmittel und eine Visitenkarte für unser Wohlbefinden und Aussehen sind, müssen wir gerade jetzt ein Pflege- und Trainingsprogramm starten, damit wir die Augen fit für den Herbst und den Winter machen.

- Auch junge Frauen sollten in dieser Jahreszeit morgens und abends eine Augencreme rund um die Augen auftragen. Eine Creme mit den Vitaminen E, B und C oder mit Fruchtsäuren. Man kann damit die Entstehung von „Krähenfüßen" verhindern.

- Sie dürfen bei der Gesichtspflege an der Haut rund um die Augen niemals zerren. Sie müssen ganz sanft mit den Fingern vorgehen. Am besten klopfen oder massieren Sie die Creme ein. Beginnen Sie dabei immer beim inneren Augenwinkel, streichen über das Lid zum äußeren Augenwinkel und dann unter dem Auge entlang wieder bis zum inneren Augenwinkel. Etwaiger Creme-Überschuss wird zart abgetupft.

- Waschen Sie speziell in der kalten Jahreszeit die Augenpartie niemals mit Seife oder Reinigungspräparaten, die entfetten. Das entzieht der Haut wichtige Nährstoffe, macht sie welk und alt.

Damit allein ist es nicht getan. Das Fitness-Programm für die Augen erfordert auch eine spezielle Augen-Gymnastik. Auch damit kann man Fältchen um die Augen verbeugen. Hier einige Übungen:

- Stellen Sie sich vor einen Spiegel und heben Sie die unteren Augenlider mit Daumen und Zeigefinger – sauber gewaschen – vorsichtig und zart nach oben. Halten Sie sie einige Sekunden und lassen Sie dann wieder locker. Das ist eine sehr sinnvolle Übung gegen Tränensäcke.

- Drücken Sie die Daumenballen gegen die Schläfen und ziehen Sie dabei die Haut nach oben. Einige Sekunden festhalten, dann wieder loslassen. Das wirkt gegen kleine Falten.

- Die Augen verlieren aber auch an Glanz, Jugendlichkeit und Schönheit, wenn Sie sich oft ärgern müssen und Streit und Stress haben. Gehen Sie in die Natur hinaus und vergessen Sie für ein, zwei Stunden alle Sorgen. Dann kriegen ihre Augen wieder Glanz.

- Ein wenig können Sie ja nachhelfen. Übergießen Sie in einer Tasse 2 Beutel Schwarztee mit wenig Wasser. Die nassen, lauwarmen Teebeutel pressen Sie dann auf die Augen und lassen sie – am besten im Liegen – 10 Minuten einwirken. Die Gerbstoffe im Tee straffen die Haut um die Augen und geben den Augen selbst einen neuen Glanz.

Schwarzteepflanze

So bleiben und werden Sie gesund:

Krankheiten und Beschwerden im Winter

In der kalten Jahreszeit ist unser Immunsystem viel größeren und häufigeren Attacken ausgesetzt als in den anderen Monaten des Jahres. Daher klagen die meisten von uns im Winter über chronische Beschwerden und handeln sich auch in dieser Zeit weitaus schneller als sonst eine Infektion oder eine andere Krankheit ein. Doch man kann das Risiko senken. Man muss einfach im Winter mehr für die Gesundheit tun.

Die besten Tricks gegen die ersten Erkältungen

Es gibt im Winter Perioden, da sind fast alle erkältet. Es wird gehustet, geschnäuzt und geniest. Milliarden von Viren werden jeden Tag von einem zum anderen übertragen. Für jene, die es noch nicht erwischt hat, gibt es eine Reihe von ganz einfachen, ja nahezu banalen Tricks gegen die Erkältungsgefahr:

- Eine Untersuchung der Weltgesundheits-Organisation besagt, dass die meisten Viren, die eine Erkältung auslösen, über den Mund in unseren Organismus gelangen. Daher sollte jeder, wenn er nach Hause kommt, die Mund- und Rachenhöhle von all den Krankheitserregern, die er tagsüber angesammelt hat, befreien. Das geht ganz einfach: Man verrührt in einem Glas Wasser (lauwarm) 15 Tropfen Propolis-Tinktur (Apotheke, Reformhaus) und gurgelt intensiv damit. Man kann auch mit 1/16 Liter purem Aloe-vera-Saft gurgeln (Apotheke). Wer Zeit hat, kann sich Salbeitee zum Gurgeln zubereiten.

- Wissenschaftler der Berkeley Universität in Kalifornien, USA, erinnern daran: Viele Viren werden beim Händeschütteln übertragen, weil man danach irgendwann mit der Hand den Mund berührt. In Erkältungszeiten sollten wir öfter mal die Hände waschen, vor allem nach regem Kontakt mit erkälteten Mitmenschen. Seife und Wasser genügen. Die Viren werden zwar nicht gekillt, aber sie werden weggeschwemmt.
- Wer noch vollkommen gesund ist, der kann sich abhärten, indem er 2-mal die Woche in die Sauna geht, einmal die Woche ein heißes Wannenbad nimmt oder morgens in knietiefem kaltem Wasser in der Badewanne mit nackten Füßen das Kneipp'sche Wassertreten zelebriert (siehe Seite 16). Aber nur 1 bis 2 Minuten.

Viele aber, die das alles nicht rechtzeitig gemacht haben, kommen abends nach Hause, haben Glieder- und Kopfschmerzen und spüren eine eisige Kälte im Rücken.

Das bedeutet, die Viren haben bereits zugeschlagen. Mit einem Blitzprogramm kann man die Erkältung schnell in den Griff kriegen. Es sind bewährte, wirksame Tipps, die zum Teil bereits die legendäre Kölner Klosterfrau Maria Clementine Martin propagiert hat:

- Ziehen Sie einen Trainingsanzug an und setzen Sie eine Wollmütze auf. Stecken Sie im Sitzen die Beine in einen Eimer mit möglichst heißem Wasser. Legen Sie eine mit heißem Wasser gefüllte Gummi-Wärmeflasche ins Kreuz und trinken Sie 1/2 Liter sehr warmen Lindenblütentee mit 2 Teelöffeln Melissengeist und 2 Teelöffeln Honig. Man beginnt durch die Wärme von unten (Fußbad), von hinten (Wärmeflasche), von oben (Wollmütze) und von innen (Lindenblütentee) enorm zu schwitzen. Jetzt ab ins Bett, bis zur Nasenspitze zudecken und nachschwitzen. Man schafft damit ein künstliches Fieber, das die Viren bekämpft. Am nächsten Tag ist man zwar noch müde, aber schon auf dem Weg der Besserung.

Lindenblüten sind schweißtreibend.

Blasenentzündung: Pellkartoffeln und Heublumen helfen!

Das Rätsel, warum alljährlich viele Frauen unter einer Blasenentzündung leiden, wurde von Gynäkologen gelöst: In den langen Wintermonaten und durch das Defizit an Sonnenlicht ist der Östrogen-Spiegel im Körper der Frauen deutlich reduziert. Da Östrogen-Hormone unter anderem auch die Blase der Frau schützen, ist die Immunkraft in diesem Bereich geschwächt.

Grundsätzlich ist bei den ersten Anzeichen einer Blasenentzündung – Schmerzen in der Blasengegend, besonders beim Wasserlassen, Harndrang – der Arzt zu konsultieren. Eine nicht behandelte Blasenentzündung kann ernsthafte Folgen haben. Der Arzt allein entscheidet, ob mit Antibiotika oder Sulfonamiden behandelt werden muss oder ob naturheilkundliche Maßnahmen ausreichen.

Mit gekochten Kartoffeln Schmerzen lindern.

Natürliche Hausmittel:

- Legen Sie sich für ein paar Tage ins Bett. Die Bettwärme wirkt heilend. Nehmen Sie eine mit heißem Wasser gefüllte Gummi-Wärmeflasche mit und legen Sie diese auf den Unterleib.
- Kochen Sie 3 Kilo Pellkartoffeln. Zerdrücken Sie sie ganz heiß und legen Sie den Brei, der in einem Leinentuch eingeschlagen wird, auf die Blasengegend. Die Pellkartoffeln strahlen eine besonders gleichmäßige, intensive Wärme aus.
- Oder erhitzen Sie einen Heublumensack (Apotheke) im Backrohr oder über Wasserdampf und legen Sie ihn auf die Blasengegend.
- Nehmen Sie ein ansteigendes Sitzbad: Steigen Sie in die Badewanne mit einer Wassertemperatur von 35 bis 37 °C. Oberkörper, Arme und Beine sind nicht im Wasser (gut zudecken). Lassen Sie langsam warmes Wasser zulaufen, bis eine Temperatur von 40 °C erreicht ist. Nach 10 – 15 Minuten heraussteigen, gut abtrocknen und ins Bett legen.

Das dürfen Sie essen: leicht verdauliche, gewürzarme, salzlose Kost, frisches Obst, rohes Gemüse, Kürbis-Speisen, Milch und Milchprodukte. Meiden sollten Sie Fleisch, Bohnenkaffee und Alkohol.

Das sollten Sie trinken: Rote-Bete-Saft (täglich 1/2 Liter), Buttermilch (täglich 1/4 Liter), Apfelsaft, Sanddornsaft, Traubensaft. Zu empfehlen sind auch Sauerkraut-, Schwarzrettich-, Zwiebel- und Löwenzahnsaft (Reformladen).

Spezieller Kräutertee bei Blasenentzündung:

Mischen Sie zu gleichen Teilen Bärentraubenblätter, Schachtelhalm, Pfefferminze, Thymian und Zinnkraut. 1 Esslöffel davon mit 1 Tasse kochendem Wasser überbrühen. 10 Minuten ziehen lassen, durchseihen, warm und ungesüßt trinken (3 bis 5 Tassen täglich).

Während der erforderlichen Bettruhe ist es wichtig, flach auf dem Rücken zu liegen. In dieser Lage entspannt sich die Blase am besten. Sinnvoll sind zusätzlich eine Wärmeflasche und warme Packungen. Massagen von Blasen-, Kreuz- und Lendengegend fördern den Heilungsverlauf.

Da bei der Blasenentzündung die Gefahr für Rückfälle sehr groß ist, sollten Sie nach überstandener Krankheit immer warme Kleidung tragen, vor allem warme Unterwäsche.

Das sollten Sie tun, damit der Ischias nicht nervt

Es passiert besonders oft an kalten Wintertagen. Man macht eine unachtsame Bewegung und sofort zieht ein heftiger, intensiver Schmerz von der Lendengegend bis ins Bein. Jeder Schritt wird zur Qual. Das ist Ischias. Keine Krankheit, sondern vielmehr der Name für Schmerzen im Bereich des Ischias-Nervs, in der Medizin „Nervus ischiadicus " genannt. Dieser Sitzbein-Nerv verläuft von der Wirbelsäule an der Rückseite des Gesäßes über den Oberschenkel und über die Wade bis zum Fuß. Männer sind doppelt so oft von Ischias-Schmerzen betroffen wie Frauen.

Die Beschwerden treten immer einseitig, entweder links oder rechts, auf. Sie werden oft durch Husten, Niesen, Vorbeugen, Liegen oder Anheben des betroffenen Beines ausgelöst. Im Liegen sind die Schmerzen besonders unangenehm. Ischias-Beschwerden gehen oft auch mit Taubheitsgefühl, Kribbeln und sogar lähmungsartigen Erscheinungen einher.

Für Ischias-Schmerzen gibt es viele verschiedene Ursachen:

- Oft sind es Verspannungen in der Rückenmuskulatur. Dazu kommt es durch einen kalten Luftzug, durch Kälte an sich, durch schweres Heben oder Tragen oder durch längere Arbeiten in gebeugter Haltung.

- Auch Abnützungserscheinungen an der Wirbelsäule können schuld an den Ischias-Problemen sein, z. B. die Fehlstellung einer Bandscheibe oder gar ein drohender Bandscheibenvorfall. Das alles drückt auf den Ischias-Nerv. Am gefährlichsten sind Abnützungserscheinungen zwischen dem 5. Lendenwirbel und dem ersten Kreuzbeinwirbel oder aber zwischen der 4. und 5. Lenden-Bandscheibe. Hier ist die Belastung des Körpers besonders groß.
- Es kann sich beim Ischias auch um eine Nervenentzündung handeln. Sie kann durch eine Infektion ausgelöst werden.
- In der Schwangerschaft kann es bei Frauen zu Ischias-Beschwerden kommen, wenn das werdende Kind den Ischias-Nerv belastet. Meist sind Frauen betroffen, die an ihren monatlichen Tagen oft an Rückenschmerzen leiden.

Der Arzt kann mit einer schmerzstillenden und entzündungshemmenden Injektion helfen, aber auch mit Gaben von B-Vitaminen oder Rheuma-Medikamenten.

Wer zu Ischias-Beschwerden neigt, muss vorbeugende Maßnahmen setzen:

- Machen Sie jeden Tag Gymnastik, denn trainierte Muskeln entlasten die Wirbelsäule.
- Achten Sie auf Ihr Körpergewicht, denn jedes Kilo weniger entlastet Bandscheiben, Gelenke und Wirbelsäule.
- Gute Körperhaltung erzielt man mit regelmäßigem Sport: Rückenschwimmen, Joggen auf weichem Waldboden, Langlauf, Bodengymnastik und Radfahren.
- Meiden Sie eine gebeugte Haltung beim Sitzen und beim Stehen. Wenn Sie etwas Schweres heben, gehen Sie mit geradem Rücken in die Knie.
- Tragen Sie Schuhe mit weichen Sohlen und niedrigen Absätzen.
- Schlafen Sie auf einer Gesundheitsmatratze und auf einem flachen Kissen.

Achtung: Beim Heben von schweren Lasten in die Knie gehen!

Eine Spray-Kur für die gesunde, trockene Winter-Nase

Trockene Luft in überheizten und klimatisierten Räumen ist vielfach schuld daran, dass wir im Winter mit ausgetrockneten Nasenschleimhäuten und mit einer durch Borkenbildung verstopften Nase umherlaufen. Und das ganz ohne Schnupfen. Das schwächt die Schleimhäute. Diese werden zu einem Tummelplatz für Viren und Bakterien. Und man handelt sich schnell eine Erkältung ein.

Mit Salzlösungs-Spray die Schleimhäute befeuchten.

Was die Vorbeugung und Bekämpfung von Schnupfen betrifft, spielt die Nase eine wichtige Rolle. Sie muss saubere Luft in einer ganz bestimmten Temperatur für die Atemwege heranschaffen. Die eingeatmete Luft muss aufgewärmt, angefeuchtet und gefiltert werden. Das komplizierte System unserer Bronchien muss einerseits vor Luftschadstoffen, andererseits vor der Austrocknung geschützt werden. Für diese Aufgaben hat die Nase ihre Schleimhaut, die immer gut durchblutet und feucht sein muss. Eine zusätzliche Luft-Reinigungsfunktion haben zahllose Flimmerhärchen im Nasen-Raum.

Daher muss man im Winter ständig darauf achten, dass die Nasenschleimhäute immer feucht gehalten werden. Auf diese Weise kann man auch einen chronischen Schnupfen verhindern. Die Medizin hat mit der Nasicur-Therapie einen neuen Weg gefunden, wie man als vorbeugende Maßnahme und als Therapie den Nasenschleimhäuten Feuchtigkeit zuführt und ihre Immunkraft aufbaut. Im Mittelpunkt dieser Behandlung steht Nasicur-Nasenspray (Apotheke) mit zwei speziellen Inhaltsstoffen.

- Eine physiologische, mineralische Salzlösung sorgt dafür, dass die Nasenschleimhäute angenehm befeuchtet und vorhandene krustige Belege gelöst werden.
- Der Spray enthält weiters Dexpanthenol, eine Teilsubstanz vom Co-Enzym A. Sie fördert eine rasche Regeneration der angegriffenen, entzündeten Nasenschleimhaut.

Mit dem rechtzeitigen und konsequenten Einsatz des Sprays wird eine rasche Verbesserung der Nasenatmung erreicht. Man nimmt 4-mal täglich 1 bis 2 Sprüh-Stöße und atmet dabei ein.

Natürliches Vitamin E gegen Rheuma

Wenn der Winter eine Zeit lang andauert, dann ist unser Organismus bereits sehr empfindlich gegenüber Kälte und Nässe. Jetzt ist die Zeit, in der Muskeln und Gelenke zu schmerzen beginnen. Rheuma-Beschwerden haben Hochsaison. Akute Schmerzen treten plötzlich auf. Chronische Schmerzen verstärken sich. Viele klagen über steife, geschwollene Gelenke, über Verspannungen und eingeschränkte Beweglichkeit. Rheuma trifft Menschen in jedem Alter.

Da starke Medikamente in den meisten Fällen Niere und Magen belasten und mitunter nicht wirklich Hilfe bringen, wollen viele Betroffene in erster Linie ihre Schmerzen mit natürlichen Maßnahmen bekämpfen. Bei chronischen Beschwerden kann Wärme nützen, Wannenbäder mit Wacholder-Extrakt oder Rosmarin haben sich bewährt, bei akuten Schmerzen kann eine Kaltanwendung hilfreich sein.

Auch über die Ernährung kann man einiges tun. Man sollte tierische Fette meiden, keine Innereien, wenig Fleisch, mehr Fisch und viel Obst und Gemüse essen.

Doch das alles ersetzt keine Schmerzmittel. Da sich die Medizin über die Problematik vieler Rheuma-Mittel durchaus bewusst ist, hat man in den vergangenen Jahren in Richtung Natur geforscht. Und man ist fündig geworden. Wissenschaftliche Studien in den USA und in Deutschland haben eindeutig ergeben: Pflanzliches Vitamin E mit dem wertvollen RRR-Tocopherol aus Weizenkeimen und Sonnenblumenkeimen zeigt in hoher Dosierung (800 internationale Einheiten) verblüffende Erfolge bei der Bekämpfung von Rheuma-Schmerzen. Und zwar ganz ohne Nebenwirkungen.

Das Geheimnis des Erfolges: Vitamin E – hochdosiert eingenommen – hemmt Entzündungsprozesse im Körper. Es unterdrückt die Produktion von Entzündungsstoffen wie Leukotrienen und Prostaglandinen, die bei Rheuma als Schmerzsubstanzen vorhanden sind. Dadurch lindert Vitamin E Schmerzen.

Wissenschaftler der deutschen Klosterfrau-Forschung und Ärzte empfehlen im Kampf gegen rheumatische Beschwerden daher immer öfter hochdosiertes Vitamin E aus pflanzlicher Herkunft, jede Kapsel mit 800 internationalen Einheiten Vitamin E (Apotheke) für eine Langzeit-Therapie. Man nimmt 1 Kapsel pro Tag. Viele Patienten können damit auf Schmerzmittel verzichten oder zumindest die Dosierung von Medikamenten deutlich reduzieren.

Muskelkrämpfe stören den Schlaf: Chininsulfat hilft

Vielleicht kennen Sie das aus eigener Erfahrung. Man legt sich abends ins Bett und freut sich auf einen erholsamen Schlaf. Doch man kann nicht einschlafen oder man wird zwischendurch immer wieder wach. Die Ursache sind quälende Muskelschmerzen. Ein Volksleiden – 40 Prozent der Bevölkerung leiden regelmäßig an solchen Attacken.

Krämpfe entstehen, wenn sich einzelne Muskeln oder ganze Muskelgruppen unwillkürlich zusammenziehen, aber nicht wieder entspannen können. Als Auslöser kommen viele verschiedene Faktoren in Betracht: Krampfadern, Spreizfüße, zu viel Alkohol oder übertriebener Sport, aber auch Diabetes sowie Durchblutungsstörungen. All diese Faktoren verstärken die Kampfbereitschaft der Muskeln. Dadurch entstehen unerträgliche, quälende Schmerzen. Was kann man nun gegen das Leiden tun?

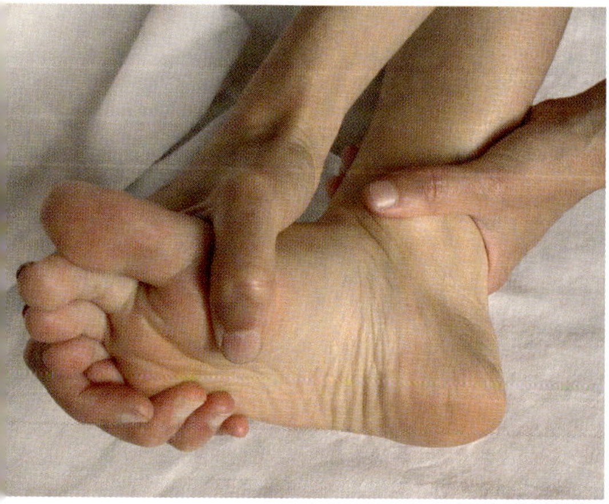

Muskelkrämpfe sind sehr schmerzhaft.

Die erste Reaktion von vielen Betroffenen: Sie greifen zu Magnesium-Tabletten, weil sie gehört haben, dass Magnesium entspannt. Das trifft aber nur dann zu, wenn im Körper ein Magnesiummangel vorhanden ist. Die Folge ist, dass viele, die zu diesem Mineralstoff greifen, enttäuscht sind. Sie haben weiterhin Muskelkrämpfe und können nicht schlafen.

Erfahrene Ärzte betonen, dass man bei Muskelkrämpfen direkt am Ort des Geschehens einsetzen muss, wenn man Erfolg haben will. Muskelkrämpfe entstehen an den Verbindungsstellen zwischen Nerven und Muskelfasern. Daher muss genau an dieser Stelle des Körpers eine effiziente Therapie durchgeführt werden. Und da leistet ein Naturstoff wichtige Dienste: nämlich Chininsulfat, gewonnen aus der Rinde des Cinchona-Baumes, der in Mittelamerika beheimatet ist. Dieses Chininsulfat wird immer öfter von Medizinern im Kampf gegen Muskelkrämpfe eingesetzt.

Die meisten kennen Chininsulfat schon sehr lange in einem ganz anderen Zusammenhang: nämlich als Mittel gegen Malaria. Doch es eignet sich nicht nur als Natursubstanz gegen die gefährliche Tropenkrankheit, die wieder zunimmt, sondern Chininsulfat mit dem Wirkstoff Limptar N (Apotheke) beseitigt auch erfolgreich und rasch Muskelkrämpfe.

Das hat eine Doppelblind-Studie an der Universität Essen mit 98 Patienten ergeben, die an Muskelkrämpfen litten. Jene, die mit dem Chininsulfat Limptar N versorgt wurden, hatten sehr bald keine Schmerzen mehr, weil die Erregbarkeit der Muskeln rasch reduziert wurde. Das Chininsulfat wird direkt am betroffenen Muskel aktiv und bekämpft jede Art von Krämpfen, die durch Störungen des Stoffwechsels oder des Elektrolyt-Haushaltes, aber auch durch Infektionen verursacht werden.

Das Angenehme beim Einsatz von Chininsulfat ist, dass es bei korrekter Dosierung gut verträglich ist und nicht abhängig und müde macht. 2 Tabletten am Tag reichen, um die Muskelkrämpfe zu lindern und mit der Zeit ganz zu beseitigen. Wer zu Muskelkrämpfen neigt, kann Chininsulfat auch vorbeugend einnehmen.

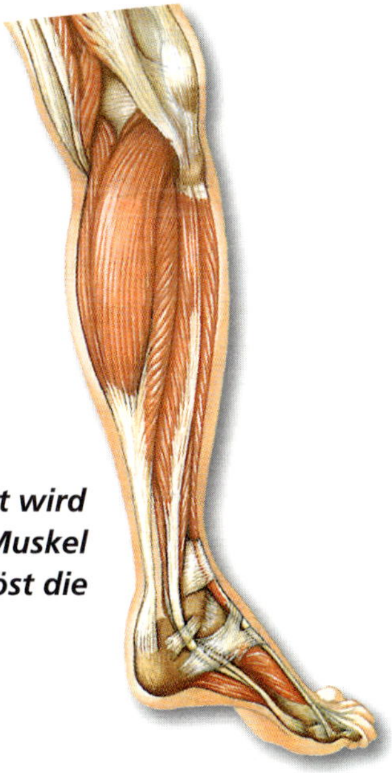

Chininsulfat wird direkt am Muskel aktiv und löst die Krämpfe.

Vitamin E und Massagen gegen den Hexenschuss

Eine falsche Bewegung, ein unerwarteter Ärger und schon ist er aus heiterem Himmel ganz plötzlich da: der Hexenschuss. Millionen Menschen in Mitteleuropa sind speziell in dieser Jahreszeit davon betroffen. Vor allem extreme Kälteeinbrüche im Winter fördern die Anfälligkeit für den Hexenschuss. Die Folge: Man kann nicht mehr gerade stehen, hat Probleme beim Gehen, Sitzen und Liegen, leidet höllische Schmerzen. Husten und Lachen werden zur Qual.

Die Ursache ist eine jähe Verspannung der Muskulatur im unteren Rückenbereich. Zurückzuführen ist sie meist auf eine Fehlhaltung der Lenden-Wirbelsäule. Ausgelöst wird sie sehr oft durch eine leichte Verdrehung einiger Wirbel oder durch eine Bandscheiben-Vorwölbung. Wer oft an Hexenschuss leidet, bei dem sind die Wirbel und Bandscheiben zwischen Lendenwirbel und Kreuzbein besonders sensibel.

Wer vom Hexenschuss „getroffen" worden ist, der sollte folgende Sofort-Maßnahmen beachten, um die Situation zu erleichtern:

- Legen Sie sich in einer schmerzfreien Stellung hin. Am besten mit dem Rücken auf den Boden, die Unterschenkel legen Sie auf einen Stuhl, sodass sie zu den Oberschenkeln einen rechten Winkel bilden. Sie sollten lange liegen bleiben.

- Tränken Sie einen Waschlappen mit kaltem Wasser. Wringen Sie ihn aus und legen Sie ihn ins Tiefkühlfach des Kühlschrankes. Dann wickeln Sie den Waschlappen in ein Tuch ein und legen dieses für 10 Minuten auf die schmerzende Stelle auf.
- Die durch den Hexenschuss steinhart gewordene Muskulatur im Rücken muss weich gemacht werden. Massieren Sie mit den Händen oder mit einer Naturborsten-Bürste den betroffenen Bereich, noch besser ist es, wenn Sie sich von einem medizinisch geschulten Experten sanft massieren lassen.
- Auch Salben können helfen. Massieren Sie Propolis-Salbe (Apotheke) in die schmerzenden Stellen ein. Propolis dringt tief ins Gewebe ein, aktiviert die Durchblutung, bekämpft Entzündungen und fördert die Selbstheilung des Organismus. Geben Sie Sesamöl oder Ingweröl auf beide Handrücken und massieren Sie damit im Stehen den Rücken in der Lendengegend auf und ab, hin und her.

Hilfreich: Propolis aus dem Bienenstock

- Immer mehr Wissenschaftler empfehlen, was sich bereits in vielen Kur-Zentren in der Praxis bewährt hat. Ärzte verabreichen Hexenschuss-Patienten einige Tage hochdosiertes pflanzliches Vitamin E: 1-mal am Tag 1 Kapsel mit jeweils 800 internationalen Einheiten (Apotheke). Damit kann man den Hexenschuss auch oft verhindern.

Und so können Sie einem Hexenschuss vorbeugen:

- Machen Sie täglich Rückengymnastik. Je kräftiger die Rückenmuskulatur ist, desto mehr entlastet sie die Wirbelsäule.
- Halten Sie Ihren Körper beim Sitzen, Stehen und Gehen möglichst aufrecht.
- Morgens vor dem Aufstehen sollten Sie sich wie eine Katze strecken und drehen. Auf den Katzenbuckel nicht vergessen.
- Steigen Sie morgens richtig aus dem Bett: Drehen Sie sich zuerst in eine leichte Seitenlage und stellen Sie erst dann die Beine aus dem Bett. Beim Aufsetzen stützen Sie sich auf eine Hand.
- Reduzieren Sie etwaiges Übergewicht. Mit jedem Kilo, das man abnimmt, senkt man die Gefahr für einen Hexenschuss.
- Meiden Sie Ärger und Stress. Eine schlechte Nachricht am Telefon kann bereits eine Verspannung der Rückenmuskeln und damit einen Hexenschuss auslösen.

Naturrezepte gegen die Winter-Nervosität

Speziell in der kalten Jahreszeit, wenn die Tage immer kürzer werden, klagen viele über Nervosität. Dafür sind zwei Vorgänge im Organismus verantwortlich. Das vegetative Nervensystem ist durch äußere Einflüsse wie Stress, Ärger, Hektik und Lärm gestört und geschwächt. Parallel dazu entsteht im Bereich des Gehirns ein Mangel an lebenswichtigen Substanzen, die man als Nerven-Nahrung bezeichnen könnte. Diese Substanzen sind wichtig für den Nerven-Stoffwechsel. Wer genügend Vorräte davon hat, der verfügt – wie man im Volksmund sagt – über starke Nerven. Wer zu wenig davon hat, der muss mit schwachen Nerven leben. Dagegen kann man etwas tun.

Zum Aufbau unserer Nerven brauchen wir:

- Vitamin B_1, das „Nerven-Vitamin". Es ist im Naturreis und in Bohnen enthalten.
- Vitamin B_2. Das liefern uns Milch, Milchprodukte, Forelle und Hering.
- Vitamin B_5. Das finden wir beispielsweise in Champignons.
- Vitamin B_6. Das ist reich in Nüssen, Hefeflocken, Kartoffeln und Bananen enthalten.
- Vitamin B_{12}. Wir holen es uns aus Topfen (Quark), Makrelen und Sauerkraut.
- Niacin. Das tanken wir aus Vollkornbrot und Vollkorn-Teigwaren.
- Pantothensäure. Sie ist in Milchprodukten und Linsen zu finden.
- Folsäure. Sie wird mit dem Grün- und Wurzelgemüse angeliefert.
- Magnesium ist ebenfalls wichtig für die Nerven. Es ist vertreten im Naturreis, in Trockenfrüchten wie Datteln, Feigen und Rosinen.
- Eine ganz besonders wichtige Substanz für starke Nerven ist das Lecithin, das in den Nervenzellen gebraucht wird, vom Körper aber nicht selbst produziert werden kann. Lecithin ist in Maiskeimen, Leinsamen, Erbsen, Sonnenblumenkernen, Milchprodukten und in bester Qualität in der Sojabohne enthalten. Daher wird das Naturlecithin aus der biologisch angebauten Sojabohne gewonnen.

Gegen schwache Nerven im Herbst sollte man aber auch Stress abbauen, Pausen machen, das Wochenende zur Erholung nützen, Urlaub machen, mehr schlafen, weniger rauchen, weniger Alkohol und Kaffee genießen, Lärm meiden und Termine absagen – auch einmal „Nein!" sagen.

Ein paar Rezepte zum Stärken der Nerven: 3-mal täglich 1 Tasse Melissentee mit etwas Honig und abends 1 Tasse Baldriantee trinken. 1 Teelöffel Honig im Mund zergehen lassen. 1 Banane essen. 5 Tropfen Lavendelöl auf ein Textiltaschentuch geben und tagsüber immer wieder daran schnuppern. Die ätherischen Öle des Lavendels wirken beruhigend.

Die heilende Kraft des Fiebers

Speziell im Winter kann es leicht geschehen, dass wir plötzlich Fieber bekommen, meist im Zuge einer Erkältung. Viele Menschen sind dann verzweifelt, greifen – oft ohne den Arzt zu fragen – zu einem fiebersenkenden Medikament. Das ist gefährlich und unvernünftig.

Das Fieber ist ein wichtiger Schutz für unseren Körper. Fieber besitzt eine enorme Heilkraft, die von keinem Medikament übertroffen werden kann. Fieber ist eine Selbsthilfe-Reaktion des Organismus. Es regt das natürliche Abwehrsystem an und stört die Vermehrung vieler Krankheitserreger.

Es ist gut, wenn jemand hohes Fieber bekommen kann. Wer eine Temperatur von 38 bis 39 °C erreicht, der wird schneller mit einer Erkältung fertig. Wer nicht fiebern kann oder wer das Fieber mit Medikamenten künstlich senkt, der kann die Krankheit nur langsam besiegen.

Was passiert nun im Organismus, wenn die Körpertemperatur steigt? Die Zellen, die für unsere Immunkraft wichtig sind, werden zu höchsten Aktivitäten angeregt.

Wenn man Fieber hat, muss man Geduld haben. Wichtig sind einige Tage Bettruhe. Der Organismus muss geschont werden. Körperliche Überanstrengung bei Fieber kann gefährlich werden. Herz und Kreislauf tragen oft schwere Schäden davon.

Wer fiebert, hat meist keinen Hunger. Das ist gut, denn dadurch wird der Verdauungstrakt entlastet. Wichtig hingegen ist das Trinken von Wasser, verdünnten Fruchtsäften und ungesüßten Kräutertees. Durch die hohe Körpertemperatur kommt es zu einem extrem hohen Flüssigkeitsbedarf. Patienten mit Fieber sollten bei Hunger nur Leichtes essen z. B. Früchte, Kompott, Hühnersuppe.

Viel Trinken bei Fieber!

Fiebersenkende Mittel sollte man nur dann einsetzen, wenn die Körpertemperatur 39 °C übersteigt, längere Zeit nicht sinkt, wenn Begleitsymptome wie Glieder- und Kopfschmerzen auftreten, sich allgemeine Schwäche einstellt, wenn Herz und Kreislauf überfordert sind und der Patient einen sehr kranken Eindruck macht. Fiebersenkende Maßnahmen (Medikamente) sind bei Senioren angezeigt und bei Kindern, die bereits einen Fieberkrampf hatten.

Wichtig ist, dass man das Fieber unter Kontrolle hält, d. h. regelmäßig das Fieber misst, mit einem herkömmlichen Thermometer, mit einem modernen Digital-Fiebermesser, mit einem Ohr-Thermometer oder einem Fieberstreifen, den man an die Stirn legt und der sich bei Fieber rot verfärbt. Man misst unter dem Arm 7 bis 10 Minuten, im Mund 2 bis 3 Minuten, im After ebenfalls 2 bis 3 Minuten oder im Ohr etwa 1 bis 2 Minuten.

Wenn der Arzt empfiehlt, das Fieber zu senken, sollten Sie es zuerst mit natürlichen Methoden z. B. einen kalten Wadenwickel versuchen. Der lässt sich mit zwei Handtüchern (ein dünnes und ein Frotteetuch) gut durchführen. Das dünne wird zur Hälfte in kaltes Wasser eingetaucht, um eine Wade gelegt und die andere Hälfte als Zwischentuch darüber gelegt. Mit dem dicken Frotteehandtuch oder einem Wolltuch wird die ganze Wade im Zug- und Gegenzugverfahren eingepackt. Bei Kindern können auch Wollstrümpfe dazu verwendet werden.

Tauchen Sie ein Leinentuch in zimmerwarmes Wasser, wringen Sie es etwas aus und legen Sie es auf die Brust. Mit einem trockenen Badetuch abdecken. Alle 15 Minuten wechseln, bis die Temperatur auf 38 °C abgesunken ist. Wenn dem Patienten kühl wird, muss der Wickel sofort abgebrochen werden. Kalte Anwendungen dürfen niemals durchgeführt werden, wenn der Patient fröstelt. Senioren empfinden kalte Anwendungen meist sehr unangenehm, daher eher medikamentös das Fieber senken.

Auflagen und Einreibungen bei Gelenkbeschwerden

Wenn es draußen kalt, nebelig und feucht ist, machen sich bei vielen Menschen verstärkt Gelenk- und Muskelbeschwerden bemerkbar. Wer darunter leidet, der möchte die Schmerzen so schnell wie möglich lindern oder ganz loswerden. Bei den Gelenk- und Muskelbeschwerden handelt es sich entweder um eine akute Entzündung, ausgelöst durch eine Erkältung, sowie um ein plötzlich auftretendes, neues Rheuma-Geschehen oder aber es handelt sich um chronische Schmerzen, hervorgerufen durch bereits vorhandene Verschleißerscheinungen, die fast immer wetterempfindlich machen.

In der Regel bekämpft man akute Schmerzen mit Kälte, chronische Schmerzen mit Wärme. Dennoch muss jeder selbst herausfinden, was ihm persönlich hilft.

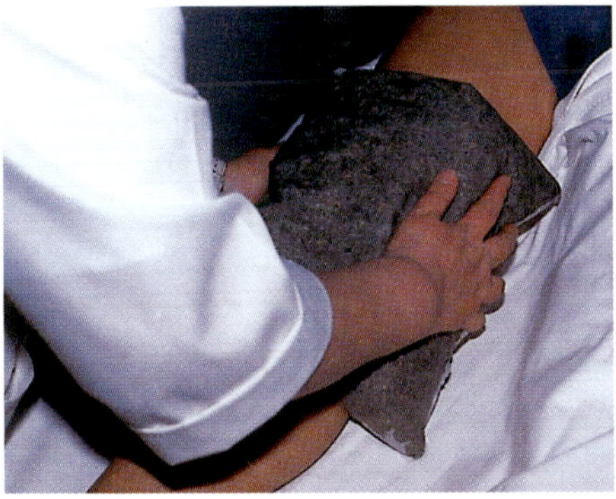

Chronische Schmerzen bekämpft man mit Wärme: z. B. mit dem Heusack.

Hier einige praktische Beispiele für eine Kälte-Therapie:

- Wenn plötzlich Schmerzen auftreten, dann schlagen Sie ein paar Eiswürfel in ein Tuch ein und legen dieses auf die betroffene Stelle auf, nicht länger als 1 – 2 Minuten.
- Sie können aber auch ein kaltes trockenes Tuch oder ein Tuch, das Sie zuvor in kaltes Wasser getaucht und ausgewrungen haben, nehmen. Sehr wirksam ist ein kalter Essig-Wickel: Tauchen Sie das Tuch in eine Mischung aus Wasser und Essig (zu gleichen Teilen).

Und hier einige Beispiele für die Wärme-Therapie:

- Schalten Sie einen ganz normalen Haarföhn ein und lassen Sie die heiße Luft einige Zeit auf die schmerzende Stelle einwirken oder legen Sie eine mit heißem Wasser gefüllte Gummi-Wärmeflasche auf oder nehmen Sie dafür einfach heiße Tücher.
- Sehr bewährt hat sich die Auflage von Heilerde. Verrühren Sie Heilerde aus der Apotheke mit heißem Wasser zu einem Brei, tragen Sie diesen dick auf die schmerzenden Stellen auf. Eine Stunde einwirken lassen, dann abwaschen. Man kann so eine Auflage auch mit Bockshornklee-Samen machen. 2 Esslöffel Bockshornklee-Samen-Pulver aus der Apotheke mit 3 Esslöffeln heißem Wasser anrühren. Dann etwas quellen lassen und mit einem Tuch auf die schmerzenden Stellen auflegen. Zwei Stunden einwirken lassen. Dieses Hausmittel empfahl schon Pfarrer Kneipp.
- Ein uraltes Rezept: Zerdrücken Sie 5 heiße Pellkartoffeln auf einem Tuch und drücken Sie den Brei auf die betroffene Stelle auf. Die Kartoffeln strahlen eine besonders intensive, lang anhaltende Wärme aus. Man kann auch eine Fango-Packung aus der Apotheke auflegen.

Die klassische Form zur Behandlung von Gelenk- und Muskelbeschwerden sind Einreibungen. Man massiert mit den bloßen Händen eine Creme, Salbe oder Flüssigkeit ein. Dafür bewähren sich asiatischer Tigerbalm, Ringelblumensalbe, Kamillenöl, Johanniskrautöl oder Propolis-Massagecreme. Das klassische und bekannteste Einreibemittel ist der Franzbranntwein oder das Franzbranntwein-Gel (Apotheke) – Hausmittel, die schon die legendäre Kölner Klosterfrau Maria Clementine Martin empfohlen hat. Studien an der Universität Dortmund haben ergeben: Beim Einreiben von Franzbranntwein erwärmt sich die Haut um 3 – 4 °C. Das ist genau die Temperatur, die für eine verbesserte Durchblutung, für die Schmerzlinderung und zur Aktivierung der Selbstheilkräfte notwendig ist.

Bei Rachenentzündung: Wie sinnvoll sind Halstabletten?

Geht es Ihnen auch so? Wenn jemand über eine Entzündung im Mund und Rachen klagt und zu einer Halstablette aus der Apotheke greift, dann neigen wir sehr oft dazu, darüber zu lächeln:

Was soll denn so eine harmlose Lutschtablette bewirken? Wir selber greifen zwar auch danach, wenn wir Halsschmerzen haben, aber im Grunde genommen glauben wir nicht so recht an die Wirkung. Und wenn die Beschwerden besser werden, dann schreiben wir das dem Zufall oder der Einbildung zu. Neueste Studien beweisen: Halstabletten können bei Rachenentzündungen einiges bewirken. Sie sind eine sinnvolle Hilfe.

Der Berliner Arzt und Wissenschaftler Prof. Dr. Burkhard Schneeweiß hat gemeinsam mit Priv.-Doz. Dr. Hans-Joachim Graubaum, Prof. Dr. Berthold Schneider und Priv.-Doz. Dr. Christine Metzner eine Placebo-kontrollierte Doppelblindstudie durchgeführt. Er hat den Einfluss von Halstabletten aus der Apotheke auf akute Hals- und Schluckbeschwerden bei Erkältungskrankheiten untersucht.

Die Ausgangsbasis dafür war eine erwiesene Tatsache: Krankheitserreger dringen in den meisten Fällen durch den Mund- und Rachenraum in den Körper ein. Daher zeigen sich die ersten Anzeichen einer Erkältung bei vielen Menschen im Rachen. Zuerst spürt man ein Kratzen im Hals, dann treten Schmerzen auf, die einige Tage anhalten können.

Im Rahmen der Studie zeigte sich nun ganz eindeutig: Halstabletten, die antiseptische Substanzen, Menthol und Anisöl enthalten, lindern die Symptome von Hals- und Schluckbeschwerden bei Erkältungen. Sie verkürzen eindeutig die Beschwerdedauer. Die Schmerzen im Mund- und Rachenbereich werden schnell gelindert. Das allgemeine Wohlbefinden wird gesteigert.

Die Erklärung dafür: Die Schmerzen im Rachenbereich werden durch eine entstandene Entzündung verursacht. Hier setzen die Halstabletten an. Durch die antiseptischen Stoffe werden die Entzündungserscheinungen beseitigt. Der Heilungsprozess wird beschleunigt, die Entzündung geht rasch zurück. Durch die Unterbrechung und Auflösung des Entzündungsprozesses im Rachen können weitere Komplikationen verhindert werden. Eine folgenschwere bakterielle Infektion, die jeder von uns in so einer Situation fürchtet, kann nicht mehr entstehen.

Auf diese Weise kann mit dem harmlosen Lutschen einer wohlschmeckenden und oft belächelten, unterschätzten Halstablette aus der Apotheke entscheidend in den Beginn einer Erkältung eingegriffen werden. Wichtig in diesem Zusammenhang ist allerdings auch, dass man parallel dazu eine gründliche Mund- und Rachenhygiene durchführt.

Mit Thymian und Eukalyptus gegen Husten

Egal, um welche Form des Hustens es sich handelt, in jedem Fall sind Atemwege und Bronchien gereizt durch Fremdkörper, die der Organismus entfernen möchte. Es kann sich um Staub, Schleim, Gase oder Kälte handeln. Wenn dadurch in der Schleimhaut ein Reiz entsteht, werden Signale zum Hirn weitergeleitet. Und vom Gehirn werden Befehle an die Muskeln des Oberkörpers, des Rückens und des Bauches gegeben, die Atemwege wieder frei zu husten.

Es gibt verschiedene Arten von Husten: den Reizhusten, meist der Vorbote einer Erkältung, das nervlich und seelisch bedingte Hüsteln oder Räuspern, den tief sitzenden Husten mit Schleimauswurf und den krampfartigen Husten, der meist auf eine asthmatische Erkrankung zurückzuführen ist. Eines aber muss man immer bedenken: Husten selbst ist keine Erkrankung, sondern immer ein Symptom für eine Erkrankung und wenn auch ein harmloser Husten nach drei Tagen nicht weg ist, muss man zum Arzt. Dasselbe gilt, wenn man beim Husten Schmerzen hat und wenn es in der Brust rasselt und pfeift.

Gegen den einfachen Husten gibt es eine Reihe von wirksamen Natur-Rezepten:

- Bei Kräutertees haben sich vor allem Thymian und Eibischwurzel bewährt. Für den Thymiantee wird 1 Teelöffel Thymian mit 1 Tasse kochendem Wasser übergossen, 10 Minuten ziehen gelassen und durchgeseiht. Für den Eibischwurzeltee 1 Esslöffel Eibischwurzeln in 1/4 Liter kaltem Wasser 4 Stunden ansetzen, durchseihen. Etwas erwärmen und mit wenig Honig süßen.
- Bei Hustensäften aus der Apotheke sollte man jene bevorzugen, die mit Thymian und Spitzwegerich zubereitet sind. Kinderärzte empfehlen 1 Teelöffel Fenchelhonig langsam im Mund zergehen zu lassen.
- Rezept für selbst gemachten Husten-Sirup:
  1 große, rohe Zwiebel schälen, fein hacken, 150 Gramm Honig darüber gießen und mehrere Stunden stehen lassen. Von dem Saft, der dabei entsteht, jede Stunde 1 Teelöffel einnehmen.
- Sehr sinnvoll gegen Husten sind auch Einreibungen von Brust und Rücken mit dem flüssigen Hauptwirkstoff Soledum-Cineol aus dem Eukalyptusblatt (Apotheke). Aber auch Franzbranntwein-Gel und asiatischer Tigerbalm haben sich bewährt. Wichtig ist, dass man sich nach der Einreibung ins Bett legt und gut zudeckt. Dabei wird die Durchblutung im Bereich der Atemwege gefördert.

Gegen Husten sollte man auch inhalieren:

- Geben Sie 2 Esslöffel Thymian in 2 Liter kochendes Wasser. Einmal aufkochen lassen, dann 10 Minuten ziehen lassen und 10 Minuten die aufsteigenden Dämpfe – nicht zu heiß – einatmen.
- Oder träufeln Sie 30 Tropfen Eukalyptus-Tinktur in einen Topf oder Inhalator, gießen mit 1/2 Liter heißem Wasser auf und atmen die aufsteigenden Dämpfe ein.

Wer seinen Husten rasch wieder loswerden will, der sollte reichlich Brokkoli, Paprika, Spinat und Sauerkraut essen. Das Betacarotin und das Vitamin C dieser Gemüsesorten stärken die Atemwege. Wer dem Husten vorbeugen möchte, der sollte nicht rauchen, oft in die Natur gehen und darauf achten, dass er keine kalten Füße hat.

Eukalyptus

Bratäpfel und Salbeitee gegen Halsschmerzen

Die am meisten verbreitete Form einer leichten Erkältung im Winter sind Halsschmerzen. Da sie von vielen Menschen nicht ernst genommen und oft ignoriert werden, muss man darüber reden. Diese scheinbar so harmlosen Halsschmerzen sind, vor allem dann, wenn die Entzündung im Rachen sehr stark und mit Fieber verbunden ist, sehr gefährlich für den Organismus. Herz und Kreislauf können schwer belastet werden.

Es gibt Risikogruppen, Menschen, die besonders anfällig für Halsschmerzen sind. Dazu gehören all jene, die grundsätzlich trockene Mundschleimhäute haben z. B. auch Frauen in den Wechseljahren. Deshalb sind auch jene verstärkt gefährdet, die Schnarchen oder zumindest mit offenem Mund schlafen und alle, die anstatt durch die Nase durch den Mund einatmen. Bevor man zu starken Medikamenten greift, sollte man es mit natürlichen Hausrezepten versuchen.

Hier einige, die sich besonders bewährt haben:

- Bereiten Sie sich Salbeitee zu und gurgeln Sie jede Stunde damit. 1 Esslöffel getrocknete Salbeiblätter mit einer Tasse kochendem Wasser übergießen, 8 Minuten ziehen lassen, durchseihen und dann damit lange Mund und Rachen spülen.

- Legen Sie 1/4 Kilo zimmerwarmen Topfen (Quark) fingerdick auf ein Tuch auf und legen Sie ihn an den Hals. Darüber wird ein trockenes Wolltuch gebunden. Lassen Sie den Topfen über Nacht einwirken.
- Manche ziehen einen Brei aus Bockshornkleesamen-Pulver vor. Das Pulver aus der Apotheke wird mit heißem Wasser angerührt, ebenfalls auf ein Tuch aufgebracht und dann an den Hals gelegt. Man sollte die Auflage so lange einwirken lassen, bis sie nicht mehr warm ist. Dann trägt man einen neuen heißen Brei auf.
- Mischen Sie 1/2 Liter Apfelessig mit 1/2 Liter warmem Wasser. Tauchen Sie ein Tuch ein, legen Sie es um den Hals. Geben Sie ein trockenes Wolltuch darüber. Lassen Sie das Ganze über Nacht einwirken. Oder tauchen Sie ein Leinentuch in warmes Öl und wringen Sie es aus. Legen Sie es an den Hals und wickeln ebenfalls ein trockenes Wolltuch darüber.

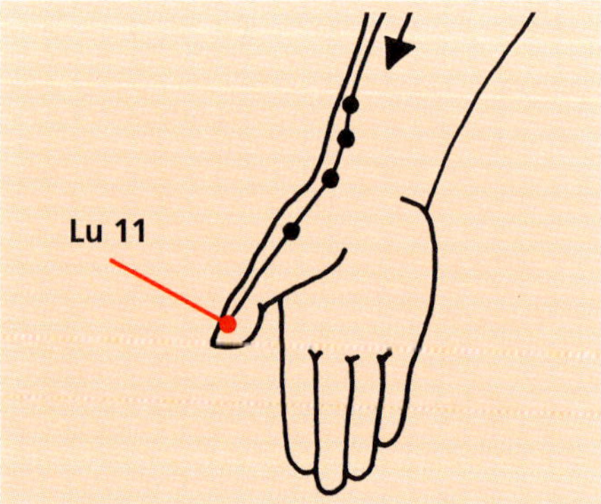

Der Akupressur-Griff gegen Halsschmerzen.

- Getränke gegen Halsschmerzen sollten nicht zu heiß und nicht zu kalt, sondern angenehm warm sein. Trinken Sie 3-mal am Tag 1 Tasse ungesüßten Eibischwurzeltee.
- Ein uraltes Hausmittel, das köstlich schmeckt und obendrein hilft: Bereiten Sie sich 3 Bratäpfel mit etwas Honig übergossen im Backrohr zu. Essen Sie sie lauwarm.
- Versuchen Sie es – zumindest als Unterstützung anderer Behandlungen – mit einem chinesischen Akupressur-Griff. Suchen Sie den Punkt LU 11. Er befindet sich im Nagelwinkel des Daumens und zwar an der Zeigefingerseite. Hier drücken Sie mit dem Daumennagel der anderen Hand ganz fest 10 bis 30 Sekunden. Wiederholen Sie die Übung mehrmals.

Prof. Bankhofers

heißer Tipp für die kalte Zeit:

Wer fiebert, sollte nur Leichtes essen z. B. Früchte, Kompott oder Hühnersuppe. Hühnerfleisch ist reich an Zink in einer speziellen Zusammensetzung, dass es schnell und wirksam vom Körper aufgenommen werden kann. Das Spurenelement Zink schützt vor Erkältungen.

Mit Wärme und Flüssigkeit gegen die Mandelentzündung

Im Winter leiden viele Menschen an einer Mandelentzündung. Man nennt sie in der Medizin auch Angina. Das heißt nichts anderes als Enge. Gemeint damit ist das beklemmende Gefühl der Enge im mächtig angeschwollenen Hals. Die typischen Symptome sind Schluckbeschwerden, starke Halsschmerzen, Fieber – und zwar eine Körpertemperatur über 37,7 °C –, mitunter sogar Schüttelfrost, Kopfschmerzen, allgemeines Unwohlsein und sehr oft auch Heiserkeit oder Stimmverlust. Ist die Mandelentzündung bereits etwas fortgeschritten, kann man bei einem Blick in den Spiegel sehen, dass die Mandeln dunkelrot und angeschwollen und oft mit weißen Tupfen bedeckt sind. Das sind kleine Eiterpusteln.

Der Arzt muss unbedingt eingeschaltet werden und der wird wahrscheinlich ein Antibiotikum verschreiben. Wichtig ist, dass man beim ersten Anzeichen einer Mandelentzündung sofort aktiv wird.

Das muss man selber tun: Bleiben Sie im Bett. Die Bettwärme liefert die gleichmäßige Wärme, die der Körper jetzt braucht, um rasch wieder gesund zu werden. Nehmen Sie nur weiche oder flüssige Nahrung zu sich. Etwas anderes schaffen Sie bei einem stark angeschwollenen Hals gar nicht. Trinken Sie viel, am besten warme Kräutertees. Heiße Getränke verstärken die Schmerzen. Meiden Sie Fruchtsäfte, sie reizen den Hals. Gurgeln Sie mit Salzwasser. Dazu verrühren Sie 2 Teelöffel Salz in 1/4 Liter lauwarmem Wasser. Es ist auch sehr sinnvoll, warmen Salbeitee zu trinken und mit einem Teil davon zu gurgeln. Das lindert die Schmerzen und lässt die Entzündung schneller abklingen.

Machen Sie einen Halswickel: Tauchen Sie ein Leinentuch in 1/2 Liter warmen Essig oder Wasser, wringen es aus und wickeln es um den Hals. Darüber kommen ein trockenes Leinentuch und ein Wollschal. Je nach Erkrankung verwendet man kaltes oder warmes Wasser – bei akuten Entzündungen kalt und bei chronischen Entzündungen warm. Schon bei leichtem Halskratzen oder rauem Hals sollte man gleich einen kalten Halswickel anlegen.

Wie kommt es zu einer Mandelentzündung? In den meisten Fällen ist zuerst eine Erkältung vorhanden. Das Immunsystem ist also geschwächt. In dieser Phase bekommt man durch Tröpfchen-Infektion von einem kranken Mitmenschen durch Niesen, Husten, eine flüssige Aussprache und Händeschütteln Bakterien übermittelt.

So können Sie das Risiko für eine Mandelentzündung senken:

- Gehen Sie viel an die frische Luft.
- Ernähren Sie sich vitaminreich.
- Atmen Sie immer nur durch die Nase, niemals durch den Mund.
- Bei einer Begegnung mit erkälteten Menschen schützen Sie Mund und Nase mit einem Schal.

- Nach der Begegnung Hände waschen und Mundhöhle desinfizieren. Geben Sie einige Tropfen Propolis-Tinktur oder australisches Teebaumöl in ein Glas lauwarmes Wasser und gurgeln Sie damit.

Die Mandeln im Gaumen sind dazu da, im Rachenraum krankmachende Bakterien abzuwehren. Wenn jemand bis zu 4-mal im Jahr an Angina erkrankt und seine Mandeln schon sehr zerklüftet und zerstört sind, dann wird der Arzt zu einer Entfernung der Mandeln raten. Ihr Verlust ist aus 2 Gründen nicht so schlimm: Mit zunehmendem Alter wird die Abwehr der Mandeln schwächer. Außerdem übernehmen dann die Rachenmandeln, die Zungengrund-Mandeln und der Seitenstrang die Aufgabe der Abwehr.

Es gibt auch ein kurioses, angenehmes Hausmittel bei einer Mandelentzündung, das allerdings nur nach Einwilligung des Arztes angewendet werden sollte: Essen Sie Vanille-Eis, kein Fruchteis. Die Kälte wirkt schmerzlindernd.

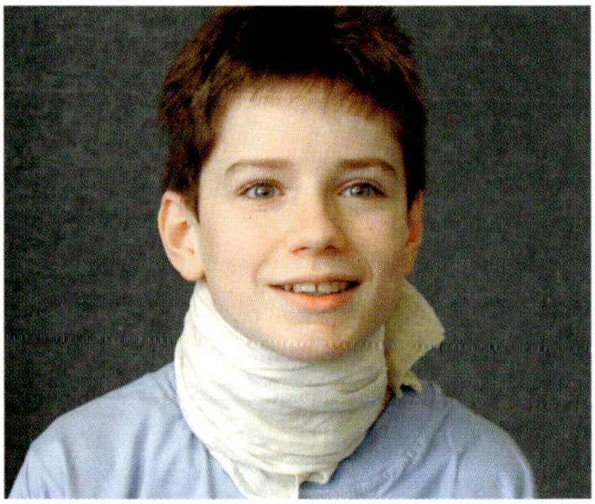

Ein Halswickel hilft bei Mandelentzündung.

Die Grippewelle rollt: Zink stoppt die Erkältungsviren

Wenn im Winter die Erkältungswelle rollt, leiden Millionen von Menschen an Schnupfen, grippalem Infekt oder an der Virus-Grippe. Studien an der weltberühmten Mayo-Klinik in den USA haben ergeben: Als Schutz für all diese Erkältungen spielt das Spurenelement Zink eine bedeutende Rolle. Neueste Erkenntnis: Zink ist nicht gleich Zink. Es sollte in einer ganz bestimmten Zusammensetzung aufgenommen werden.

Entdeckt hat man das Spurenelement Zink als wichtige Waffe gegen Erkältungen, als man vor einigen Jahren an der Mayo-Klinik Großmutters uraltes Hausmittel – die Hühnersuppe – gegen Grippe analysierte. Da stellte sich heraus: Die Wirkung dieses Rezepts beruht auf der Tatsache, dass sich im Hühnerfleisch interessante Mengen von Zink befinden, die in einer speziellen Zusammensetzung besonders schnell und wirksam aufgenommen werden können, weil sie an den Eiweißbestandteil Histidin gebunden sind. Aus Obst und Gemüse kann Zink oft gar nicht richtig resorbiert werden. Zink bildet mit den Obst- und Pflanzensäuren eine stabile Verbindung, aus der es schwer zu lösen ist.

Wissenschaftler und Ärzte zogen aus den Erfahrungen mit der Hühnersuppe den Schluss: Wenn man Zink zum Schutz vor Erkältungen einnimmt, dann muss es eine Zink-Form sein, wie man sie im Hühnerfleisch findet. Daher kombiniert man Zink mit dem Eiweiß-Baustein Histidin. Damit wird es zu Zink-Histidin. Durch die Bioverfügbarkeit wird die Zink-Wirkung um das Dreifache gesteigert.

Es hat noch einen enormen Vorteil, wenn Zink an Histidin gebunden ist. Es regelt auch die Ausscheidung von zu viel Zink aus dem Körper. Dadurch kann es zu keiner Überdosierung kommen. In dieser Form also ist Zink die optimale Geheimwaffe gegen Erkältungen und der Supertipp zur Stärkung der Immunkraft. Zink mit Histidin gibt es in Form von Kapseln in der Apotheke. Das ist sozusagen die „Hühnersuppe aus der Apotheke". Mit der regelmäßigen Einnahme von täglich einer Kapsel nimmt man genau die Tagesdosis von 15 Milligramm Zink auf, die auch die Deutsche Gesellschaft für Ernährung für gesunde Menschen zur Abwehr empfiehlt.

Forschungen in den USA haben erst kürzlich ergeben: Wer rechtzeitig zu Beginn einer Erkältung Zink zuführt, stoppt die eindringenden Erkältungsviren, bremst ihre Vermehrung, verhindert ihr Eindringen in die Schleimhäute und kann damit die Dauer der Erkrankung erheblich verkürzen. Das ist für jene eine wichtige Erkenntnis, die an einem Zinkmangel leiden.

Das sind die typischen Symptome für einen Zinkmangel: Haarausfall, erhöhte Infektanfälligkeit, Potenz- und Libidostörungen, Probleme mit Haaren und Nägeln, schlecht heilende Wunden, schlechte Laune, Gereiztheit, Hauterkrankungen, trockene Haut.

Mit dem Roten Sonnenhut gegen Erkältungen

Viele Menschen rund um uns husten, schnäuzen sich und niesen während der kalten Monate. Wer gesund ist, wird von vielen Viren und Bakterien bedroht. Daher haben wir alle eine entscheidende Aufgabe: Wir müssen unsere körpereigenen Abwehrkräfte stärken, damit wir gesund durch den Winter gehen können.

Die Natur hat dafür eine wunderbare Hilfe für uns bereit: die faszinierenden Wirkstoffe einer Heilpflanze, des Roten Sonnenhutes, in der Medizin Echinacea purpurea genannt.

Die Kraft des Roten Sonnenhutes ist seit Jahrhunderten bekannt. Die Heilpflanze stammt aus Amerika. Sie wurde von den Indianern Nordamerikas

Der Sonnenhut – eine faszinierende Heilpflanze...

genutzt. Bei uns wurde die Medizin erst Anfang des 20. Jahrhunderts auf den Roten Sonnenhut aufmerksam. Das ist zu einem wesentlichen Teil dem Schweizer Naturheil-Pionier Dr. h. c. Alfred Vogel, dem Autor des weltberühmten Buches „Der kleine Doktor" zu verdanken. Sioux-Indianer haben ihn mit der Pflanze vertraut gemacht und er hat sie nach Europa gebracht.

Seit 1950 weiß man aus medzinischen Forschungen: Die Wirkstoffe der Echinacea-Pflanze stärken als unspezifische Reizkörper die natürlichen Abwehrkräfte des Menschen. Damit ist die Heilpflanze sehr wichtig für die Vorbeugung und für die Behandlung von Erkältungen.

Die erfolgreichste Anwendung des Roten Sonnenhutes gegen einen grippalen Infekt oder starken Schnupfen wird mit der homöopathischen Form von Echinacea erzielt. Und da ist die Echinaforce-Therapie hervorzuheben.

Echinaforce ist der alkoholische Misch-Extrakt aus zwei homöopathischen Urtinkturen: eine Tinktur aus dem Kraut des Roten Sonnenhutes, das während der Blüte im Juli geerntet wird. Und eine Tinktur aus der Wurzel der Pflanze, die im Frühjahr oder Herbst ausgegraben werden muss. Diese Erntezeiten sind so genau gewählt, weil man dann aus der Pflanze den höchsten Wirkstoffgehalt bekommt. Die Pflanzenteile werden ausschließlich aus kontrolliert biologischem Anbau gewonnen. Und so wird die Therapie durchgeführt: Wenn man gesund, aber von vielen erkälteten Menschen umgeben ist oder wenn man bereits eine Erkältung hat, dann nimmt man – wenn der Arzt nicht anders entscheidet, 3-mal täglich vor dem Essen 15 – 20 Tropfen. Bei einem akuten, starken Krankheitsbild kann man auch alle 2 – 3 Stunden 5 Tropfen nehmen.

Für die Einnahme gibt es verschiedene Möglichkeiten:

- Man tropft die homöopathische Lösung direkt auf die Zunge und lässt sie da langsam zergehen.
- Man gibt die Tropfen auf einen Teelöffel, nimmt sie ein und lässt sie längere Zeit im Mund.
- Man gibt die Tropfen in ein Glas mit etwas Wasser und nimmt sie auf diese Weise zu sich.

Damit bringt man die natürlichen Abwehrkräfte in Höchstform. Sie können Viren und Bakterien, die uns bedrohen, besser abwehren. Der optimale Immunschutz ist wieder gegeben.

Eine Reihe von Studien hat den Roten Sonnenhut geprüft. Die Probanden der Studien hatten Gliederschmerzen, Fieber, Husten, Kreislaufprobleme, Schnupfen, Schluckbeschwerden, Hals- und Ohrenschmerzen, Schweißausbrüche und Schwindelanfälle. Das Ergebnis: Das Beschwerdebild des grippalen Infektes konnte in kurzer Zeit – nämlich in wenigen Tagen – signifikant gebessert werden. Dr. Alfred Vogels Echinacea-Tropfen (Apotheke, Drogerie, Reformhaus) wurden von allen Patienten gut vertragen.

Winterprogramm gegen entzündete Mundecken

Jeder kennt das von sich selbst: Von einem Tag zum anderen hat man eine entzündete Mundecke. Ganz besonders häufig tritt das im Winter auf. Das tut beim Essen weh. Beim Sprechen spürt man eine unangenehme Spannung. Und wenn man lacht, dann reißt der Mundwinkel ein und schmerzt danach noch mehr. Eine entzündete Mundecke ist fast immer harmlos. Doch sie ist sehr lästig. Daher darf man sich damit nicht abfinden, sondern sollte sofort etwas dagegen tun.

Der Saft aus dem Aloe-vera-Blatt: hilfreich bei entzündeten Mundecken.

Wie entsteht denn diese hässliche und schmerzhafte Kruste im Mundwinkel? Da gibt es viele Möglichkeiten:

- Wenn die Gesichtshaut und damit auch die Lippen ausgetrocknet sind, weil man zu wenig getrunken hat oder weil die Luftfeuchtigkeit im Raum zu gering ist, kommt es zu einem wunden Mundwinkel.
- Aber auch die Säure von Früchten kann eine Mundecke verätzen, wenn man hintereinander zu viele Orangen oder Grapefruits isst.
- Mitunter können auch Medikamente schuld daran sein. Vor allem Antidepressiva lösen mitunter wunde Mundecken aus.
- Wenn immer wieder eine entzündete Mundecke entsteht, dann steckt fast immer eine geschwächte Immunkraft dahinter oder ein Mangel am Spurenelement Eisen.
- Auch ein Mangel an den Vitaminen C, B_2 und Biotin kann dazu führen. Es ist daher zu empfehlen, den Arzt mit Hilfe einer Blutuntersuchung nach einem Mangel suchen zu lassen.

Zuerst entstehen an der extrem trockenen Stelle kleine Risse, die immer tiefer werden. Über Nacht bildet sich dann eine Kruste. Sie reißt fast immer am nächsten Tag beim Zähneputzen wieder auf. Dadurch entsteht ein Teufelskreis. Die beste Lösung wäre, wenn man einige Tage den Mund nicht öffnen würde. Aber das kann und will man ja auch nicht.

Was kann man nun tatsächlich gegen die entzündete Mundecke tun?

In erster Linie sind natürliche Maßnahmen sinnvoll:

- Es macht Sinn, einige Zeit – in Absprache mit dem behandelnden Arzt – ein Multivitamin-Mineralstoff-Präparat oder einen Kräutersaft, der natürliches Eisen liefert, zu nehmen.

- Führen Sie Ihrem Organismus über die Nahrung Vitamin B_2 – auch Riboflavin genannt – zu, am besten in Form von Milch- und Vollkornprodukten, Fisch, Geflügel, dunklem Blattgemüse, Mandeln, Pilzen, Sonnenblumenkernen und Soja-Produkten.
- Versorgen Sie sich aber auch mit Biotin. Essen Sie Erdnüsse, Sardinen, Champignons, Naturreis, Spinat, Karotten (Möhren), Tomaten (Paradeiser) und Schinken.

Es ist aber auch wichtig, dass Sie die Mundecke äußerlich behandeln. Sehr bewährt haben sich Wundsalben mit einem hohen Zink-Anteil. Der Nachteil ist, dass Sie weithin weiß leuchten und so auf die wunde Ecke noch mehr aufmerksam machen. Viele tragen daher lieber Salben mit Melissen-Extrakt auf. Den besten Erfolg hat man meist mit dem Auftragen von 100%igem Aloe-vera-Saft (Apotheke). Fieberblasensalben führen in diesem Fall nicht zum Erfolg. Wenn eine bakterielle Infektion an der Mundecke entsteht, wird der Arzt eine antibiotische Salbe verordnen.

Tomaten enthalten Biotin. Ein Mangel kann entzündete Mundecken verursachen.

Mit Gewürznelken gegen den trockenen Mund

Ein unangenehmes und quälendes Leiden nimmt vor allem im Winter bei Jung und Alt zu: der trockene Mund. Die typischen Symptome: Man hat viel zu wenig Speichel im Mund. Die Mundschleimhäute und der Gaumen trocknen aus. Es entstehen nach und nach deutliche Schleimhautveränderungen im Bereich von Mund, Rachen und Speiseröhre. Dadurch kommt es auch schneller zu Infekten. Die Zähne sind mehr als sonst kariesgefährdet. Die Betroffenen haben Beschwerden beim Kauen, Schlucken und Sprechen. Es gibt Probleme beim Tragen einer Zahnprothese und man kann viele Speisen nicht mehr richtig schmecken. Woher kommt das Problem?

Die Medizin hat bisher folgende Erfahrung gemacht:

- Es kann sich um Störungen in den Speicheldrüsen handeln. Das bedeutet: Es wird zu wenig Speichel produziert.
- In vielen Fällen hat der Organismus einfach zu wenig Flüssigkeit.
- Übermäßiges Schwitzen in überheizten Räumen oder auf Grund von Wechseljahrbeschwerden kann schuld an der Mundtrockenheit sein.
- Aber auch eine Reihe von Medikamenten führt dazu: Tabletten zur Entwässerung, gegen Allergien,

zur Behandlung von Depressionen, gegen Magenprobleme und Herzbeschwerden.

- Auch ein schlecht oder falsch eingestellter Blutzuckerspiegel beim Diabetiker kann die Ursache sein.
- Ein Mangel an Vitaminen, Mineralstoffen und Spurenelementen leitet ebenfalls oft einen trockenen Mund ein.
- In seltenen Fällen kommt es im Zuge einer Darm- und Lebererkrankung zu einer Speicheldrüsen-Entzündung, die dann wieder zu einer mangelnden Speichelbildung führen kann.

Jeder, der an einem trockenen Mund leidet, sollte das tun:

- Zuerst muss immer der Arzt aufgesucht werden. Nur er kann die tatsächliche Ursache finden. Handelt es sich um eine Speicheldrüsen-Entzündung, dann müssen sofort Medikamente eingesetzt werden. Ist der Blutzuckerspiegel des Diabetikers nicht in Ordnung, so muss sofort neu eingestellt werden. Hat ein bestimmtes Medikament die Mundtrockenheit ausgelöst, so muss ein anderes Präparat gegen das vorhandene Leiden gefunden werden.

Es gibt aber, wenn es sich einzig und allein um eine mangelnde Speichelproduktion handelt, eine Reihe von Maßnahmen, die jeder von uns selbst durchführen kann:

- Trinken Sie über einen langen Zeitraum täglich 2 – 3 Liter Mineralwasser oder ungesüßten Kräutertee, auch dann, wenn Sie keinen Durst haben. Sie müssen sich unter Umständen zum Trinken zwingen.
- Sorgen Sie gerade in der kalten Jahreszeit in beheizten Räumen für entsprechende Luftfeuchtigkeit. Ideal sind 50 Prozent, abzulesen vom Hygrometer. Hängen Sie feuchte Tücher auf, stellen Sie Schalen mit Wasser auf.
- Kauen Sie regelmäßig rohe Karotten (Möhren), rohe Selleriewurzel, Aniskörner oder Gewürznelken. Das alles regt den Speichelfluss enorm an und bekämpft die Mundtrockenheit.
- Auch der Einsatz von zuckerfreiem Kaugummi ist ein gutes Mittel, die Speicheldrüsen anzuregen.
- Ernähren Sie sich grundsätzlich zuckerfrei. Also keine Bonbons und Torten.
- Trinken Sie tagsüber immer wieder einen Schluck Buttermilch und lassen Sie ihn längere Zeit im Mund, ehe Sie ihn schlucken.
- Sehr oft ist die Mundtrockenheit binnen kurzer Zeit verschwunden, wenn man dem Organismus im Rahmen einer Kur das Spurenelement Zink zuführt. Das heißt, essen Sie reichlich Vollkorn- und Milchprodukte, Meeresfisch und Hähnchenfleisch und nehmen Sie zusätzlich täglich 1 – 2 Zink-Tabletten (Apotheke).

„Morgen-Rheuma" ist nicht immer Rheuma

Egal, ob jung oder alt. Viele kennen das aus eigener Erfahrung: Man erwacht in der kalten, ungemütlichen Jahreszeit am Morgen und fühlt sich ganz schlecht. Die typischen Symptome sind Schmerzen in den Schultern und Gelenken, ein steifer Nacken, ein Druck im Hinterkopf, beim Aufstehen tun die Füße weh. All jene, die nicht unmittelbar Schmerzen verspüren, haben dafür ein unangenehmes Gefühl von Schwere und Unbeweglichkeit in den Gelenken. Ärzte sprechen im Allgemeinen vom winterlichen „Morgen-Rheuma". Doch das muss nicht immer wirklich Rheuma sein.

Man weiß, dass vor allem junge Menschen, die eine Sportverletzung hatten, in den kalten Monaten derartige Beschwerden verspüren. Ähnlich geht es vielen, die eine Operation hinter sich haben. In den meisten Fällen trifft es aber tatsächlich jene, die zu rheumatischen Beschwerden neigen.

Wer sich bisher absolut gesund gefühlt hat und morgens mit Nacken-, Schulter- und Gelenkbeschwerden aufwacht, der sollte darin eine Warnung sehen und unverzüglich zur ärztlichen Untersuchung gehen.

Das könnte das erste Alarmzeichen für eine beginnende Rheuma-Erkrankung sein. Und wenn man ganz früh etwas dagegen unternimmt, so kann man das Problem rasch in den Griff bekommen.

Am so genannten „Morgen-Rheuma" ist in erster Linie das nasskalte Wetter schuld. Und wer sich das ganze Jahr über wenig bewegt und sich auch nicht sonderlich gesund ernährt, der spürt es ganz besonders.

Wer unter morgendlichen Gelenk- und Nackenbeschwerden leidet, der braucht schnelle, einfache Hilfe. Hier einige Tipps, die zum Erfolg führen:

- Eine heiße Dusche macht schnell wieder beweglich und schmerzfrei.
- Gymnastikübungen unmittelbar nach dem Aufstehen sind sehr sinnvoll.
- Reiben Sie die betroffenen Stellen mit Franzbranntwein, Franzbranntwein-Gel, asiatischem Tigerbalm oder einer Propolis-Salbe (Apotheke) ein.
- Doch auch ganz einfache Hausmittel eignen sich zum Einreiben wie Olivenöl, Apfelessig und Wacholderöl oder die ätherischen Öle, die aus den Poren der Orangenschalen spritzen, wenn man sie zusammendrückt. Sie haben schmerzlindernde Wirkung.
- Trinken Sie nach dem Frühstück 2 Tassen Weidenrindentee (Apotheke).
- Gehen Sie mit warmer Unterwäsche aus dem Haus.
- Trainieren Sie morgens eine halbe Stunde auf dem Trimmrad in der Wohnung.

Mit Recht wird mancher fragen: Ja, kann man denn nicht schon am Abend zuvor etwas tun, damit man dann morgens nicht so steife und schmerzende Gelenke hat?

Es gibt mehrere Möglichkeiten für ein vorbeugendes Trainings-Programm:

- Gehen Sie abends in die Sauna. Da können Knochen und Gelenke ideal Wärme und Energie speichern.
- Ein Wannenbad mit Moorextrakt gibt ebenfalls vorbeugende Kraft. Ideal sind auch Bäder mit Wacholderöl-Zusatz oder mit Heublumenextrakt (nicht bei Bluthochdruck).
- Essen Sie abends kein Fleisch, sondern Rohkost – Salat oder einen Gemüseteller, aber auch frisches Obst. Sie sollten vor allem Früchte wählen, die reichlich Vitamin C enthalten: Kiwis, Orangen, Paprikaschoten, Sauerkraut.
- Essen Sie Vollkornprodukte. Sie liefern Vitamin E, das Gelenke und Wirbelsäule gezielt gegen Entzündungen stark macht. Oder nehmen Sie in Absprache mit Ihrem Arzt natürliches Vitamin E in Kapselform (Apotheke) oder verwenden Sie für Ihre Salate Weizenkeimöl, den klassischen Vitamin-E-Lieferanten.
- Schlafen Sie in der kalten Jahreszeit in Flanell-Bettwäsche. Tragen Sie warme Pyjamas oder Nachthemden.

Verklebte Augen am Morgen: Topfen (Quark), Kamille, Honig helfen

Eine gesundheitliche Störung, die besonders zum Ende des Winters auftritt. Man erwacht am Morgen, hat ein unangenehmes Gefühl an den Augen. Sie sind verklebt. Die Augenlider schmerzen und sind angeschwollen. Junge Menschen leiden ebenso darunter wie Senioren. Doch vor allem leiden Frauen und Mädchen darunter. Die Betroffenen wissen nicht, was es ist und wie sie dazu gekommen sind. Und sie wissen auch meist nicht, wie sie das Problem rasch wieder in den Griff bekommen können. Dabei gibt es eine Reihe von natürlichen Rezepten.

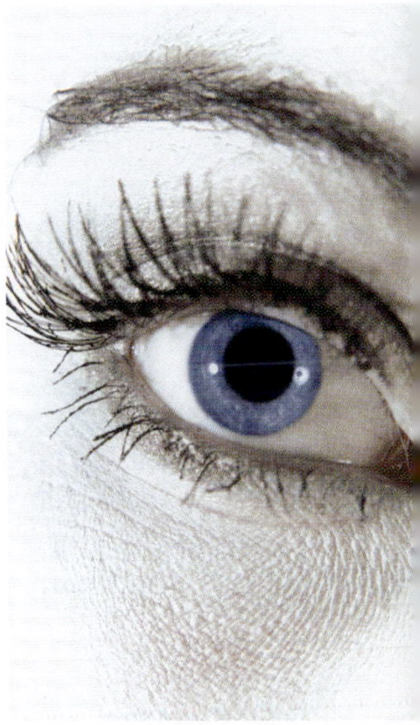

Grundsätzlich handelt es sich bei verklebten Augen um eine Lidrandentzündung, in der Medizin auch Blepharitis genannt. Rauch, Staub, Bakterien, aber auch starke Schuppenbildung am Kopf können das Leiden auslösen. Mitunter ist es aber auch eine Begleit- oder Folgeerscheinung einer Erkältung. Schließlich kann bei verminderter Immunkraft Zugluft zu verklebten Augen führen, mitunter auch zu langes Fernsehen.

Und das kann man gegen die verklebten Augen mit entzündeten Lidrändern tun:

- Legen Sie Kompressen mit Kamillen- oder Augentrosttee auf. Ein Leinentuch in lauwarmen Tee tauchen, auswringen und für 10 Minuten auf die geschlossenen Augen legen.
- Besonders wirksam ist eine Nusskompresse: 30 g Walnussblätter 8 – 10 Minuten in 1 Liter Wasser kochen, durchseihen. In die lauwarme Brühe ein Leinentuch eintauchen, auswringen und wieder für 10 Minuten auf die geschlossenen Augen auflegen.
- Sehr bewährt hat sich die Topfen-(Quark)-Honig-Kur: Legen Sie zimmerwarmen Topfen auf die geschlossenen Augen. 15 Minuten einwirken lassen. Dann waschen Sie den trockenen Topfen mit folgender Flüssigkeit ab: 1 Esslöffel Honig mit 2 Tassen Wasser zum Kochen bringen, aufwallen lassen, den Schaum abschöpfen, einen Wattebausch in die lauwarme Flüssigkeit tauchen und die Augenlider damit säubern.
- Essen Sie überwiegend frisches Obst und rohes Gemüse, damit Sie dem Organismus gezielt Vitamine, Mineralstoffe und Spurenelemente zuführen.
- Übergießen Sie 4 Esslöffel Kamillenblüten mit 1 Liter kochendem Wasser, lassen Sie das Ganze 10 Minuten ziehen und lassen Sie dann den aufsteigenden Dampf 15 Minuten lang auf die geschlossenen Augen einwirken.
- So seltsam es auch klingt: Eine wunderbare Therapie ist auch, wenn Sie einige Tage lang abends vor dem Zu-Bett-Gehen ein heißes Fußbad nehmen, dem Sie eine Hand voll Kochsalz beifügen.
- Entfernen Sie von heißen Pellkartoffeln die Schale, zerdrücken Sie die Kartoffeln zu einem Brei und legen Sie diesen – nicht heiß, nur warm – auf die geschlossenen Augen auf. Brei erst entfernen, wenn er kalt geworden ist.
- Reiben und drücken Sie niemals an den Augen herum. Meiden Sie für einige Zeit zu langes Fernsehen und zu lange Arbeiten am Computer. Meiden Sie Zugluft im Auto und in Räumen. Meiden Sie Räume mit Klimaanlagen.

Verklebte Augen gehören immer in die Hand des Arztes, wenn es sich um ein Baby oder Kleinkind handelt, wenn der Betroffene immer wieder daran leidet, wenn es gelbe oder grüne Absonderungen gibt, wenn die Lidränder sehr stark gerötet sind und unerträglich jucken. Der Arzt wird in einzelnen Fällen, wenn die verklebten Augen zu einem hartnäckigen Leiden geworden sind, Antibiotika oder Kortisonpräparate einsetzen müssen. Damit die Entzündung von innen her bekämpft wird, raten Mediziner oft zu einer Kur mit natürlichem Vitamin E in Form von Kapseln aus der Apotheke.

Rinnende, laufende und rote Nase: So können Sie helfen

Wenn es draußen so richtig kalt wird, kommen alle Jahre wieder bei vielen von uns die leidigen Probleme mit der Nase. Die einen leiden unter einer ewig verstopften Nase, die anderen unter einer rinnenden Nase. Schließlich klagen etliche über eine hässlich rote Nase, meist eine Folge einer gestörten Durchblutung. In allen Fällen sollte man sofort etwas tun.

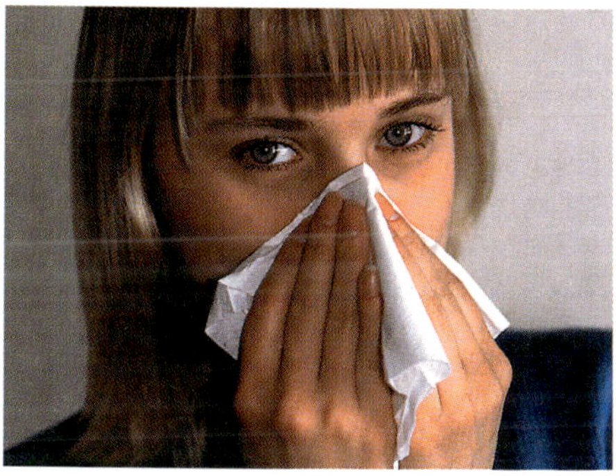

Ratschläge für die verstopfte Nase:

- Tauchen Sie Wattestäbchen in Olivenöl und reiben Sie damit die Nasenlöcher ein.
- Kauen Sie minutenlang Trockenfrüchte oder trockenes Vollkornbrot. Dadurch löst sich der Schleim in der Nase leichter.
- Reiben Sie mehrmals am Tag – und vor allem vor dem Zu-Bett-Gehen – ganz wenig asiatischen Tigerbalm (Apotheke) unter die Nasenlöcher. Sie spüren dann gleich, dass Sie wieder besser Luft kriegen.
- Nehmen Sie abends ein heißes Fußbad in einem Eimer mit heißem Wasser, in das Sie eine Hand voll Kochsalz rühren.
- Zerhacken Sie eine große Zwiebel, geben Sie die Stücke in 2 Liter kochendes Wasser. Atmen Sie durch Mund und Nase die aufsteigenden Zwiebeldämpfe ein.
- Trinken Sie einige Tage lang jeweils 1 Liter Salbeitee über den Tag verteilt. Die getrockneten Salbeiblätter (Apotheke) werden 3 Minuten gekocht.
- Es wäre sinnvoll, einige Tage kein Fleisch und keine Wurst zu essen, dafür reichlich bei Obst und Gemüse zuzugreifen.
- Versuchen Sie, durch regelmäßige Atemübungen die Nasenlöcher wieder frei zu bekommen.

Und hier Ratschläge für die rinnende Nase:

- Verwenden Sie aus hygienischen Gründen Papiertaschentücher und entsorgen Sie diese immer gleich nach einmaligem Gebrauch, damit Krankheitserreger vernichtet werden.
- Essen Sie wenig frisches Obst, dafür Trockenfrüchte.
- Trinken Sie vor dem Zu-Bett-Gehen 1 Tasse Rosenblütenblätter-Tee (Apotheke) mit 2 Teelöffeln Melissengeist und 2 Teelöffeln Honig.
- Damit sich Ihre Nase beruhigt: Reiben Sie sie mehrmals am Tag mit Propolis-Salbe (Apotheke) ein.

Ratschläge für die gerötete Nase:

- Bereiten Sie Zinnkrauttee zu und waschen Sie damit mehrmals am Tag die Nase. Teerezept: 1 Esslöffel Zinnkraut (Apotheke) mit 1 Tasse kaltem Wasser über Nacht ansetzen. Am nächsten Morgen aufwärmen, durchseihen. Ein Leinentuch zum Waschen der Nase verwenden.
- Ein sehr wirksames Rezept aus Großmutters Zeiten: Rühren Sie in 1/2 Liter warmes Wasser 5 – 8 Esslöffel Apfelessig. Tauchen Sie einen Wattebauschen ein, drücken Sie ihn etwas aus und legen Sie ihn 5 Minuten lang auf die Nase. Wiederholen Sie den Vorgang mehrmals am Tag.
- Würzen Sie Ihre Speisen in nächster Zeit mit wenig Salz, dafür mit reichlich Hefeflocken (Reformladen).
- Nehmen Sie einige Zeit täglich 3-mal 2 Esslöffel Löwenzahn-Frischpflanzensaft (Reformladen) – in etwas Wasser verrührt – zu sich und lassen sie ihn langsam im Mund zergehen.
- Pflegen Sie die Nase längere Zeit mit einer hochdosierten Vitamin-E-Salbe (Apotheke).

Löwenzahn

Gesund durch den Winter mit optimaler Mikrozirkulation

Wir alle wollen möglichst lange leben und dabei bis ins hohe Alter gesund, fit und vital bleiben. Es hat sich dafür sogar eine eigene Wissenschaft entwickelt: Anti-Aging. Ärzte und Wissenschaftler entwickeln dafür Programme und Rezepte. Dazu gehören ein vernünftiger Lebensstil, gesunde, spezielle Ernährung, Sport, Knoblauch, die Yamswurzel und vieles andere. Über eines aber sind sich internationale Mediziner einig: Das Wichtigste ist eine optimal funktionierende Durchblutung. Das gilt vor allem für den Winter.

Aufklärung auf diesem Gebiet ist sehr wichtig und kann lebensrettend sein. Denn nur wer Bescheid weiß, kann sich schützen. Auf diesem Gebiet leistet die Deutsche Gefäßliga in Malsch mit Prof. Dr. Curt Diehm enorm viel. Sie informiert Patienten und Ärzte über den aktuellen Wissensstand zum Thema Gefäß-Erkrankungen.

Bisher haben sich Medizin und Forschung allerdings auf die Durchblutung der großen Blutgefäße konzentriert. Heute weiß man, dass das wichtig, aber nicht genug ist. Ebenso wichtig ist die Durchblutung der vielen, feinen, zarten Blutgefäße, die unseren Körper durchziehen. Man spricht von der Mikrozirkulation. Nur wenn auch diese bestens funktioniert, können unsere Zellen und Organe mit Sauerstoff und anderen lebenswichtigen Nährstoffen versorgt und können Gifte und Stoffwechselschlacken abtransportiert werden. Ohne Mikrozirkulation leiden unsere Zellen an Sauerstoffmangel und gehen zugrunde. Das bedeutet: Krankheit und frühes Altern.

Ein besonderes Problem ist der Sauerstoffmangel der Nervenzellen. Einmal abgestorben können sie nicht ersetzt werden. Eine gestörte Mikrozirkulation in den Nervenzellen kann zu Tinnitus, Sehstörungen und Alzheimer führen.

Die beste Möglichkeit, die Mikrozirkulation vorbeugend in Schwung zu halten oder bei Störungen zu verbessern, liegt im Bereich einer Naturarznei. Neue wissenschaftliche Untersuchungen am Institut für Mikrozirkulation in Berlin unter der Leitung von Prof. Dr. Rainer Christian Klopp belegen eindrucksvoll: Der hochdosierte Rökan-Spezialextrakt aus den Blättern des Ginkgo Biloba Baumes kann die Mikrozirkulation nachhaltig verbessern. Und das bei sehr guter Verträglichkeit.

Der hochdosierte Spezialextrakt macht die roten Blutkörperchen, die den Sauerstoff transportieren, wieder so elastisch, dass sie problemlos und flott die engsten und feinsten Blutgefäße passieren können. Nach 3 Wochen Einnahme des Rökan-Extraktes sind wieder viele Blutgefäße gut durchflossen.

Zur Behandlung von Mikrozirkulationsstörungen muss der betreffende Patient über einen langen Zeitraum täglich 160 bis 240 Milligramm des Spezialextraktes einnehmen, den es in Form von Tabletten (Apotheke) gibt.

Wenn man die Mikrozirkulation wieder optimal verbessert, dann bleiben nämlich Körper und Geist lange fit und gesund. Speziell im Winter leidet man nicht mehr an kalten Füßen.

Der Ginkgo-Baum ist Mittelpunkt modernster Forschungen.

Antibiotika killen die Wirkung der Antibabypille

Für viele Frauen und Mädchen ist die Pille eine beliebte und bewährte Form der Empfängnisverhütung. Und dennoch ist mitunter Vorsicht am Platz. Speziell im Winter, wenn sich viele eine zünftige Erkältung oder eine andere Infektionskrankheit einhandeln, die vom Arzt mit Medikamenten behandelt werden muss. Immer wieder kommt es vor, dass Mädchen und Frauen korrekt die Pille nehmen und dennoch schwanger werden. Antibiotika können die Wirkung der Pille total aufheben.

Fragen Sie Ihren Apotheker bezüglich Wechselwirkungen.

Lange Zeit kannte man nur zwei Gefahren bei der Pille: Wenn vergessen wurde, sie zu nehmen oder wenn eine starke Durchfallerkrankung auftrat. Dann aber entdeckten deutsche und österreichische Ärzte eine neue Gefahr: die Behandlung mit Antibiotika. Univ. Prof. Dr. Dr. Johannes Huber von der Wiener Universitäts-Frauenklinik, einer der führenden Gynäkologen und Hormonexperten Europas, erklärt den Mechanismus: Antibiotika zerstören nicht nur krankheitserregende Bakterien im menschlichen Organismus, sondern – wenn sie über den Mund als Tabletten eingenommen werden – auch die gesunden Darm-Bakterien. Dadurch können bestimmte Nahrungsmittel aber auch die Pille nicht mehr optimal aufgenommen werden. Außerdem aktivieren Antibiotika im Körper der Frau Enzyme, welche die Substanzen der Pille schneller abbauen und nicht zur Wirkung kommen lassen.

Das bedeutet in der Praxis: Wenn ein Mädchen oder eine Frau die Pille nimmt, mit einer Infektionserkrankung zum Arzt muss, dann sollte sie unbedingt den behandelnden Mediziner über die Einnahme der Pille informieren, wenn er nicht ohnehin davon Kenntnis hat.

- Am besten wäre während der Therapie mit Antibiotika auf eine andere empfängnisverhütende Methode zurückzugreifen.
- Wenn Sie vom Arzt gewarnt wurden und dennoch darauf vergessen haben: Erstes Alarmzeichen, dass die Pille bei Einnahme von Antibiotika nicht wirkt, sind auftretende Zwischenblutungen.

Mit Hirse und Walzer gegen kalte Füße und kalte Hände

Millionen Menschen – überwiegend Frauen und Mädchen – leiden im Winter an kalten Händen und kalten Füßen. Die Ursache dafür können Durchblutungsstörungen, niedriger Blutdruck, Hormonstörungen, Nierenschwäche, Ängste und Stress sein. Man muss unbedingt etwas dagegen tun. Denn kalte Hände und kalte Füße können mit der Zeit zu Kopfschmerzen und verstärkter Infektanfälligkeit führen, aber auch zu Blasenkatarrh sowie zu einem erhöhten Risiko für Pilzerkrankungen. Man kann mit einfachen und sehr kuriosen Rezepten das Leiden bekämpfen.

Mit Kneippanwendungen wird Ihnen warm.

- Reiben Sie die Füße und Hände mehrmals am Tag mit Propolis-Salbe, mit asiatischem Tigerbalm oder mit Franzbranntwein-Gel (Apotheke) ein. Bei kalten Füßen wirkt auch Rosmarinöl, bei kalten Händen hat sich Kamillenöl bewährt.

- Besorgen Sie sich eine Bürste mit Naturborsten und massieren Sie Hände und Füße damit. Es macht aber auch Sinn, die extrem kalten Gliedmaßen mit bloßen Händen intensiv zu massieren. Wichtig dabei sind kreisende und knetende Bewegungen.

- Die älteste Methode im Kampf gegen kalte Hände und kalte Füße ist die Wärmezufuhr. Es genügt oft, die Füße auf eine mit heißem Wasser gefüllte Gummi-Wärmeflasche zu legen. Eine gute, simple Methode ist auch in warmen Wollsocken umherzulaufen.

- Versuchen Sie es mit dem Wassertreten nach Pfarrer Kneipp. Füllen Sie knietief kaltes Wasser in die Badewanne (oder Fußkneipper) und steigen Sie darin 2 Minuten im Storchenschritt umher. Danach gut abtrocknen und für Wiedererwärmung sorgen entweder durch warme Socken oder durch Laufen am Stand im Badezimmer.

- Nehmen Sie jeden Abend ein heißes Fußbad. Rühren Sie in den Eimer mit heißem Wasser eine Hand voll Meersalz oder 2 Liter Rosmarintee.

- Empfehlenswert ist auch ein Wechsel-Fußbad (siehe Seite 16)

- Speziell gegen kalte Hände: Legen Sie sie 30 Sekunden in kaltes Wasser, dann 3 Minuten in warmes Wasser, zum Abschluss dann wieder kurz in kaltes Wasser.
- Essen Sie über einen langen Zeitraum täglich 6 frische Knoblauchzehen oder nehmen Sie Knoblauch-Präparate. Auch Ginkgo-Präparate bewähren sich.
- Essen Sie einmal die Woche ein Gericht mit Hirse: Hirseflocken in der Suppe, Hirsebrei oder Hirse-Auflauf.
- Essen Sie oft Karotten (Möhren), Paprika, Lauch und Nüsse. Eine Studie in Peking hat ergeben, dass diese Naturprodukte kalte Füße und kalte Hände bekämpfen. Meiden Sie hingegen zu viele Kiwis, Äpfel und Ananas. Diese Früchte fördern die Kälte in Händen und Füßen.
- Achten Sie an kalten Wintertagen auf eine Kopfbedeckung. Dadurch erwärmen sich Füße und Hände besser.
- Laufen Sie jeden Tag daheim 10 Minuten am Stand oder tanzen Sie, so oft es geht. Die besten Tanzformen gegen kalte Füße sind Wiener Walzer und Foxtrott.

Wenn die Speiseröhre brennt: Rezepte gegen Sodbrennen

Rund 22 Millionen Menschen leiden in Mitteleuropa unter Sodbrennen. Man muss von einer Volkskrankheit sprechen. Es handelt sich bei diesem sauren Aufstoßen, das in der Medizin als Reflux bezeichnet wird, um keine harmlose Befindlichkeitsstörung. Sodbrennen kann die Gesundheit ernsthaft und langfristig bedrohen. Es muss daher so rasch wie möglich behandelt werden. Sodbrennen entsteht meist nach zu fetten oder scharf gewürzten Speisen. Aber auch Süßigkeiten, Alkohol, Kaffee, Cola-Getränke und Fruchtsäfte können die Magensäure-Produktion überschießen lassen.

Normalerweise kommt der Magen mit der Magensäure ganz gut zurecht. Ein Schließmuskel zwischen Speiseröhre und Mageneingang verhindert, dass der Mageninhalt in die Speiseröhre zurückfließen kann. Bei der Reflux-Krankheit funktioniert dieser Muskel nicht mehr richtig. Er ist schwach geworden. Dadurch kann die aggressive Magensäure bis in den Rachen hochsteigen. Die Folge: Sie schädigt mit der Zeit die empfindlichen Speisenröhren-Schleimhäute. Es kommt zu schmerzhaften Entzündungen, zu Wucherungen im Gewebe. Im schlimmsten Fall können im Laufe der Jahre Magengeschwüre und Speiseröhrenkrebs entstehen. Gefährlich wird es, wenn sich zum Sodbrennen ein chronischer Husten und Heiserkeit dazugesellen.

Bei 80 Prozent der Patienten mit ungeklärten Atemwegsproblemen ist Sodbrennen die Ursache.

Der Leidensdruck ist bei jenen Menschen, die regelmäßig Sodbrennen haben, enorm. Daher muss man sofort beim ersten Auftreten von saurem Aufstoßen, Magendruck und Völlegefühl etwas unternehmen.

Gehen Sie zum Arzt! Sehr oft steckt ein gefährlicher Keim dahinter: Helicobacter pylori. Die Diagnose erfolgt durch eine Magenspiegelung, die Therapie durch sehr wirksame Medikamente.

Magenfeind Nr. 1: Helicobacter pylori.

Sehr bewährt hat sich die Einnahme von so genannten Antazida aus der Apotheke. Es handelt sich dabei um natürliche mineralische Substanzen, die überschüssige Magensäure neutralisieren. Sie wirken rasch und sind gut verträglich. Es gibt sie dickflüssig im Aufreißbeutel oder als Lutsch- und Kautabletten.

Eine besonders wirksame Substanz ist das Maaloxan-Algeldrat. Dieses spezielle Antazidum legt sich wie ein schützendes Gel über die empfindliche Schleimhaut von Speiseröhre und Magen, sodass die aggressive Magensäure keine brennenden Schmerzen verursachen kann. Bei regelmäßiger Einnahme können sogar bereits geschädigte Schleimhautbereiche regeneriert und langfristig geheilt werden.

Eine aktuelle Studie von Prof. Dr. Bosseckert an der Universitätsklinik Jena an fast 10.000 Patienten hat gezeigt: Bei 90 Prozent der Betroffenen, die 3 Wochen täglich bis zu 3 Beutel von so einem Antazidum erhielten, konnte bereits innerhalb der ersten 30 Minuten eine Besserung der Symptome festgestellt werden. Nach weiteren 30 Minuten war ein Drittel der Probanden beschwerdefrei. Nach 3 Wochen konnten an der Speiseröhre keine Schäden oder Reizungen mehr festgestellt werden.

Wer zu Sodbrennen neigt, sollte aber auch entsprechende vorbeugende Maßnahmen setzen: nicht zu viel sitzen, nicht zu schwer tragen und heben, keine enge Kleidung und keine engen Gürtel tragen, fette, scharfe Speisen meiden, Übergewicht abbauen, Kaffee, Alkohol und Mineralwässer mit viel Kohlensäure meiden und 3 Stunden vor dem Zu-Bett-Gehen nichts mehr essen. Sehr oft kann man leichtes Sodbrennen in den Griff kriegen, wenn man unmittelbar nach der Mahlzeit 1 Teelöffel Heilerde aus der Apotheke in 1 Glas Wasser verrührt und trinkt.

Ein Natur-Cocktail gibt dem Immunsystem neue Energie

Sie haben das sicher auch schon oft beobachtet: Da kennt man Menschen, die sind immer wieder krank, haben verständlicherweise sehr oft schlechte Laune und sind auch in ihren Leistungen gebremst. Selbst, wenn sie aus dem Urlaub kommen, wirken sie nicht erholt, sondern leidend. Auf der anderen Seite begegnet man wieder Frauen und Männern, die vor Gesundheit strotzen und privat sowie beruflich beste Kondition zeigen. Das Geheimnis ist ganz einfach: Die einen haben ein schwaches, die anderen ein starkes Immunsystem.

Nun konnte aber durch klinische Tests der Madaus-Forschung bewiesen werden: Ein starkes Immunsystem wirkt sich auch auf die körperliche Leistungsfähigkeit aus. Im Rahmen einer klinischen Anwendungsbeobachtung wurden am Institut für Ernährung und Stoffwechselerkrankungen in Lassnitzhöhe bei Graz 40 Personen einem mehrwöchigen Leistungstest unterzogen. Die Hälfte der Probanden erhielt eine immunstärkende Mikronährstoff-Kombination mit Vitaminen, Mineralstoffen, Spurenelementen, hoch ungesättigten Fettsäuren und Aminosäuren, die andere Hälfte ein Schein-Präparat.

Bereits nach wenigen Wochen zeigte sich ganz klar: Die Personen mit der Mikronährstoff-Kombination erbrachten weitaus bessere Leistungen. Dazu meint der Internist Dr. Meinrad Lindschinger, der die Studie leitete: „Zum Stärken der Immunkraft muss man eine ausgewogene Mischung aller Mikronährstoffe aufnehmen, wie das mit einer extrem gesunden Ernährung geschieht. Man muss das Angebot der Natur nachempfinden."

Aus dieser Erkenntnis heraus ist eine neue, naturnahe Immun-Therapie entstanden.

Welche Vitalstoffe braucht nun der Mensch für eine starke Immunkraft? Was alles muss in einem Immun-Cocktail drinnen sein? Hier die wesentlichen Inhaltsstoffe: Vitamin C, Kalizium, Silicium, Phosphor, Kalium, L-Carnitin, Chlorid, Vitamin E, Magnesium, Citrus-Extrakt, Niacin, Pantothensäure, Vitamin B_1, B_2, B_6, B_{12}, Co-Enzym Q 10, Betacarotin, Mangan, Zink, Kupfer, Folsäure, Biotin, Chrom, Molybdän, Selen, Vitamin K, Vitamin D.

Dieses breite Angebot ist die Grundlage für einen Cocktail, der Immunkraft und außerdem auch Energie liefert. Der Immune-Energy-Cocktail (Apotheke) ist einfach zuzubereiten. Man löst jeden Tag 1 Säckchen in 1/4 Liter kaltem Leitungswasser auf.

Es ist von Vorteil, den Cocktail am Vormittag zu trinken. Man kann damit den körperlichen und geistigen Tiefpunkt abfangen und sich vor Infektionen schützen. Da es sich um eine Natursubstanz handelt, muss man Geduld haben. Die erste Wirkung zeigt sich erst nach 6 Wochen.

So kommen Sie gesund und fit durch die Feiertage

Der Advent sowie die Weihnachts- und Neujahrsfeiertage stellen im Winter für uns alle einen Höhepunkt dar. Wir haben zwar Riesenstress, geben viel Geld aus, aber wir freuen uns auf diese Zeit. Und daher ist es besonders unangenehm, wenn wir uns im Advent so verausgaben, dass wir dann zum Fest krank sind. Damit Sie gesund, fit und vital durch die Feiertage kommen, habe ich eine Reihe von Vorschlägen, Anregungen und Tipps für Sie vorbereitet.

Walnüsse im Advent gegen Stress und Vergesslichkeit

Viele von uns haben im Advent, „der stillsten Zeit im Jahr“, viel Stress. Und wer einen großen Freundes- und Verwandtenkreis besitzt, muss jetzt geistig sehr fit sein, um gute Einfälle für passende Weihnachtsgeschenke zu haben. Das ideale Mittel, das man in diesen Wochen einsetzen sollte, passt auch ideal in die Jahreszeit: Es ist die Walnuss. Sie stammt ursprünglich aus Persien und aus den Randgebieten des Himalaja-Gebirges. Von hier hat sie sich nach dem Westen verbreitet. Griechen und Römer haben die Walnuss nach Europa gebracht. Im antiken Rom war man überzeugt, dass Nüsse Krankheiten im Kopf heilen können, weil die Hälfte des Nusskerns dem Gehirn sehr ähnlich sieht. Die Walnuss ist ein Kraftpaket mit vielen Vitalstoffen:

- Die Vitamine B_1, B_2, B_6, B_{12} und Folsäure stärken die Nerven sowie Herz und Kreislauf. Das Biotin ist wichtig für gesunde Haut, Haare und Nägel.
- Die Walnuss liefert uns viel Vitamin E, das rheumatischen Errankungen entgegenwirkt, Gelenkschmerzen lindert und uns vor frühzeitiger Arteriosklerose schützt.
- Die Walnuss enthält auch Magnesium, Kalium, Kalzium, Eisen, Zink, Selen, Kupfer und Phosphor.
- Die Walnuss ist reich an leicht verdaulichem, hochwertigem Eiweiß. Ein Vergleich: Die Nuss hat 20 Prozent Eiweiß, Roastbeef zum Beispiel nur 9, 5 Prozent. Daher ist die Walnuss im Rahmen einer gesunden Vollwertkost mit wenig Fleisch ein wertvoller Eiweißlieferant.

- Sehr wichtig sind in der Walnuss auch die ungesättigten Fettsäuren, genau jene gesunden Fette, die uns vor zu hohen Cholesterinwerten schützen.

Man darf allerdings nicht zu viele Nüsse knabbern: 100 Gramm haben immerhin 700 Kalorien. Das ist im Rahmen einer Diät eine komplette Mahlzeit. Wer einen gesundheitsfördernden Effekt erzielen will, der sollte in den Wintermonaten jeden Tag 3 bis 4 Nüsse kauen.

Wer regelmäßig Nüsse isst, der kann damit die Nerven und die Immunkraft stärken, Stress abbauen, kann leichte Magenbeschwerden und Müdigkeit, vor allem aber Vergesslichkeit und Konzentrationsstörungen bekämpfen. Dafür kann man eine Kur durchführen. Sie dauert 50 Tage.

Man isst am ersten Tag eine Nuss, am zweiten Tag zwei Nüsse, am dritten Tag drei usw., bis man am 25. Tag 25 Nüsse genießt. Dann reduziert man die Zahl wieder jeden Tag um eine Nuss, bis man am 50. Tag nur mehr eine Nuss knabbert. Man kann diese Kur auch mit täglich 2 saftigen Birnen kombinieren. Sie ist ideal für Schulkinder und ältere Menschen.

Man kann Nüsse auch wertvoller machen und „wieder beleben". Das hat man am Hippokrates Center in Washington, USA, nachgewiesen. Unsere Großmütter haben das allerdings instinktiv auch schon gewusst. Walnüsse werden über Nacht – mindestens 10 Stunden – in Wasser oder Milch gelegt. Sie setzen dann zum Keimen an, werden zart, milchig und vervielfachen ihre Vitamine, Mineralstoffe und Enzyme. Dadurch werden unsere Nervenbahnen und das Gehirn schnell mit großen Mengen an Energie versorgt.

Walnüsse muss man roh genießen. Wenn man sie erhitzt, verlieren sie viele ihrer wertvollen Inhaltsstoffe. Am besten knabbert man die Nuss pur. Man kann sie gehackt oder in ganzen Stücken ins Müsli oder in den Obstsalat geben. Man kann sie durch den Fleischwolf drehen und als Paste essen.

Stellen Sie in der Vorweihnachtszeit einen Teller mit Nüssen und Rosinen auf. Das schmeckt köstlich und hilft gegen den Stress vor dem Fest. Kaufen Sie Nüsse in der Schale. Sie halten länger. Und wenn sie extrem schwer zu knacken sind, legen Sie sie einige Zeit ins Tiefkühlfach.

Prof. Bankhofers

heißer Tipp für die kalte Zeit:

Wenn Sie zu üppig gegessen haben, dann trinken Sie unmittelbar nach der Mahlzeit 1/4 Liter stilles Mineralwasser oder Leitungswasser mit 1 Teelöffel Heilerde. Die Heilerde bildet im Magen und Darm eine riesige Oberfläche und bindet die Fette.

Mit einfachen Rezepten gegen den Adventstress

An und für sich sollte der Advent die stillste Zeit im Jahr sein. Die Wahrheit sieht anders aus. Für viele ist es eine Zeit voller Hektik. Man macht Überstunden am Arbeitsplatz, damit man zu den Feiertagen möglichst viel Freizeit hat. Man kauft Geschenke ein. In der Küche werden die ersten kulinarischen Vorbereitungen getroffen. Und dann gibt es ja noch den großen Hausputz vor den Festtagen.

Vor allem Frauen mit der Doppelbelastung Familie und Beruf leiden unter dem Adventstress und sind dann oft zu den Feiertagen krank, weil sie ihr Immunsystem enorm strapazieren: Sie schlafen zu wenig, essen nur zwischendurch und halten sich mit Kaffee wach. Dieser Adventstress muss nicht sein. Man kann ihn mit ganz einfachen Maßnahmen vermeiden:

- Vergessen Sie in der ganzen Hektik nicht aufs gesunde Essen. Es ist nicht so wichtig, eine komplette Mahlzeit einzunehmen. Genießen Sie eine Banane oder einen Apfel.
- Vitamin C schützt nicht nur vor Erkältungen. Es macht auch stressfest. Essen Sie in diesen Tagen Paprikaschoten, Kiwis, Orangen, Mandarinen oder 3 Gabeln voll Sauerkraut über den Tag verteilt.

- Wenn Sie mit dem Stress der Vorweihnachtszeit besser fertig werden wollen, dann brauchen Sie auch B-Vitamine: B_1, das „Nerven-Vitamin", liefern Vollkornprodukte und Naturreis. B_2 tanken wir aus Pilzen, Sonnenblumenkernen, Sesamsamen und Mandeln. B_6 holen wir uns aus Avocados, Walnüssen und Bananen, B_{12} aus dem Sauerkraut, aus Käse und Quark.
- Das Antistress-Mineral Magnesium bekommen wir aus Naturreis und Trockenfrüchten, das nervenberuhigende Kalium aus Obst und Gemüse.
- Das Spurenelement Zink, das uns ebenfalls stressfest macht, finden wir in Haferflocken und Hähnchenfleisch.
- Zwischendurch darf es auch ein kleines Stückchen Schokolade sein. Es vermittelt uns Glückshormone.

Wasser spielt im Kampf gegen Stress eine bedeutende Rolle. In Stresssituationen verliert der Körper über Harn und Schweiß viel Flüssigkeit. Das Blut wird dick, fließt langsamer, bringt zu wenig Sauerstoff in die Zellen. Der Blutdruck steigt. Man ist sehr stressanfällig. Wer jeden Tag 2 Liter Wasser trinkt, der kann das alles vermeiden. Wasser macht stark gegen Stress.

Speziell für die Adventzeit gibt es ein paar sehr wirksame und schmackhafte Hausmittel gegen den Stress:

- Lassen Sie einfach in kritischen Situationen einen Teelöffel mit Blütenhonig langsam auf der Zunge zergehen.
- Trinken Sie 1/4 Liter frisch gepressten Orangensaft mit 3 Esslöffeln Feigensirup (Reformhaus). Sie tanken damit eine raffinierte Kombination aus reichlich Vitamin C und viel Magnesium.
- Trinken Sie jeden Tag 1 bis 2 Schnapsgläschen Brennnesselsamen-Tonikum (Apotheke) in kleinen Schlucken. Sie konsumieren damit beruhigende Schleim- und pflanzliche Hormonstoffe.

Weitere Aktivitäten gegen den Adventstress: Ziehen Sie sich ins Badezimmer zurück und nehmen Sie ein Wannenbad mit Melissen- oder Lavendelzusatz. Oder hören Sie Ihre Lieblingsmusik und lesen Sie ein Buch. Oder schauen Sie wenigstens einmal am Tag verträumt in das Licht der brennenden Kerzen am Adventkranz. Damit ist für Sie wenigstens einige Minuten lang die stillste Zeit im Jahr.

Adventstress: Auch das Tote Meer im Badezimmer hilft

Sicher haben Sie schon einmal von einer Kur am Toten Meer gehört: gegen Schuppenflechte, Neurodermitis, Rheuma, Asthma, gegen die Weißfleckenkrankheit oder einfach zum Stressabbau. Vielleicht wollten Sie schon selbst eine Klimatherapie durchführen, hatten aber bisher nie die Möglichkeit oder die Zeit, ans Tote Meer zu reisen. Speziell, wenn es gilt, auf dem Höhepunkt des Advents den Organismus zu stärken, kann man sich das Tote Meer auch nach Hause holen.

Diese Chance bietet das Original Tote-Meer-Salz, das Vorort aus dem Wasser des Toten Meeres gewonnen wird. Schon im Altertum ließ sich Ägyptens Königin Cleopatra Salz aus dem Toten Meer für ihre Schönheits- und Gesundheitsbäder anliefern. Da es am Toten Meer keine Schifffahrt gibt und auch keine Industrieabwässer hineinfließen, hat das Tote Meer heute noch die Reinheit wie zu biblischen Zeiten. Was macht nun das Salz aus dem Toten Meer so besonders wertvoll für unsere Gesundheit?

Das Wasser aus dem Toten Meer ist die größte Mineral-Schatzkammer der Welt mit über 40 Wirksubstanzen. Und all diese Schätze befinden sich auch im Salz aus dem Toten Meer, auch Bassal-Salz genannt. Es ist besonders reich an Magnesium, Kalium, Mangan, Eisen und Kalzium-Chlorid sowie an verschiedenen Bromiden. Diese Zusammensetzung findet man in keinem anderen Salz der Welt. Diese Kombination von Wirkstoffen, die im Wasser gelöst sind, bringt viele Effekte mit sich:

Wer das Salz aus dem Toten Meer auf sich einwirken lässt, der kann damit Schuppenflechte, Neurodermitis und andere Hautprobleme positiv beeinflussen, kann rheumatische Beschwerden, Wirbelsäulenleiden, Stress, Muskelverspannungen, Schlaflosigkeit und Erschöpfung erfolgreich bekämpfen. Man fühlt sich nach so einem Bad wie neugeboren. Es wirkt beruhigend, entspannend und schmerzlindernd. Man kann damit ideal Stresssituationen im Advent abbauen.

Das Tote Meer: größte Mineralschatzkammer der Welt.

Und so wird das Tote-Meer-Salz (Apotheke) zu Hause angewendet: Lösen Sie 500 Gramm – das sind 2 Beutel einer Packung – in 3 Liter heißem Wasser auf und gießen Sie die Salzlösung in die Badewanne, die mit 37 °C warmem Wasser gefüllt ist. Dann rühren Sie um. Jetzt baden Sie in der Wanne 15 – 20 Minuten, nicht länger. Danach sollten Sie unbedingt duschen. Legen Sie sich etwa 1 Stunde zum Nachruhen ins Bett.

Das Salz aus dem Toten Meer ist nur für die äußerliche Anwendung geeignet. Achten Sie darauf, dass das Salz nicht mit den Augen in Berührung kommt. Das Salz ist nicht nur für Wannenbäder geeignet, es gibt auch andere Anwendungsmöglichkeiten. Man kann das Salz mit Öl verrühren und als Maske aufs Gesicht auftragen. Man kann es auch als Fußbad gegen müde Füße und Schweißfüße anwenden.

Die Wirkung des Toten-Meer-Salzes ist in den letzten Jahren durch viele Studien wissenschaftlich belegt worden. Und zwar an der Hadassah-Universitätsklinik in Jerusalem, an der norwegischen Universität von Bergen, an der belgischen Universität von Antwerpen, am Universitäts-Lehrkrankenhaus in Gera und an der Friedrich-Schiller-Universität Jena.

Das Volksleiden von Advent bis Silvester: die Verstopfung

Wenn die kalte Jahreszeit beginnt, tauchen bei vielen Menschen Alltagsbeschwerden auf. Chronische Erkrankungen verstärken sich. Die ärztliche Statistik weist nach: Das am meisten verbreitete Leiden von Adventbeginn bis Silvester ist und bleibt die Verstopfung.

Die Verstopfung rund um die Feiertage führte man jahrzehntelang ausschließlich auf zwei Lebensstilsünden zurück: auf die falsche Ernährung und auf die mangelnde Bewegung. Es schien relativ logisch: Im Advent nimmt sich im Trubel der Festtagsvorbereitungen keiner die Zeit für ein gesundes Essen. Und dann zu den Feiertagen starten viele das „große Fressen". Sie genießen viel Fleisch, viel

Fett, viel Süßes. Es mangelt an Ballaststoffen, Vollkorn, Obst und Gemüse. Obendrein treibt man keinen Sport, hält sich viel in der Wohnung auf und sitzt herum. Keine Frage: Das sind lauter Lebensgewohnheiten, welche die Verdauung durcheinander bringen und die Verstopfung fördern. Doch sie sind nicht die Hauptursache.

Sonst müsste es ja möglich sein, nach den Feiertagen mit gesunder, ballaststoffreicher Kost und viel Bewegung das Problem schnell wieder in den Griff zu kriegen. Das gelingt aber Millionen Menschen nicht. Was also steckt dahinter?

Der amerikanische Forscher Prof. Dr. Michael Gershon hat nachgewiesen: Zwischen dem Gehirn und dem Darm besteht eine direkte Verbindung. Diese Erkenntnis macht klar: Die seelische Verfassung eines Menschen sowie sein nervlicher Zustand sind eng miteinander verbunden. Damit muss man die Verstopfung vom Advent bis ins neue Jahr von einer anderen Warte aus betrachten: Zuerst ist da die Hektik der Vorweihnachtszeit, die viele Menschen nicht zur Ruhe kommen lässt. Die ruhigste Zeit im Jahr ist zur Stresszone geworden. Die Feiertage selbst bringen sowohl erfreuliche Aufregungen, aber auch Familienstreitigkeiten, Tränen und Enttäuschung.

Und der Rutsch ins neue Jahr bedeutet für viele Angst vor der Zukunft, Sorge um den Arbeitsplatz und ums Geld.

Wenn nun in den Advent-Wochen die Seele den Darm beeinflusst, wenn Stress im Spiel ist, wenn das Nervensystem und Muskelreflexe des Darms gestört sind, dann braucht man ein eigenes Programm, um die Verstopfung zu besiegen: das Verdauungstraining.

- Achten Sie darauf, dass Sie in der Adventzeit zwischendurch Ruhe und Entspannung finden. Vielleicht in der Sauna oder bei einem Wannenbad. Oder machen Sie eine Wanderung in der Natur.
- Sorgen Sie dafür, dass Sie zu den Feiertagen zwischen den kulinarischen Sünden viel Obst und Gemüse essen.
- Gehen Sie zu den Feiertagen oder gar unterm Weihnachtsbaum Streit, Missgunst, Ärger und Intrigen in der Verwandtschaft aus dem Weg.
- Verbringen Sie Silvester bei lieben Freunden in netter Gesellschaft, dann kommen keine trüben Gedanken fürs neue Jahr auf.

Für den Fall, dass das alles nichts nützt und Sie auch in diesem Jahr wieder unter Verstopfung leiden:

Holen Sie sich für alle Fälle für Ihre Hausapotheke ein Abführmittel. Lassen Sie sich da von Ihrem Arzt gut beraten. Greifen Sie zu schonenden Verdauungshilfen. Diese müssen niedrig dosierbar, aber zuverlässig sein und die natürliche Eigenbewegung des Dickdarms anregen, dessen Funktion unterstützen. Magen, Leber, Herz und Kreislauf dürfen nicht belastet werden. Studien haben ergeben, dass sich Abführmittel aus der Apotheke mit den Wirkstoffen Bisacodyl und Natriumpicosulfat in Form von Zäpfchen, Dragees oder Tropfen am besten bewährt haben.

Lachs und Makrele zum Fest: wertvoll für die Gesundheit

Wer zu Weihnachten aus Tradition Fisch isst, der leistet damit auch einen wertvollen Beitrag zur Gesundheit. Alle Fische sind ein wichtiger Bestandteil unserer täglichen Nahrung, sowohl die Süßwasser-, als auch die Salzwasserfische. Meeresfische haben besonders große Mengen an lebenswichtigen Inhaltsstoffen. Sie sind reich an den Spurenelementen Zink und Selen für die Immunkraft, Jod für die Schilddrüse und Vitamin D für die Knochen. Das Interessanteste an den Meeresfischen aber sind die Omega-3-Fettsäuren. Und die sind besonders intensiv im Lachs, Hering und in der Makrele enthalten, wobei man sie in extrem hochwertiger Form im Lachs findet.

Omega-3-Fettsäuren sind lebenswichtige Nährstoffe, die der Mensch braucht, aber nicht selbst produzieren kann. So bekommt das Baby die Omega-3-Fettsäuren aus der Muttermilch. Darin kann man einen sehr hohen Anteil feststellen. Danach braucht der Mensch entsprechende Nahrung aus der Natur, um zu diesen wertvollen Substanzen zu gelangen.

Die Bedeutung der Omega-3-Fettsäuren hat im Jahr 1944 der britische Bio-Chemiker Dr. Hugh Sinclair auf einer Forschungsreise durch Alaska entdeckt. Er stellte eine auffallend niedrige Herzinfarktrate und optimale Blutgerinnungswerte bei den Eskimos fest und vermutete sofort einen Zusammenhang mit der fischreichen Ernährung. Vorerst wurde er ausgelacht.

Er wies im Lachs und in anderen Fischen einen hohen Gehalt an Omega-3-Fettsäuren nach. Erst 1980 wurden seine Beobachtungen von den dänischen Wissenschaftlern Dr. Bang und Dr. Dyerberg bestätigt: Die niedrige Herzinfarktrate und die guten Cholesterinwerte der Eskimos sind eindeutig auf den Einfluss der Omega-3-Fettsäuren zurückzuführen. Damit wurden die Omega-3-Fettsäuren zum „Lebenselixier aus dem Meer".

Die Entdeckung der Omega-3-Fettsäuren hat bewiesen, dass unser Organismus ohne Fett nicht existieren kann. Er braucht Fett für einen gesunden Fettstoffwechsel. Aber es müssen gesunde Fette sein. Wir bauen damit unsere Energie auf. Wir schaffen damit im Winter den notwendigen Schutz vor Kälte.

Lachs kann man für köstliche Speisen verwenden: z.B. Spagetti mit Lachssoße

Tierische Fette wie Speck und Schmalz und versteckte tierische Fette in der Wurst enthalten vor allem gesättigte Fettsäuren, die in zu großen Mengen die Cholesterinwerte erhöhen und damit Herz und Kreislauf belasten.

Und das alles bewirken die Omega-3-Fettsäuren, die es nur im Fisch gibt, für unsere Gesundheit: Sie beugen Herzinfarkt, Schlaganfall und einer vorzeitigen Arteriosklerose vor. Sie senken das schädliche LDL-Cholesterin und heben das schützende HDL-Cholesterin an. Sie bekämpfen Herzrhythmusstörungen, machen das Blut flüssiger, wirken positiv auf entzündliche Erkrankungen wie Rheuma, Schuppenflechte, Magen- und Darmstörungen.

Eine Studie des englischen Gehirnforschers Prof. Dr. Michael Crawford hat ergeben: Wenn werdende Mütter reichlich Omega-3-Fettsäuren aus Meeresfischen aufnehmen, ist die Chance sehr groß, dass das Baby in späteren Jahren besonders klug wird, optimal sieht und hört. Die Omega-3-Fettsäuren wirken am Aufbau des Gehirns, des Gehörs und der Sehorgane mit.

Wenn man genügend Omega-3-Fettsäuren tanken möchte, sollte man 2- bis 3-mal 200 bis 250 Gramm Fisch essen. Vor allem Lachs, Hering, Makrele. Wer das nicht schafft oder wer grundsätzlich keinen Fisch mag, der hat eine andere Möglichkeit, die Omega-3-Fettsäuren aufzunehmen und zwar in Form von Kapseln mit Lachsöl-Konzentrat aus der Apotheke. Man nimmt über eine längere Zeit 3-mal täglich 2 Kapseln.

So wird das Festtagsessen gesünder und bekömmlicher

Wenn man übers Jahr auch noch so gesundheitsbewusst lebt und sich vorbildlich ernährt, niemand möchte zu den Weihnachtsfeiertagen auf all die Genüsse verzichten, die es zu Hause gibt und die bei anderen angeboten werden. Immerhin hat man sich ein Jahr lang darauf gefreut. Lassen Sie sich also den Weihnachtsbraten, die Torten und Kekse schmecken. Damit Sie allerdings kein schlechtes Gewissen und keine Angst vor gesundheitlichen Folgen haben müssen, sollten Sie die Geheimnisse kennen, wie Sie selbst die Gefahren der Schlemmereien reduzieren können. So unter der Devise: Festtags-Genüsse ohne Reue. Hier die besten Küchen-Tricks, wie man die Köstlichkeiten auf der Weihnachtstafel gesünder macht:

- Essen Sie zum Fleisch ausschließlich knackige Salate und Pellkartoffeln, keine Knödel (Klöße), keine Nudeln. Salat und Kartoffeln helfen die Harnsäure-Überschüsse des Fleisches abzubauen.
- Trinken Sie zu den Mahlzeiten jeweils 1/8 Liter Sauerkrautsaft, Rote-Bete-Saft (Rote-Rüben-Saft), Kartoffel- oder naturtrüben Apfelsaft. Damit werden Magen und Darm von Gärstoffen und Giften gesäubert. Auch ein Glas Brottrunk macht Sinn, den der deutsche Bäckermeister Wilhelm Kanne vor über 30 Jahren entwickelt hat.

- Trinken Sie während der Feiertage gegen Durst und zum Entschlacken täglich 1 Liter Mineralwasser, am besten stilles.

- Wenn Sie zu üppig gegessen haben – zu fettes Fleisch, zu fette Torten –, dann trinken Sie unmittelbar nach der Mahlzeit 1/4 Liter stilles Mineralwasser oder Leitungswasser, in das Sie 1 Teelöffel Heilerde für den inneren Gebrauch (Apotheke) einrühren. Die Erde bildet im Magen und im Darm eine riesige Oberfläche und bindet die Fette.

- Gegen zu viel Süßes, gegen zu viel starken Bohnenkaffee und zu viel Alkohol zu den Feiertagen liefern Sie dem Organismus Vitamin C (Kiwis, Orangen, Paprikaschoten), Vitamin B_1 (Naturreis, Weizenkeimflocken) und täglich 2 Magnesium-Kautabletten (Apotheke).

- Der für viele traditionelle Weihnachtskarpfen ist gesünder, wenn Sie ihn nicht braten oder backen, sondern in einem Sud mit Wurzelgemüse und Kräutern ziehen lassen. Überlegen Sie, ob Sie nicht gegrillten Lachs servieren.

- Die Festtagsgans oder -ente befreit man vom Fett, indem man das Fleisch beim Braten mit der Gabel ansticht. Das Fett läuft dann aus.

Zu viel Fleisch, vor allem zu fettes Fleisch, ist jedoch schuld daran, dass jedes Jahr zu den Feiertagen die Cholesterinwerte bei vielen Menschen enorm ansteigen. An der deutschen Universität Leipzig hat Prof. Dr. Rotzsch nachgewiesen: Die Weihnachtsgans wird vom Organismus viel besser vertragen, wenn man dazu eine „Knoblauch-Therapie" durchführt.

Reiben Sie die Gans oder den Braten kräftig mit zerdrückten, frischen Knoblauchzehen ein. Diese Würze ist sehr wichtig für die Gesundheit. Damit nimmt man aber immer noch zu wenig vom Knoblauch-Wirkstoff Allicin auf. Daher sollte man während der Feiertage außerdem regelmäßig Knoblauch-Präparate aus der Apotheke einnehmen: 3-mal täglich 2 Dragees mit Wasser.

Was aber tun, wenn die Festtagsgans unmittelbar nach dem Essen schwer im Magen liegt, wenn Völlegefühl, Übelkeit und Blähungen auftreten? Dagegen empfiehlt Prof. Dr. Volker Fintelmann, Chefarzt am Krankenhaus Hamburg-Rissen, die sofortige Einnahme von hochdosiertem Extrakt aus Artischockenblättern in Kapselform (Apotheke), am besten 2 Stück. Die Hepar-Schutzstoffe in den Artischockenblättern – Hepar heißt in der Medizin Leber – fördern den raschen Fettabbau und den Gallenfluss und aktivieren die Verdauung. Auf weite Sicht helfen auch diese Substanzen, zu hohe Cholesterinwerte bis zu 20 Prozent zu senken.

Schenken Sie zu Weihnachten Gesundheit

Einige Wochen vor dem Fest überlegen wir wieder: Was könnten wir unseren Verwandten, Bekannten und Freunden zu Weihnachten schenken? Ein altes Sprichwort sagt: Schenken ist besser als Nehmen. Es kann tatsächlich ein Genuss sein, für einen lieben Mitmenschen ein Geschenk auszusuchen, es zu verpacken und zu überreichen. Wenn man sich allerdings das ganze Jahr über nicht eingehend mit dem betreffenden Menschen befasst hat, dann kann das Geschenk für beide Teile zur Enttäuschung werden.

Alle Jahre passiert es in vielen Familien: Da werden Präsente überreicht, die im Grunde nichts anderes als unpersönliche Pflichtübungen sind.

Wenn man einen Verwandten oder Bekannten fragt, was er sich denn so wünscht, dann bekommt man nicht selten zur Antwort: "Gar nichts. Ich hab' ja schon alles! Hauptsache, ich bin gesund!" Da weiß man nicht, was man kaufen soll. Doch gerade in dieser Antwort steckt eine zündende Idee: Gesundheit. Schenken Sie Gesundheit. Legen Sie Gesundheit unter den Weihnachtsbaum:

- Richten Sie für jemand eine „gesunde Hausbar" ein: mit herrlichen Getränken wie Heidelbeer-, Holunder-Sauerkraut-, Rote-Bete-Saft und anderen flüssigen Köstlichkeiten aus dem Reformladen.

- Bringen Sie einen riesigen, randvoll gefüllten Geschenkkorb mit Obst und Gemüse mit. Damit geben Sie eine Vitamin-Garantie für die Feiertage.

- Stellen Sie einen Geschenkkarton mit gesundheitsfördernden Produkten der Vollwertkost zusammen, die sich mancher aus Kostengründen nicht vergönnt oder leisten kann: kaltgepresste Pflanzenöle, verschiedene Müslisorten, Naturreis, Vollkornprodukte.

- Überraschen Sie mit einem Gutschein für einen Kuraufenthalt, für ein Kur-Wochenende, für mehrere Besuche in einem Fitness-Studio oder in einem medizinischen Massage-Studio. Besorgen Sie Abonnements für Sauna- oder Thermalbad-Besuche.

- Wer gerne liest, hat vielleicht Freude an einem Gesundheits-Ratgeberbuch oder an einem Geschenksabonnement der Kneipp-Zeitung.

Erhältlich beim Österreichischen Kneippbund, Kunigundenweg 10, A-8700 Leoben, Tel. (0 38 42) 2 17 18, FAX: (0 38 42) 2 17 18-19, E-Mail: office@kneippbund.at, Internet: www.kneippbund.at.

- Machen Sie den Apotheker oder das Reformhaus zu Ihren Verbündeten: Schenken Sie eine komplett eingerichtete Hausapotheke mit vielen Naturheilmitteln.

- Kaufen Sie ein Trimmrad oder sonst ein anderes Sportgerät.

Eine Gesundheitspause gegen die Feiertagssünden

Die Weihnachts- und Neujahrsfeiertage sind oft eine Belastung für den Organismus. Viele haben bis zum 2. Januar oder noch länger Urlaub. Das alte Jahr geht zu Ende. Es dauert nur mehr wenige Tage. Seit dem Heiligen Abend sind gemütliches Beisammensein und oft hemmungsloses Genießen von kulinarischen Köstlichkeiten angesagt. Die Devise heißt: viel, üppig, fett, knusprig und süß. Kaum einer kann da daheim oder bei Besuchen den Verlockungen widerstehen.

Doch im Interesse der Gesundheit sollten wir darauf achten, dass wir nicht täglich bis ins neue Jahr nonstop mit dem Essen und Trinken „sündigen". Das würden uns Magen, Darm, Leber, Galle, Herz und Kreislauf zweifelsohne übel nehmen. Es gibt einen ganz einfachen Trick: Schaffen Sie zwischen den Feiertagen eine kurze Gesundheitspause. Machen Sie zwischendurch eine Vital-Kur für einen Tag. Der Vorteil: Sie trennen das tagelange Feiern und übermäßige Genießen von Kalorien-Bomben in zwei Zeiträume. Wenn Sie zu den Weihnachtsfeiertagen über die Stränge geschlagen haben und kurz aus der Schlemmerei aussteigen, können Sie zum Jahreswechsel in der Silvesternacht dem Organismus wieder einige kulinarische Belastungen zumuten.

So eine Gesundheitspause zwischen den Feiertagen kann richtig Spaß machen. Schalten Sie nach dem Stefanitag einen Obsttag ein. Holen Sie sich aus dem nächsten Laden köstliche Früchte: Äpfel, Birnen, Trauben, Ananas, Grapefruits, Orangen, Melonen, Mandarinen, Kiwis, Papayas. Essen Sie an diesem einen Tag ausschließlich von diesem Obst, bis Sie satt sind. Trinken Sie dazu – über den Tag verteilt – 2 bis 3 Liter stilles Mineralwasser oder ungesüßten Kräutertee. Nach den Fleischgenüssen, fetten Torten und dem Alkohol der ersten Feiertage wird Ihnen das gut tun. Sie werden sich bereits nach diesem einen Tag wieder besonders wohl fühlen. Das unangenehme Völlegefühl verschwindet.

Sollten Sie nach diesem einen Tag bereits wieder „rückfällig" werden und sich den üppigen Genüssen hingeben, dann ist das keine Katastrophe. Noch besser ist Ihr Organismus für das Fest zum Jahreswechsel gerüstet, wenn Sie an so einen Obsttag gleich einen Gemüsetag oder einen Rohkosttag anschließen. Holen Sie sich aus dem nächsten Gemüseladen knackige vegetarische Leckerbissen: Karotten (Möhren), Gurken, Paprikaschoten in allen Farben, Rettich und Lauch. Essen Sie morgens eine Schnitte Vollkornbrot mit wenig Butter, belegt mit rohem Gemüse. Genießen Sie mittags einen großen Salat-Teller und abends eine Rohkostplatte. Dazu wieder – über den Tag verteilt – 2 bis 3 Liter Wasser oder Kräutertee.

Wenn Sie diese beiden Tage geschafft haben, dann sind Sie wieder mit reichlich Vitaminen, Mineralstoffen, Spurenelementen, Enzymen, Bioaktiv- und Ballaststoffen versorgt, haben dem Organismus zum Fleisch und zu den Süßigkeiten der Festtage ein gesundes Gegengewicht geboten. Damit haben Sie dann die Weihnachtssünden minimiert und sich Kraft für die Silvestergenüsse geholt.

Sorgen Sie für ausreichende Bewegung zwischen den Feiertagen.

Viele fühlen sich zwischen den Feiertagen auch deshalb nicht gut, weil sie einfach zu wenig Bewegung machen, zu wenig Sauerstoff tanken. Gehen Sie die nächsten 2 Tage – für jeweils 2 Stunden – in die Natur hinaus. Wenn Sie daheim sind und wenn Ihnen durch schlechte Luft im Raum und durch Mangel an Bewegung übel wird: Lutschen Sie 1 Eiswürfel aus dem Tiefkühlfach und öffnen Sie kurz ein Fenster.

Die Feiertags-Hausapotheke: Das sollte sie enthalten

Weihnachten. Das bedeutet ein paar ruhige Stunden unter dem Weihnachtsbaum, Verwandtenbesuche ohne Ende, gemütliches Beisammensein und Essen, Essen, Essen. Kein Wunder, dass nach dem Fest viele mit gesundheitlichen Problemen zu kämpfen haben. Daher sollten Sie sich vorsorglich schon viele Tage vor dem Fest zu Hause eine Feiertagsapotheke einrichten. Und das alles sollte darin zu finden sein:

- Zu den Feiertagen essen die meisten von uns zu viel, zu fett, zu süß. Die Folge: Man hat nach den Mahlzeiten Blähungen und ein unangenehmes Völlegefühl. Dafür braucht man in der Hausapotheke jederzeit griffbereit Heilerde für den inneren Gebrauch. Man gibt 1 Teelöffel in ein Glas, gießt mit kaltem Wasser auf, rührt um und trinkt die braune Flüssigkeit zügig. Die Heilerde bildet im Magen und Darm eine riesige Oberfläche, saugt Fette, Schadstoffe und andere belastende Substanzen wie ein Schwamm auf und führt sie über den Darm ab.
- Oft gibt es nach den Feiertagen hohe Cholesterinwerte, weil die Weihnachtsgans zu fett war. Dafür sollten Sie Kapseln mit dem Extrakt aus Artischockenblättern parat haben. Artischockenblätter-Extrakt mit dem Wirkstoff Cynarin kann zu hohe Cholesterinwerte senken.

- Durch die vielen Fleisch-Speisen und Süßigkeiten, die zu den Feiertagen konsumiert werden, treten verstärkt rheumatische Beschwerden und Gicht auf. Dafür wäre es wichtig, wenn Sie grünen Hafertee oder ein Basenpulver in der Hausapotheke hätten. Vom grünen Hafertee trinkt man 1 Liter über den Tag verteilt. Vom Basenpulver nimmt man einmal am Tag nach einer Mahlzeit 1 Esslöffel in 1/8 oder 1/4 Liter Wasser verrührt. In beiden Fällen werden Säuren im Körper mit basischen Elementen abgebaut. Der grüne Hafertee bekämpft in erster Linie die Harnsäure.
- Gegen etwaige Rheuma- Beschwerden sollten Sie für die Feiertage auch pflanzliches Vitamin E mit dem wertvollen RRR-Tocopherol besorgen. Man nimmt 1 Kapsel zu 800 internationalen Einheiten (Apotheke).
- Wenn Kopfschmerzen auftreten, sollten Sie es mit einer Wärmeflasche, mit kalten Kompressen oder mit dem Einreiben von 10%igem Pfefferminzöl in Stirn, Schläfen und Nacken versuchen.
- Wenn sich der Reizmagen meldet, dann wäre es gut, wenn Sie Kapseln mit einer Kombination von Pfefferminzöl und Kümmelöl (Apotheke) daheim hätten. Diese Kombination ist in der Medizin im Rahmen einer Enteroplant-Therapie längst anerkannt und hat sich bewährt.
- Gegen einen viralen Infekt der oberen und unteren Atemwege: von der Stirnhöhlen- und Nebenhöhlenentzündung bis hin zum Husten setzt man als natürliche Waffe den Saft einer südafrikanischen Pelargonie (Apoheke) ein. Auch ein Fläschchen mit diesem Saft aus der Umckaloabo-Wurzel sollte man für die Feiertage zu Hause haben.

Umckaloabo-Wurzel

- Für etwaige Halsbeschwerden lohnt es sich, darauf zu achten, dass in der Feiertagsapotheke ein Säckchen mit getrockneten Salbeiblättern für einen Tee und eine Flasche Aloevera-Saft für Rachenspülungen vorhanden ist.

Typisch Weihnachtliches ist oft eine Naturmedizin

Die Weihnachtszeit ist für viele von uns mit speziellen Gerüchen, essbaren Köstlichkeiten und Symbolen verbunden. Seit unserer Kindheit ist das Weihnachtsfest mit dem Duft von Tannennadeln, dem ureigenen Geschmack von gebratenen Äpfeln, Lebkuchen, Anisplätzchen und Zimtschnitten verbunden. Für viele gehören in die Weihnachtszeit Weihrauch, Mistel und Myrrhe, aber auch Vanille.

Alle Jahre wieder leben wir in diesen Tagen mit all jenen Symbolen. Sie gehören einfach zum Fest dazu. Wir riechen sie. Wir genießen sie. Und nur wenigen ist es bewusst, dass sie auch in der Naturmedizin für unsere Gesundheit Bedeutung haben. Daher sollten wir uns zum Fest einmal vor Augen halten, von welchen „Naturarzneien" wir da so umgeben sind:

- Da ist vorerst einmal der Weihrauch, der aus dem Harz des Baumes „Boswellia Thurifera" in Arabien und Somalia gewonnen wird. Weihrauch riecht nicht nur faszinierend, seine Inhaltsstoffe – vor allem der Hauptwirkstoff Olibanum – haben eine desinfizierende Wirkung. Wenn zum Beispiel Gäste mit einer starken Erkältung da waren, sollte man Weihrauchkörner erhitzen. Der Weihrauch, der dabei entsteht und durch die Räume zieht, killt viele Krankheitserreger in der Luft.

Im Mittelalter hat man aus Weihrauch Salben für die Wundbehandlung hergestellt und ihn bei Ohrenschmerzen und Geschwüren eingesetzt. Im Jahr 1995 hat der Münchner Internist Dr. Christoph von Keudell

nachgewiesen, dass Weihrauch – eingeatmet – rheumatische Schwellungen in den Gelenken abklingen lässt und die Schmerzen von Rheuma-Patienten reduzieren kann. Heute gibt es bereits Weihrauch-Präparate gegen rheumatische Beschwerden zum Einnehmen.

Im Altertum hat man bereits von den heilenden Kräften des Weihrauchs gewusst. Man kann das nachlesen. Weihrauch zählte aus diesem Grund zu den kostbarsten Schätzen der Antike und wurde mit Gold aufgewogen. Daher brachte einer der Heiligen Drei Könige Weihrauchkörner mit.

- Ein anderer der Heiligen Drei Könige brachte Myrrhe. Es handelt sich dabei um öliges Harz, das aus den Ästen des Myrrhe-Strauches oder Myrrhe-Baumes gewonnen wird. Im antiken Ägypten benutzten Frauen Myrrhe-Kugeln, um Flöhe zu vertreiben. Später wurde Myrrhe zur Behandlung von Muskelschmerzen und gegen rheumatische Beschwerden eingesetzt. Heute wird das Harz als Tinktur aus der Apotheke gegen Zahnfleisch-Entzündungen eingepinselt. Es genügt aber auch, einen Tropfen auf den Zeigefinger zu geben und damit mehrmals täglich das Zahnfleisch einzumassieren. Oder die Tinktur wird – in Wasser aufgelöst – als Gurgelmittel verwendet. Man gibt dafür 20 Tropfen in ein halbes Glas lauwarmes Wasser.

- Auch die Mistel ist ein typisches Weihnachts-Accessoire. Über vielen Türen hängen Mistelzweige, die der ganzen Familie Glück und Segen bringen sollen. Die Mistel ist ein so genannter Halb-Schmarotzer. Sie hat keine Wurzeln, kann nur auf Bäumen gedeihen. Sie blüht im Winter und trägt zu Weihnachten als Früchte kleine weiße Beeren, die giftig sind.

Die lederartigen Mistelblätter gelten als Naturarznei, sind vielfach von der Schulmedizin anerkannt. Man setzt schon lange Misteltee gegen Bluthochdruck ein. Besorgen Sie sich Misteltee aus der Apotheke und setzen Sie 2 Esslöffel davon 8 – 10 Stunden in einem halben Liter kaltem Wasser an. Dann durchseihen, leicht erwärmen und jeweils morgens und abends eine Tasse trinken. Homöopathische Extrakte aus der Mistel werden heute aber auch im Rahmen der Alternativmedizin als Begleit-Therapie bei Krebs zur Stärkung der Immunkraft eingesetzt.

Mistel

Süße Weihnachtsgenüsse: gesünder als man denkt

Können Sie sich Weihnachten ohne süße Genüsse vorstellen? Sicher nicht. Denken Sie jetzt aber nicht: Das schmeckt zwar köstlich, ist aber nicht gut für die Gesundheit. Stimmt gar nicht. Viele süße Genüsse vom Advent- und Weihnachtstisch sind außerordentlich bekömmlich und gesundheitsfördernd.

- Zimt-Sterne fördern die Gesundheit. Zimt stärkt den Magen und aktiviert den Gallenfluss.
- Anis-Plätzchen sind im Advent wichtig. Sie schaffen an tristen Wintertagen bessere Laune, bauen Frust und Stress ab. Diese Wirkung von Anis hat man schon im antiken Ägypten gekannt.
- Ja, und dann sind da noch die duftenden Bratäpfel. Man weiß, dass 3 sehr warme Bratäpfel – hintereinander gegessen – ein hervorragendes Hausmittel gegen Halsschmerzen und Heiserkeit sind.
- Manche können sich Weihnachten ohne Vanillekipferln überhaupt nicht vorstellen. Dieses süße Gebäck hat viele Freunde. Vanille – aus der Fruchtschote einer südamerikanischen Orchidee gewonnen – stärkt die Arbeit der Nieren, fördert die Verdauung und macht auch an düsteren, tristen Wintertagen Lust auf Liebe. Daher war es im Mittelalter in vielen Klöstern sowohl Mönchen als auch Nonnen strengstens verboten, Speisen mit Vanille zu genießen. Damit sie nicht in Versuchung geführt werden konnten.
- Auch Schokolade gehört einfach zum Fest dazu. Sie fördert die Gesundheit, wenn man sie mit Maß und Ziel genießt. Erstens hat man im Kakao, vor allem in der dunklen Schokolade, zahlreiche Polyphenole entdeckt, Schutzstoffe, die Herz und Kreislauf stärken, die Adernverkalkung bremsen und uns vor Umweltschadstoffen schützen. Zweitens hat Prof. Dr. Libowitz in Los Angeles schon vor Jahren in der Schokolade einen wunderbaren Stoff entdeckt: Phenyletylamin. Dieser Stoff fördert im Gehirn die Produktion von Glückshormonen, regt das positive Denken an. Es gibt vor Weihnachten keine schönere Botschaft als die Erkenntnis: Schokolade – in Maßen – macht glücklich!
- Auch Lebkuchen können Sie mit gutem Gewissen genießen. Allerdings müssen Sie darauf achten, dass es sich um ein entsprechendes Lebkuchenrezept handelt, das

den ernährungswissenschaftlichen Voraussetzungen entspricht. Echter Lebkuchen sollte immer ausschließlich mit Honig zubereitet werden. Für echten Lebkuchen verwendet man Vollkornmehl wie in alten Zeiten. Allein diese Grundregeln machen Lebkuchen mit Abstand gesünder als alle anderen Weihnachtssüßigkeiten.

- Das Vollkornmehl liefert dem Organismus reichlich Vitamine, Mineralstoffe und Spurenelemente. Ganz wichtig dabei ist das Vitamin B_1, das für unsere Nerven zu den Feiertagen so wichtig ist und von dem wir viel zu wenig in uns haben. Außerdem werden bei Vollkornmehl im Körper weit weniger Schlackenstoffe abgelagert. Das bedeutet, dass Lebkuchen kein Dickmacher ist.
- Der Honig bringt neben Vitaminen, Mineralstoffen und Spurenelementen auch natürliche pflanzliche Hormonstoffe, antibiotische Stoffe und beruhigende Substanzen mit ein.
- Das Gewürz Kardamom, für den Lebkuchen unerlässlich, wirkt verdauungsfördernd, was gerade zu den Feiertagen von großem Vorteil sein kann, weil es oft durch die üppige Ernährung „Blockaden" gibt. Außerdem sagt man dem Kardamom zusätzlich eine liebesfördernde Eigenschaft für Mann und Frau nach.
- Muskatnuss, ebenfalls wichtig für den Lebkuchen, stärkt den Magen, wenn sie in kleinsten Mengen beigegeben wird.
- Und auch Gewürznelken sind verdauungsstärkend.
- Selbstverständlich gehören zum Lebkuchen auch Mandeln. Sie enthalten reichlich Vitamin E, aber auch die Mineralstoffe Magnesium, Kalium sowie die Spurenelemente Phosphor und Eisen.
- Die Eier liefern Vitamin A und E sowie Lecithin, das ein wichtiger Aufbaustoff für unser Gehirn ist.

Das alles sind klare Beweise: Wer zu den Weihnachtsfeiertagen zum Lebkuchen greift, der hat richtig entschieden. Er verwöhnt den Gaumen und tut dabei etwas für die Gesundheit. Auch da gilt natürlich die Regel, dass man Lebkuchen in Maßen genießen sollte.

Und hier ein klassisches Lebkuchenrezept: für 2 Personen:

400 g Honig werden mit 2 Eiern, der abgeriebenen Schale einer Bio-Zitrone, 50 g Orangeat, 70 g Mandelstiften, 1/2 TL gemahlenem Zimt und je 1 Prise Salz, geriebener Muskatnuss, Nelkenpfeffer und Kardamom verrührt. Dann werden 500 g Vollkorn-Weizenmehl und 1 Päckchen Backpulver vermischt, über die Honigmasse gestreut und darunter gerührt. Jetzt muss der Teig fest geknetet werden. Rollen Sie ihn danach auf einem mit Mehl bestreuten Holzbrett aus, sodass er 1/2 Zentimeter dick ist. Schneiden Sie Rechtecke – etwa 8 x 5 cm – aus. Bestreichen Sie ein Backblech mit Wasser, legen Sie die Lebkuchenstücke darauf und backen Sie sie im vorgeheizten Ofen auf mittlerer Schiene bei 220 °C 15 Minuten. Guten Appetit bei dieser gesunden Weihnachtssüßigkeit!

Der Weihnachtsbaum – eine Naturarznei

Gehören Sie auch zu jenen Menschen, die der Ansicht sind: Erst mit einer geschmückten Tanne, Fichte oder Föhre in der Wohnung wird Weihnachten zu einem stimmungsvollen Fest? Nicht nur Ehepaare mit Kindern, sondern auch allein stehende Menschen lieben und pflegen seit ihrer Kindheit diese Tradition. Die brennenden Kerzen am Baum, der reich behangen ist mit Lebkuchen und anderem Zuckerwerk, der Duft der Baumnadeln, das alles gehört einfach zum Fest.

Alljährlich werden in europäischen Ländern tausende und abertausende von Tannenbäumen und Fichten gekauft und zu Hause aufgestellt – in den meisten Wohnungen vom 24. Dezember bis 6 Januar. Kinder drängen mitunter darauf, dass der Baum länger stehen bleibt. In den meisten Fällen handelt es sich um Bäume aus speziellen Kulturen, die abgeschnitten werden.

Wie ist dieser Brauch eigentlich entstanden?

Anfang des 16. Jahrhunderts schmückte man in ländlichen Gegenden die Stuben mit Tannenreisig. Später hängte man geschmückte Bäumchen mit der Spitze an der Zimmerdecke auf. Im Jahr 1539 wurden in Straßburg bereits Tannenbäume zur Weihnachtszeit verkauft. In einer Reisebeschreibung wird erstmals von einem aufgestellten, geschmückten Baum – allerdings ohne Kerzen – im Jahr 1605 berichtet.

Ein Weihnachtsbaum, wie wir ihn kennen, also mit Schmuck und brennenden Kerzen, zierte erstmals im Jahr 1708 einen Salon der Liselotte von der Pfalz. So richtig populär aber ist so ein Christbaum erst im 19. Jahrhundert geworden. Im 20. Jahrhundert wurde der Brauch des Christbaumes zu Weihnachten auch in vielen anderen Ländern der Erde übernommen.

Kaufen Sie Ihren Weihnachtsbaum schon sehr früh? Oder gehören Sie zu jenen, die das erst im letzten Augenblick erledigen? Wie auch immer: Schmücken Sie den Baum mit viel Liebe, stellen Sie ihn an den schönsten Platz in Ihrer Wohnung, denn Sie tun damit nicht nur etwas für Ihre Festtagsstimmung, sondern Sie tun auch etwas für Ihre Gesundheit. Das haben Umweltmediziner in jahrelanger Beobachtung herausgefunden. Und das ist eine positive Nachricht für die Weihnachtsfeiertage.

Wie gesundheitsfördernd ist nun der Christbaum?

- In den Nadeln des Tannenbaumes sind hohe Konzentrationen an ätherischen Ölen festzustellen. Außerdem werden intensive Duftstoffe abgegeben. All diese Substanzen wirken sich positiv auf den Kreislauf aus. Sie gelangen über die Atemwege, aber auch über die Hautporen in den menschlichen Organismus.

Menschen, die an einer Beifuß- und Gewürzkräuterallergie leiden bzw. auf Pernbalsam reagieren, sollten nicht zu große Weihnachtsbäume aufstellen bzw. einen Respektabstand von ein paar Metern einhalten.

- Einige dieser ätherischen Öle – Terpene genannt – wirken ganz speziell auf die Nasenschleimhäute und weiter auf die gesamten Atemwege bis in die Bronchien. Wer davon lang genug riecht, wird stark gegen Schnupfen und Husten.

- Stamm und Äste des Baumes enthalten Harze, die in der Wärme des Raumes aus der Rinde austreten und ebenfalls ätherische Öle und Bitterstoffe abgeben. Das schafft nicht nur einen wunderbaren Geruch nach Wald. Diese Wirkstoffe beruhigen die Seele. Eine ideale Kur zu den Feiertagen nach der oft gestressten Adventzeit.
- Auch, wenn der Weihnachtsbaum schon vor vielen Tagen im Wald gefällt und lange Zeit auf dem Markt angeboten wurde: Seine Nadeln haben – wie genaue Messungen ergeben haben – noch viele Tage die Kraft, ihre Luft reinigende Aufgabe zu erfüllen. Im Wohnzimmer wandelt die Tanne oder die Fichte wie in der Natur Kohlendioxyd – also schlechte, ausgeatmete Luft – in

gesunden Sauerstoff um. Das bedeutet, dass unser Weihnachtsbaum über die Feiertage eine natürliche Klimaanlage, ein wunderbarer Luftfilter ist.

- Beobachtungen von Ärzten haben ergeben: Wer sich abends zum Weihnachtsbaum setzt und den Duft der Nadeln und des Holzes einatmet, schläft danach sehr oft besser und tiefer. Ganz bestimmte Substanzen in Nadeln und Rinde – Bioflavonoide genannt – wirken über die Haut und über die Atemwege beruhigend auf das vegetative Nervensystem.
- Und wenn Sie den Baum nach dem Fest auf einem dafür bestimmten Sammelplatz entsorgen, dann wird daraus oft noch Tannennadel-Badextrakt hergestellt. Tannennadel-Bad beruhigt, hilft zu hohen Blutdruck senken, hilft bei Migräne und Schlafstörungen.

Die gesundheitlichen Vorteile des Weihnachtsbaumes sind natürlich nur geringfügig, können niemals mit einer ärztlichen Behandlung verglichen werden und können auch keine anderen Hausmittel ersetzen. Aber es ist eine Unterstützung des Wohlbefindens. Ein Stück Winter-Wellness.

Gesundheit unterm Weihnachtsbaum

Zum Vorlesen am Heiligen Abend: eine weihnachtliche Geschichte von Prof. Hademar Bankhofer

Dichtes Schneegestöber erschwert die Sicht auf den Straßen der Stadt. Es ist Nachmittag, aber schon sehr dunkel. Bis zum Heiligen Abend sind es nur noch wenige Stunden.

Der 12-jährige Hannes hastet die Straße entlang, stürmt dann ins Haus, die Treppe hoch, eilt in die elterliche Wohnung und verkündet erschöpft und hochrot im Gesicht: „Schön war's beim Eislaufen!" – Gleichzeitig schleudert er seine Schlittschuhe einfach in eine Ecke des Wohnzimmers und schaut neugierig in die Wohnstube. Er will wissen, wie weit Vater und Mutter mit den letzten Weihnachtsvorbereitungen sind. Schnell schließt Vater die Türe und meint lächelnd: „Spionieren ist verboten. In ein paar Stunden kannst du das Weihnachtszimmer betreten. Zuvor aber nicht."

Mutter mischt sich ein: „Zieh dich endlich um und vergiss nicht aufs Händewaschen." Hannes stöhnt. Er lässt sich in einen Sessel fallen und mault: „Ich hab jetzt keine Lust. Ich bin müde. Das Eislaufen war anstrengend. Außerdem hab' ich Durst. Mir ist so schrecklich heiß..."

Vater stellt fest: „Das ist ein Grund mehr, dass du deine dicke Winterjacke endlich ausziehst. Komm, steh auf. Es gibt noch so viel zu tun." Dann fällt ihm ein: „Warst du eigentlich bei Großmutter? Oder hast du vergessen?"

Hannes kontert ungehalten: „Warum soll ich darauf vergessen haben? Ich war vor dem Eislaufen bei ihr. Ich habe Kuchen mit ihr gegessen..."

„Ja, und wann kommt sie heute zur Weihnachtsfeier?", erkundigt sich die Mutter ungeduldig.

Etwas eigen in der Stimme antwortet Hannes: „Sie nimmt ein Taxi und wird um sieben Uhr bei uns sein..." Bei diesen Worten verdreht er die Augen.

Vater wechselt mit Mutter einen kurzen Blick. Dann tritt er an seinen Sohn heran und fragt: „Was soll das? Hattest du Streit mit Großmutter?"

Hannes schüttelt den Kopf: „Nein, aber sie ist wirklich sehr eigen..."

„Wie meinst du das?"

Hannes murmelt ungehalten: „Na ja, wir haben über den heutigen Weihnachtsabend geredet. Und ich hab gefragt, was sie sich denn so an Geschenken wünscht. Und stellt euch vor, was sie gesagt hat: Ich wünsche mir nichts als Gesundheit unterm Weihnachtsbaum. Das ist das Wichtigste. Also, ich finde, so kann man das auch nicht sagen. Wozu hab ich ihr denn dann ein Geschenk gekauft? Ich verstehe Großmutter nicht."

Er wartet nicht ab, was die Eltern dazu sagen. Er zieht sich in sein Zimmer zurück. Er fühlt sich müde und erschöpft. Eine Zeit lang ist ihm heiß, sehr heiß. Dann friert er schrecklich. Schließlich hat er Schweißausbrüche und muss erbrechen. Mutter misst ihm die Temperatur. Hannes hat hohes Fieber. Der Hausarzt kommt auch am Heiligen Abend. Er stellt fest: Der Bub hat eine zünftige Grippe. Er muss unbedingt im Bett bleiben.

Hannes ist verzweifelt. Auch die beruhigenden Worte der Mutter trösten ihn nicht. Er fühlt sich schwach und lustlos. Vater tritt ans Krankenbett. Er hat eine Idee: „Mach dir nichts draus. Wir lassen die Türen offen. Dann kannst du den Christbaum zumindest zum Teil sehen. Und deine Geschenke legen wir dir aufs Bett. Und wenn du jetzt sehr müde bist, dann bringen wir sie dir gleich, damit du beruhigt einschlafen kannst. Der Arzt hat gesagt, du brauchst viel Ruhe."

Hannes hat plötzlich Tränen in den Augen: „Bitte, lasst die Geschenke draußen. Ich will sie jetzt nicht."

Mutter ist überrascht: „Aber du hast dich in erster Linie auf die Geschenke gefreut..."

Hannes erwidert ganz leise, während seine Stimme zittert: „Mit einem Mal sehe ich alles anders und kann Großmutter verstehen. Ich möchte mit euch gemeinsam vor dem Lichterbaum stehen. Das war alle Jahre so selbstverständlich für mich. Aber heute spüre ich es selbst: Großmutter hat Recht. Das Wichtigste ist die Gesundheit unterm Weihnachtsbaum..."

Fit für die Silvesternacht mit einem harten Ei

Wer den Jahreswechsel im Kreise von Freunden und Verwandten feiert und in der Sivesternacht wach bleibt, der greift irgendwann zu einem Glas Sekt, Champagner, Wein oder zu einem anderen alkoholischen Getränk. Man will einander ja um Mitternacht zuprosten. Wer sonst übers Jahr mit dem Alkohol mäßig umgeht, der braucht dabei kein schlechtes Gewissen zu haben. Allerdings sollte man vor der letzten Nacht des alten Jahres einiges zum Thema Alkohol wissen:

- Frauen vertragen weniger Alkohol und sind auch mehr gefährdet, einen gesundheitlichen Schaden davonzutragen. Der Grund: Frauen haben nicht so viel von dem Enzym Dehydrogenase im Körper wie Männer. Das Enzym hilft Alkohol abbauen. Zusätzlich bremst das Hormon Östrogen in der Leber den Alkohol-Abbau. Das alles führt zu einer höheren Blut-Alkohol-Konzentration bei der Frau, zu einer größeren Belastung der Leber. Frauen sollten nicht mehr als drei alkoholische Getränke pro Woche genießen – ab 20 g pro Tag (= 2 Gläser Bier oder 2 Gläser Wein) wirkt Alkohol für Frauen giftig, für Männer wirken 60 g Alkohol pro Tag giftig.
- Doch auch nicht alle Männer vertragen gleich viel Alkohol. Mehr gefährdet sind jene, die keine Haare auf der Brust haben. Das ist kein Scherz. Eine Untersuchung von Prof. Dr. Siegfried E. Miederer, Chefarzt des Johannes-Krankenhauses in Bielefeld hat ergeben: Männer mit reichlich Brusthaaren vertragen mehr Alkohol. Sie haben einen höheren Androgen-Hormonspiegel. Dadurch sind die Leberzellen besser geschützt.
- Achtung: Pro Stunde werden etwa 0,15 Promille Alkohol abgebaut.

Und so können Sie unangenehme Alkoholfolgen einer Silvesternacht vermeiden:

- Trinken Sie nicht zu viel. Mischen Sie niemals Sekt, Wein, Bier und Schnaps wild durcheinander. Bleiben Sie immer bei derselben Wein- oder Sektmarke. Vermeiden Sie kohlensäurehaltige Mineralwässer dazu. Kohlensäure fördert die Aufnahme des Alkohols in das Blut.
- Kaffee ist nicht in der Lage, die Wirkung des Alkohols zu verändern!
- Sehr wichtig ist eine vorbeugende Kräutertee-Kur zum Stärken der Leber. Trinken Sie einen Tag lang 1 Liter Mariendisteltee (Apotheke) ungesüßt. Die Bitterstoffe des Kräutertees helfen der Leber, den Alkohol abzubauen. Das kann auch der Brottrunk (Reformhaus) mit Hilfe seiner schützenden Brotsäure-Bakterien. Die haben ein enormes Entgiftungspotential.

- Ein altes sehr wirkungsvolles Hausmittel, ehe man in die Silvesternacht startet: Schälen Sie ein hartes Ei und schneiden Sie es in 2 Hälften. Nehmen Sie das Eigelb heraus und geben Sie in die Eiweiß-Mulde ein paar Tropfen Apfelessig, ein paar Tropfen Olivenöl und einen Klacks Senf. Dann legen Sie das Eigelb wieder an seinen Platz und essen – gut kauend – das ganze Ei. Das ist eine gute Grundlage, damit man den Alkohol besser abbaut.
- Alkohol treibt den Mineralstoff Magnesium aus dem Organismus. Bei vielen Menschen ist der Kater nichts anderes als das Symptom eines Magnesium-Mangels. Es macht Sinn, vorbeugend (und nach dem Fest) ein Magnesium-Präparat aus der Apotheke zu nehmen. Etwa 2 Magnesium-Kautabletten.
- Trinken Sie mehrmals am Tag zu Hause 1 Glas Rote-Bete-Saft. Der Eiweißbaustein Betain in der Roten Bete beeinflusst positiv den Fettstoffwechsel und entlastet die Leber bei ihrer Entgiftungsarbeit.

Prof. Bankhofers

heißer Tipp für die kalte Zeit:

Ehe Sie sich in die Silvesternacht stürzen, kauen Sie 3-mal im Stundentakt ein Stück Vollkornbrot, auf das Sie 5 Tropfen Nux vomica (homöopathische Tinktur aus der Brechnuss) geträufelt haben.

So vertreiben Sie den Silvester-Kater

Viele gehen mit den besten Vorsätzen in den Jahreswechsel. Und dann trinken Sie im Kreise von Freunden, Verwandten oder Bekannten in der Silvesternacht doch viel zu viel. Ja, und dann beginnt das neue Jahr mit einem zünftigen Silvester-Kater. Wenn Sie am Neujahrsmorgen mit einem dicken Kopf aufwachen und den "Kater" ganz schnell wieder loswerden wollen, dann können Sie unter folgenden Rezepten wählen:

- Wenn die Alkoholfolgen nicht allzu groß sind: Pressen Sie 1/4 Liter Orangensaft, rühren Sie 4 Esslöffel Honig dazu. Langsam trinken. Nach 15 Minuten 1 Schnapsgläschen Artischockensaft (Reformladen) trinken.
- Ebenfalls gegen den "kleinen" Silvester-Kater: Kauen Sie intensiv 2 Rollmöpse und eine Salzgurke. Auch ein 1/2 Salzhering leistet gute Dienste.
- Fällt der Kater etwas stärker aus, dann mixen Sie folgendes Getränk: In 1/4 Liter Tomatensaft werden

Wenn der „Kater" schnurrt...

1 rohes Eigelb und 1 Teelöffel Worcestersoße eingerührt. Mit Pfeffer und Kräutersalz würzen. Zügig trinken.

- Es gibt auch einen sehr einfachen, aber wirkungsvollen Akupressur-Griff gegen den Kater: Setzen Sie den Zeigefinger der rechten Hand genau im Nacken an und massieren Sie entlang der Mitte der Schädeldecke bis zur Stirn nach vorne. Wiederholen Sie die Massage immer wieder.

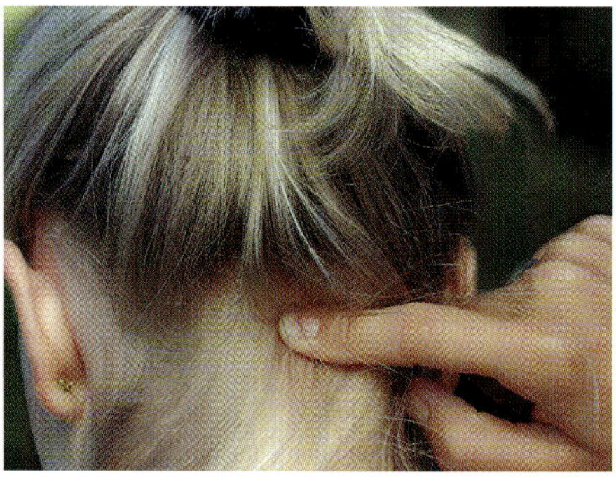

Akupressur-Griff gegen den Kater.

- Besorgen Sie sich aus der Apotheke oder Drogerie Japanisches Heilpflanzenöl, geben Sie alle 2 Stunden einen Tropfen auf die Zunge. Tief durch den Mund ein- und durch die Nase ausatmen.

- Und hier die Superwaffe gegen den Silvester-Kater: Bereiten Sie einen Teller Haferflockensuppe, am besten aus Vollkornhaferflocken. Gießen Sie nun 1 Tasse Bohnenkaffee und den Saft von 1/2 Zitrone dazu. Umrühren. Mit Todesverachtung essen. Sieht scheußlich aus, schmeckt scheußlich, ist aber sehr wirksam!

Abnehmen nach dem Fest: So bremsen Sie den Heißhunger

Wenn die Feiertage vorbei sind, müssen viele feststellen, dass sie zugenommen haben. Aber wer hat jetzt Zeit, Geld und Lust auf eine Diät? Nicht notwendig. Bauen Sie so genannte Appetit-Bremsen in Ihre tägliche Nahrung ein, dann schaffen Sie es auch. Früher war es üblich, dass man in so einer Situation zu einem so genannten Appetitzügler aus der Apotheke griff. Heute weiß man, dass diese chemischen Medikamente gesundheitsschädlich und lebensgefährlich sein können. Daher: Hände weg davon. Die Natur bietet eine Menge Tricks, die ohne Nebenwirkungen Heißhunger und Appetit bremsen können.

- Starten Sie ab sofort jede Mahlzeit mit einem wertvollen Naturprodukt, das dem Organismus Vitamine, Mineralstoffe, Spurenelemente und Enzyme zuführt, aber schnell satt macht, sodass Sie dann nicht mehr viel Kalorienbomben essen können. Also: Vor jeder Mahlzeit 1/2 Zuckermelone oder 2 bis 3 Äpfel essen. Vorsicht: Weniger davon regt den Appetit an.

- Besorgen Sie sich aus der Apotheke oder Drogerie getrocknete Salbeiblätter. Kauen Sie über den Tag verteilt 2 bis 3 Blätter und spucken Sie sie dann wieder aus. Sie haben dann keinen verführerischen Heißhunger. Das erreichen Sie auch, wenn Sie tagsüber mehrmals mit einem Mundwasser (Apotheke) gurgeln, das Menthol oder Pfefferminze enthält.

- Der wohl älteste Trick, wie man den Hunger bremst, stammt von Pfarrer Sebastian Kneipp und bewährt sich auch heute noch bestens. Trinken Sie zu jeder vollen Stunde tagsüber 1/4 Liter Wasser, eventuell mit ein paar Tropfen Zitronensaft.

- Es gibt auch Kräutertees, deren Inhaltsstoffe in uns weniger Appetit aufkommen lassen. An erster Stelle eignet sich dazu der Matetee (Apotheke), den man früher das „flüssige Gold der Inkas" genannt hat. Der Tee aus den Blättern des indianischen Mate-Baumes in Südamerika ist kein Schlankheitstee, wie oft fälschlicherweise angenommen wird. Er setzt allerdings das Hungergefühl herab. Das macht ihn zu einer wertvollen Unterstützung beim Abspecken. Man trinkt 2- bis 3-mal täglich 1 Tasse.

- Eine wunderbare Ess-Bremse ist auch die frische Kresse, die Sie in jedem Gemüseladen bekommen. Die Kresse ist reich am Spurenelement Chrom und Chrom reguliert unser Gefühl des Sattseins. Wer täglich 1 Hand voll roher Kresse im Salat oder auf dem Brot isst, wird bald merken, dass er weniger Hunger hat.

- Einen ähnlichen Effekt erreicht man, wenn man über den Tag verteilt 1 ganze frische Ananas verzehrt.

- Man kann auch mit zwei Akupressur-Griffen den Hunger bremsen. Der erste Griff: Suchen Sie mit dem Zeigefinger und dem Daumen in der linken Ohrmuschel den kleinen Knorpel vor dem Gehörgang. Das ist der Ohrpunkt Nr. 13. Massieren Sie diesen Knorpel 1 bis 2 Minuten, machen eine Pause und wiederholen mehrmals die Massage. Der zweite Griff: Suchen Sie mit dem Mittelfinger der rechten Hand den Punkt, der genau über der Mitte der Oberlippe zwischen Nase und Oberlippe liegt. Hier drücken Sie vibrierend in kreisenden Bewegungen 30 Sekunden, machen eine Pause und wiederholen die Übung mehrmals.

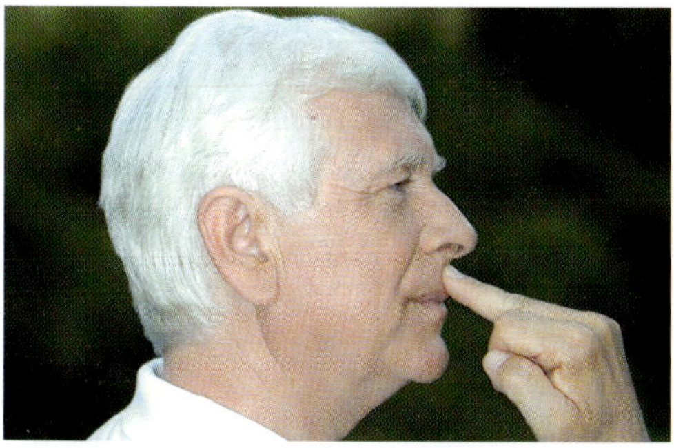

Akupressur-Griff als Hungerbremse.

Der gute Vorsatz fürs neue Jahr: Mit Schwung in den Tag

Wenn das alte Jahr zu Ende geht, hat man gute Vorsätze und die sollte man auch realisieren. Dazu gehört zum Beispiel der Wunsch: „Wenn ich am Morgen nur aufstehen könnte und mehr Schwung hätte!" Dieses Problem wird gleich nach den Feiertagen aktuell, wenn uns der Alltag wieder einholt. Es ist keine Zauberei, diesen Vorsatz zu verwirklichen.

Es gibt tausende Ausreden, warum man am Morgen so wenig Energie hat und nur mit Unwillen aus dem Bett steigt. Der Bio-Rhythmus ist schuld. Man ist von Natur aus ein Abendmensch, man hat einen zu niedrigen Blutdruck. Das alles kann schon so sein. Aber es ist nicht schwer, diese Hürden zu meistern. Das Wichtigste ist, dass man genügend Zeit für die ersten Schritte in den Tag einplant.

Vor dem Aufstehen: gut durchstrecken!

- Stellen Sie im neuen Jahr den Wecker 15 Minuten früher und füllen Sie diese Zeit für ein ganz persönliches Fitnessprogramm aus: Bleiben Sie im Bett liegen, heben und senken Sie die gestreckten Beine. Atmen Sie im Liegen tief durch. Dann stützen Sie die Hände in die Hüften, heben die Beine und machen in der Luft Radfahr-Bewegungen. Schließlich steigen Sie aus dem Bett und machen gleich neben dem Bett stehend die einfachste Gymnastikübung der Welt: Stellen Sie sich auf die Zehenspitzen und wippen Sie 20-mal auf und ab.

- Jetzt begeben Sie sich in die Küche und trinken vorerst ein Glas Wasser. Das ist wichtig für die Verdauung und für den Kreislauf. Dann schalten Sie das Radio ein und stellen das Wasser für den Kaffee oder Tee zu. Danach geht es ab auf die Toilette, auf der Sie sich etwas Zeit lassen sollten.

- Viele von uns haben am Körper bestimmte Schwachstellen, die Ihnen schon am Morgen zu schaffen machen. Auch da kann man oft mit einfachen Übungen etwas tun. Gegen Verspannungen im Nacken und in den Schultern stellen Sie sich aufrecht hin und heben und senken die Schultern. Gegen Schmerzen im Kreuz kneifen Sie mehrmals die Pobacken zusammen.

- Und dann sollten Sie jeden Morgen ein General-Service für die Wirbelsäule durchführen: Stellen Sie sich gerade hin. Die Arme hängen neben dem Körper herab. Die Handflächen weit nach vorne drehen, damit die Schultern gerade sind. Jetzt Kinn zur Brust, einatmen und auf die Zehenspitzen erheben. In dieser Position kurz anhalten, dann die Füße wieder auf den Boden stellen und dabei ausatmen. Die Übung muss 10-mal wiederholt werden. Danach geht es unter die Dusche.

- Wer morgens träge ist, braucht speziell im Winter auch noch einen Wärmeschub von innen. Legen Sie 2 bis 3 dünne Scheiben von einer frischen Ingwer-Wurzel in eine Tasse, gießen Sie kochendes Wasser darüber, lassen Sie das Ganze 5 Minuten ziehen. Dann trinken Sie den Ingwertee in kleinen Schlucken. Das gibt Energie.

- Auch ein neues Frühstücksprogramm im neuen Jahr ist sehr wichtig. Das gibt Kraft und Schwung: Müsli mit kleinen Stücken von frischem Obst, Fruchtjogurt, Haferbrei oder Haferflocken-Suppe, Dinkelgrieß-Brei oder Vollkornbrot mit etwas Butter, Kräuterquark, Tomaten, Radieschen und Paprika. Wichtig zu wissen: Schinken am Morgen macht fit, Rührei hingegen macht müde. Das ist auf das Fett zurückzuführen, mit dem es zubereitet wird.

Gesünder wohnen, leben und arbeiten in der kalten Jahreszeit

Wenn es draußen kalt und ungemütlich ist, dann lässt sich der Winter leichter in einer wohligwarmen, gemütlichen Wohnung ertragen. Wir müssen darauf achten, dass wir in der kalten Jahreszeit eine gute, gesunde Raumluft haben, gut schlafen können und nicht unter dem Problem einer Hausstauballergie leiden müssen. Das ist wichtig für Körper, Geist und Seele. Am Arbeitsplatz müssen wir darauf achten, dass es keine Fallen für die Gesundheit gibt. Für einige Probleme, die auftauchen könnten, gibt es Lösungen. Hier ein paar Beispiele. . .

Putzen kann gefährlich sein: So schützen Sie sich vor Giften

Ein sauberes Zuhause ist die Voraussetzung für gemütliches Wohnen im Winter. Der Küchenboden soll glänzen. Auf den Möbeln darf kein Staub liegen. Überall soll es frisch und rein riechen. Dafür gibt man schon einiges an Geld aus. Im Abstellraum stehen fast in jedem Haushalt zahlreiche Reinigungsmittel, die uns beim Saubermachen unterstützen sollen: Allzweck-Reiniger für den Boden, Glas-Reiniger für Spiegel und Fenster, Desinfektionsmittel für das Badezimmer. Und immer kommt Neues auf den Markt.

Allerdings ist das nicht ganz unbedenklich. Der häufige Gebrauch von solchen chemischen Reinigungsmitteln ist im Haushalt und Berufsleben üblich. Aber keiner denkt dabei an die Risiken für die Gesundheit. Und die sind gar nicht so gering. Vor allem die Haut – unser größtes Organ – kommt bei jedem Putzen oder Spülen mit aggressiven Substanzen in Kontakt. Die Folge: Durch die regelmäßige Belastung chemischer Substanzen wird die Haut geschädigt. Es handelt sich bei den Reinigungsmitteln sehr oft um giftige Stoffe, welche die obere Schutzbarriere der Haut zerstören.

Das bedeutet, dass schädigende Umwelteinflüsse nicht mehr optimal abgewehrt werden können. Auch Allergien auslösende Stoffe haben die Möglichkeit, tief in die ungeschützte Haut einzudringen. Langfristig kommt es zu einer Austrocknung der Haut. Es bilden sich Risse, einzelne Hautpartien entzünden sich. Darauf reagiert der ganze Körper und setzt Entzündungsstoffe frei. Als Abwehr gegen die schädigenden Chemikalien bildet sich ein Kontaktekzem. Die betroffenen Hautstellen jucken, brennen, weisen starke Rötungen, mitunter sogar Schwellungen auf.

Man darf so etwas nicht auf die leichte Schulter nehmen. Etwa 10 Prozent der deutschen Bevölkerung leiden an so einem Kontaktekzem. Jedes Jahr erkranken weitere 5,6 Millionen Menschen.

- Eine Möglichkeit, ein Ekzem zu vermeiden, ist beim Saubermachen der Gebrauch von Schutzhandschuhen. Aber auch die werden von vielen Menschen schlecht vertragen.
- Eine andere Lösung: Man meidet die chemischen Stoffe generell.
- Wissenschaftler der deutschen Chefaro-Forschung haben ein Hautschutz-Programm mit einem dermatologischen Hautschaum entwickelt. Es handelt sich in der Zusammensetzung um einen Euvalon-Schaum, der in seiner Struktur der Haut nachempfunden ist. Seine Inhaltsstoffe können daher vollständig und rasch in die Haut eindringen und bilden unter der obersten Hautschicht eine Schutzbarriere. Auf diese Weise wird das Risiko für eine Ekzembildung vermindert. Auftretende Symptome wie Juckreiz oder Brennen auf der Haut werden deutlich abgeschwächt.

Der dermatologische Schaum sorgt dafür, dass die Haut in ihrem Gleichgewicht bleibt.

Man kann beruhigt allen notwendigen Tätigkeiten im Haushalt und am Arbeitsplatz nachgehen.

Prof. Dr. Peter Elsner hat den neuen dermatologischen Hautschaum am Klinikum für Dermatologie und Allergologie an der Friedrich-Schiller-Universität Jena im Rahmen einer Studie getestet: Der Schaum schützt die Haut 6 bis 8 Stunden. Er ist frei von Duftstoffen, enthält keine Reizsubstanzen. Man kann sofort nach Auftragen mit dem Putzen beginnen.

Den dermatologischen Schaum gibt es in der Apotheke. Es gibt auch einen Extra-Schaum gegen Windel-Dermatitis.

So bleiben Sie gesund in der Winterwohnung

Husten, Halsschmerzen, verstärkte Infektanfälligkeit, Atemwegsprobleme, Kopfschmerzen, Leistungsabfall: Das sind einige von vielen Befindlichkeitsstörungen und Krankheiten, an denen im Winter viele Menschen durch eigenes Verschulden leiden. Viele Menschen trocknen nämlich in ihren Wohnungen im wahrsten Sinn des Wortes aus. Sie leben in Räumen mit zu wenig Luftfeuchtigkeit. Das kann gefährlich werden.

Untersuchungen haben ergeben, dass es im Winter während der Heizperiode in vielen Wohnungen und an vielen Arbeitsplätzen zu warm ist und dass die Luftfeuchtigkeit mitunter unter 20 Prozent liegt. In den Schulen ist die Situation oft besonders bedenklich. Schuld daran sind unsere modernen Heizsysteme, allen voran Zentralheizungen und Klimaanlagen.

Bei zu trockener Raumluft trocknen auch unsere Schleimhäute aus und werden damit zum Tummelplatz für viele Krankheitserreger. Unsere Haut wird auch trockener, bekommt schneller Falten und altert rascher. Das alles wird noch durch die Tatsache gefördert, dass die meisten von uns viel zu wenig Flüssigkeit zu sich nehmen.

Ein ganz wesentlicher Faktor zur mangelnden Luftfeuchtigkeit in unseren Räumen ist das falsche Lüften. Viele lassen das Fenster zu lange offen. Dadurch gelangen große Mengen Winterluft in den Raum. Und diese Luft wird – was wenige wissen – durch den Kontakt mit der Heizung sehr, sehr trocken, auch wenn es draußen regnet und schneit. Kalte Winterluft draußen ist trocken. Wenn Sie lüften, dann nur ganz kurz, dafür aber öfter. Man nennt das „Stoßlüften". Ständig gekippte Fenster stellen einen großen Energieverlust dar. Die Zugluft fördert rheumatische Beschwerden.

Andere wieder öffnen viel zu wenig die Fenster, weil sie Angst haben, zu viel Wärme nach draußen zu verlieren. Man sollte aber wissen: Verbrauchte Luft macht müde. Mangelnder Luftaustausch fördert die Vermehrung von Haustaubmilben, Keimen, Schimmelpilzen und Schadstoffen.

Was also können wir tun, damit unser Raumklima im Winter gesünder wird, damit unsere Schleimhäute widerstandsfähig werden, damit wir uns in geheizten Räumen wohl fühlen?

- Die ideale Luftfeuchtigkeit sollte 50 – 60 Prozent betragen, am besten bei einer Raumtemperatur von 22 – 23 °C. Dies lässt sich an Hand eines Hygrometers kontrollieren, den man heute schon sehr oft mit einem Thermometer kombiniert in jedem Warenhaus kaufen kann.
- In Schlafräumen sollte eine Temperatur von ca. 18 °C herrschen. Im Badezimmer sollte das Thermometer 22 – 24 °C zeigen. Je höher die Raumtemperatur ist, desto höher ist die Konzentration von Schadstoffen aus Möbeln und Bodenbelägen in der Wohnungsluft.

- Vorsicht: Auch zu viel Luftfeuchtigkeit ist gesundheitsschädlich. Es vermehren sich dann die Hausstaubmilben enorm. Und Allergiker, die von den Exkrementen dieser Milben Asthma-Anfälle und Hautausschläge bekommen, müssen besonders leiden.

  Und es kann zu Schimmelpilzbefall kommen – auch ein schlimmes Problem für Allergiker.

- Stellen Sie für eine richtige Luftbefeuchtung auf die Heizkörper der Zentralheizung Schalen mit warmem Wasser, damit genügend Flüssigkeit verdampfen kann.

- Oder machen Sie es wie unsere Großmütter: Hängen Sie feuchte Tücher in der Wohnung auf. Lassen Sie ganz einfach Ihre frisch gewaschene Wäsche auf diese Weise trocknen. (Aber nicht zu häufig!)

- Schaffen Sie sich in Wohnzimmern Zimmerpflanzen an. Sie sorgen nicht nur dafür, dass verbrauchte, müde machende Luft in Sauerstoff umgewandelt wird, sondern sie tanken Feuchtigkeit und geben diese auch wieder ab. Besonders vorteilhaft für die entsprechende Raum-Luftfeuchtigkeit sind Pflanzen mit großflächigen, saftigen Blättern.

- Wenn Sie sich in Ihrer Wohnung neu einrichten, dann verzichten Sie auf lackierte Möbel und Kunststoffböden. Naturholz speichert Feuchtigkeit und gibt sie auch wieder ab.

- Wenn das alles nichts nützt und man mit all diesen Methoden die Luftfeuchtigkeit nicht auf 50 Prozent bekommen kann, dann muss man sich für den Ankauf eines elektrischen Luftbefeuchtungsgerätes entscheiden. Im Handel werden verschiedene Ausführungen angeboten. Aber auch da gilt die Regel: nicht unbegrenzt laufen lassen, weil die Luft sonst zu feucht wird. Außerdem müssen diese Geräte regelmäßig gesäubert werden, sonst sind sie gefährliche Bakterienlieferanten.

Zimmerpflanzen – gut fürs Raumklima.

- Ganz wichtig für das Raumklima ist, dass Sie in geheizten Räumen auf das Rauchen von Zigaretten, Zigarren und Pfeifen verzichten.

- Sehr sinnvoll ist es auch, in der kalten Jahreszeit die Raumluft mit ätherischen Ölen zu verbessern. Geben Sie in eine Wasserschale 5 – 7 Tropfen Eukalyptus-, Lavendel- oder Zitronenöl. Man nimmt die Gerüche aus der Raumluft auf und kann damit spezielle gesundheitliche Effekte erzielen. Lavendelöl beruhigt die Nerven, Zitronenöl macht vital und verbessert die Stimmung. Eukalyptusöl stärkt die Bronchien und fördert die freie Atmung. Allergiker müssen das sehr vorsichtig versuchen, ob es ihnen gut tut.

Gesundheitsrezepte für den Arbeitsplatz

Viele von uns sitzen zu Hause oder am Arbeitsplatz stundenlang vor dem Computer. Das belastet und stresst den Organismus in der kalten Jahreszeit ganz besonders, weil die meisten – im Gegensatz zum Sommer – keinen Ausgleichssport treiben. Grund genug, dass wir ein wenig darüber nachdenken, wie wir trotz Computer-Technik gesünder leben können.

Wer viele Stunden am Tag vor dem Computer verbringt, kann taube Fingerspitzen, Entzündungen an den Handgelenken, verspannte Nacken-, Schulter- und Rückenmuskeln, aber auch Kopfschmerzen bekommen. Die Augen werden stark belastet. Man muss sich das so vorstellen: Pro Arbeitstag macht man bis zu 33.000 Kopf- und Augenbewegungen zwischen Monitor, Tastatur und Vorlage. Da muss man schon einiges tun, um gesund zu bleiben:

- Machen Sie pro Stunde 5 – 10 Minuten Bildschirmpause. Nützen Sie die Zeit, um aufzustehen, umherzugehen, frische Luft einzuatmen und in die Ferne zu schauen, wenn möglich ins Grüne.
- Da man bei der Arbeit am Bildschirm fast keine Lidschläge macht, produzieren die Augen zu wenig Tränenflüssigkeit und trocknen aus. Zwinkern Sie daher so oft wie möglich mit den Augenlidern, damit die Augen wieder Feuchtigkeit bekommen.
- Achten Sie darauf, dass Ihr Bildschirm dreh- und neigbar ist, damit Sie ihn individuell für sich einstellen können. Die Höhe ist richtig eingestellt, wenn die oberste Textzeile der Augenhöhe entspricht. Eine Blickneigung von etwa 30° wird als angenehm empfunden. Der Abstand zum Monitor sollte 50 – 70 cm betragen.
- Natürliches Licht darf immer nur seitlich auf den flimmerfreien Bildschirm auftreffen.
- Der Stuhl, auf dem man sitzt, sollte in der Höhe verstellbar sein, muss eine Lehne haben. Unter- und Oberarme müssen ungefähr einen rechten Winkel bilden, wenn Sie die Hände auf der Tastatur liegen haben. Auch die Ober- und Unterschenkel sollten einen rechten Winkel bilden. Die Fußsohlen sollten vollständig am Boden stehen.

Computerarbeit macht müde Hände. Hier einige Entspannungsübungen für zwischendurch:

- Trommeln Sie mit den Fingerspitzen auf die Schreibtischplatte.
- Oder drücken Sie alle Finger 6 Sekunden lang fest auf den Tisch.
- Legen Sie die Handflächen wie zum Gebet aneinander und spreizen Sie die Finger so weit es geht.
- Strecken Sie die Arme nach vorn, drehen die Handflächen zueinander, spreizen die Finger abwechselnd und ballen die Hände zur Faust.

- Sehr angenehm: Lassen Sie im aufrechten Sitzen zu beiden Seiten die Arme locker herabhängen und drehen Sie die Handflächen, bis Sie einen leichten Widerstand spüren. Zählen Sie dabei bis 5 und wiederholen Sie die Übung 3-mal in jede Richtung.

- Sehr verbreitet ist die Sehnenscheiden-Entzündung, auch „Maus-Arm" genannt, weil die Sehne der rechten Hand durch die stundenlange Arbeit an der Computer-Maus strapaziert und überfordert wird.

- Vorbeugend sollten Sie Maus-Pausen einlegen, einen Tennisball zwischen den Fingern kneten und darauf achten, dass Sie beim Bedienen der Maus nicht den Arm aufstützen. Sehr sinnvoll ist es, sich eine ergonomische Maus anzuschaffen. Sie kann körpernah bedient werden. Die Finger liegen entspannt und nicht verkrampft auf. Die Schultern werden nicht hochgezogen und sind daher auch nicht verkrampft.

- Kleiden Sie sich bei der Arbeit am Schreibtisch bequem. Tragen Sie keine engen Gürtel und keine zu engen Schuhe. Das alles kann im Sitzen zur Qual werden.

- Wer schwache Venen hat, muss zwischendurch immer wieder aufstehen und umhergehen. Am besten, Sie gehen jedes Mal selbst zum Fotokopierer oder zum Fax-Gerät. Gewöhnen Sie sich an, im Stehen zu telefonieren. Dabei sollten Sie eine Gymnastikübung durchführen, mit der man die Beinvenen stärken kann: Wippen Sie während des Telefongesprächs auf den Zehenspitzen auf und ab.

- Das Lieblingsgetränk in den meisten Büros ist Kaffee oder Schwarztee, bei Gesundheitsfans ist es grüner Tee. Als alleiniges Getränk ist das alles schlecht, weil Kaffee, Schwarztee und grüner Tee viel Flüssigkeit austreiben. Trinken Sie über den Tag verteilt zusätzlich 2 bis 3 Liter Wasser oder ungesüßten Kräutertee. Das ist wichtig für den Kreislauf und fürs Denken. Wer zu wenig trinkt, bekommt Konzentrationsschwierigkeiten und kann in eine depressive Verstimmung fallen.

- Achten Sie darauf, dass der Arbeitsraum, in dem Sie sitzen, nicht überheizt ist. Die ideale Temperatur ist 20 – 25 °C.

- Wenn Sie rauchen: Geben Sie es auf. Der Rauch reizt die Augen ganz besonders am Arbeitsplatz, weil er durch den Computer elektrisch aufgeladen wird.

- Es ist sinnvoll, Pflanzen am Arbeitsplatz aufzustellen. Viele können die von Elektrogeräten und Möbeln abgegebenen Raumgifte neutralisieren. Als Super-Giftfresser gelten der Drachenbaum, die Grünlilie und der Efeu. Die Pflanzen geben Sauerstoff ab, erhöhen die Luftfeuchtigkeit und tun mit ihrem Grün den Augen gut. Vorsicht: Die beliebten Gummibäume können Allergien auslösen.

So schaffen Sie eine gesunde Atmosphäre im Schlafzimmer

Jeder Dritte leidet an Einschlaf- und Durchschlafstörungen. Viele nehmen starke Medikamente mit Nebenwirkungen. Dabei wäre es besser und gesünder, zuerst Umschau zu halten, ob nicht äußere Einflüsse den Schlaf stören. Störfaktoren belasten besonders in der kalten Jahreszeit.

- Wer vor den Fenstern keine Vorhänge oder Jalousien hat, der wird oft die ganze Nacht durch Lichteinfall von draußen gestört: von Scheinwerfern, Straßenbeleuchtung oder Leuchtreklamen. Andere wieder haben am Nachttisch eine Lampe brennen. Das alles ist schlecht. Eine Studie am Nationalen Institut für Gesundheit in Bethesda, USA, hat bewiesen: Licht während des Schlafes stört den Tag- und Nacht-Rhythmus des Menschen. Die Produktion des Schlafhormons Melatonin wird gestört.
- Trockene Luft im Schlafzimmer trocknet die Mund- und Nasenschleimhäute aus. Damit können Viren und Bakterien leichter in den Organismus. Das Immunsystem läuft auf Hochtouren und stört den tiefen Schlaf.

Besser: Wecker mit Batterie.

- Sensible Menschen sollten im Schlafzimmer kein Fernsehgerät stehen haben. Die elektromagnetischen Wellen können den Schlaf behindern. Dasselbe gilt für einen Radiowecker, der zu nahe beim Kopf steht. Am besten, man stellt den Wecker weit weg vom Bett. Das hat den Vorteil, dass man das Gerät morgens im Halbschlaf nicht mit einem Handgriff ausschalten und weiterschlafen kann. Man muss aufstehen. Wer sich durch elektrischen Strom gestört fühlt, kann sich vom Elektriker eine Anlage montieren lassen, die es ihm ermöglicht, mit einem Knopfdruck beim Zu-Bett-Gehen den Strom aus dem Schlafzimmer zu verbannen.
- Es kann sich sehr auf die Schlafqualität auswirken, wenn man abends einen allzu aufregenden oder brutalen Film im Fernsehen anschaut. Das Riechen an einem Fläschchen mit Orangenblüten- oder Lavendelöl kann da sehr beruhigen.
- Man sollte aber auch Streit und nervende Diskussionen vor dem Zu-Bett-Gehen vermeiden. Der Mensch braucht beim Einschlafen Harmonie.
- Pflanzen im Schlafzimmer können den Schlaf gehörig stören: alle stark riechenden Blumen wie etwa Orchideen, Hyazinthen und Lilien haben in Bettnähe nichts zu suchen, allerdings können Rosen den Schlaf fördern. Aber auch Aloe vera,

Bogenhanf und Alpenveilchen sind fürs Schlafzimmer zu empfehlen. Sie wandeln nämlich auch nachts schlechte Luft in Sauerstoff um, was alle anderen Pflanzen nur tagsüber tun. Allergiker und kranke Menschen sollen alle Pflanzen in Schlafräumen meiden.

- Oft kann man bloß nicht schlafen, weil Kopf und Schultern auf zu hohen Kissen gebettet sind. Eine sinnvolle Alternative ist eine Nackenrolle oder ein Kissen gefüllt mit Dinkelspelz, das man sich beim Zu-Bett-Gehen zurechtformen kann.
- Achten Sie darauf, dass Sie auf einer guten Matratze liegen. Sie darf nicht durchhängen, darf auch nicht zu hart sein. Matratzen sollten alle 8 – 10 Jahre erneuert werden. Sie nehmen viel Schweiß auf und sind über und über mit Hausstaubmilben besiedelt.
- Vor dem Zu-Bett-Gehen darf man nicht zu viel und zu üppig essen. Man sollte zwei Stunden vorher nicht rauchen. Im Schlafzimmer selbst sollte überhaupt nie geraucht werden.
- Bettzeug und Nachtkleidung müssen leicht und atmungsaktiv sein.
- Wer im Winter am Kopf unter Kälte leidet, sollte mit einer Wollmütze oder Leinenhaube zu Bett gehen.
- Ein altes Imker-Rezept für einen gesunden, tiefen Schlaf in der kalten Jahreszeit: In 1 Glas warmes Wasser 4 Esslöffel Honig, 2 Teelöffel Blütenpollen und 3 Teelöffel Apfelessig einrühren. Langsam trinken.

So bekämpfen Sie Schimmelpilze in der feuchten Wohnung

Ein unangenehmes Problem im Winter sind feuchte Wände und Schimmelpilze. Sie sind nicht nur hässlich anzusehen, sondern gefährden auch unsere Gesundheit. Wer Staubsporen von Schimmelablagerungen einatmet, kann davon schwere Atemwegsbeschwerden bekommen – und zwar nicht nur Allergiker!

Es gibt viele verschiedene Ursachen für feuchte Wände in der Wohnung. Doch es gibt dagegen erfolgreiche Maßnahmen:

Ursache Nr. 1: Besonders häufig findet man heutzutage feuchte Wände in Neubau-Wohnungen. Neue Häuser werden in unserer Zeit sehr schnell bezugsfertig gemacht. Die Wände sind noch nicht vollkommen ausgetrocknet.

Neubau-Wohnungen sind oft feucht.

Das müssen Sie tun: Verzichten Sie an den Innenwänden auf wasserabweisende Dispersionsanstriche. Speziell in den ersten 2 Jahren müssen Sie viel lüften. Zweimal am Tag alle Fenster öffnen, damit ein schneller Luftaustausch erfolgen kann. Alle Räume einer großen Wohnung müssen beheizt werden, damit die Wände besser austrocknen.

Ursache Nr. 2: Durch Küchendämpfe und Dämpfe im Badezimmer setzt sich Luftfeuchtigkeit an kalten Bauteilen der Wohnung ab: z. B. an Kanten und Ecken von Außenwänden.

Das müssen Sie tun: Durch Hohlkehlen-Verputz kann man die Oberflächen-Temperatur in Ecken erhöhen und Kondenswasser verhindern.

Ursache Nr. 3: Durch Bauschäden, durch eine defekte Dachrinne, durch einen undichten Abfluss oder nassen Erdboden an der Hauswand zieht Feuchtigkeit in die Wände ein.

Das müssen Sie tun: Das Haus, in dem Sie wohnen, sollte von einem Bau-Fachmann trockengelegt werden. Bauschäden müssen so rasch wie möglich behoben werden.

Ursache Nr. 4: Viele, die durch Kochen, Wäsche trocknen und Duschen Luftfeuchtigkeit in der Wohnung produzieren, stellen einen Ventilator auf und wundern sich, dass das keinen Erfolg bringt.

Das müssen Sie tun: Wenn Sie mit Hilfe eines Ventilators die Bildung von Schimmelpilzen verhindern wollen, dann müssen Sie gleichzeitig gründlich lüften. Der Ventilator wirbelt nur die Luft durcheinander und verbraucht enorm viel Strom. Nur, wenn frische Luft nachgeliefert wird, kann der Ventilator die Feuchtigkeit wegblasen.

Das sind alles Maßnahmen, damit man feuchte Wände verhindert oder austrocknet.

Wenn nun aber so eine Wand bereits von einem Schimmelpilz befallen ist, dann muss man auch wissen, wie man ihn beseitigt:

- Reiben Sie den Schimmelbelag mit einer Drahtbürste ab. Sie sollten dabei eine Staubmaske (Apotheke) vor dem Mund tragen und Gummihandschuhe verwenden.
- Eine Tapete mit Schimmelpilzen sollte man komplett entsorgen. Mitunter hilft es, die betroffenen Stellen mit Haushaltsessig abzureiben und zu trocknen.
- Nicht nur das Trockenhalten einer Wand ist wichtig. Schimmelpilze können sich erst gar nicht bilden, wenn im Badezimmer und anderen Nass-Räumen peinliche Hygiene herrscht, wenn vor allem die Wände sauber gehalten werden.

Allergien im Winter: So schützen Sie sich

Wenn es draußen eiskalt ist und uns der Winterwind um die Ohren bläst, wenn es draußen in der Natur keine Blätter an den Bäumen gibt, dann können die Pollen-Allergiker aufatmen. Dafür aber ist eine schlimme Zeit für all jene, die unter Hausstauballergie und Tierhaar-Allergie leiden, weil sie sich in der kalten Jahreszeit vorwiegend in Räumen aufhalten.

Rund 4 Millionen Mitteleuropäer leiden an der Hausstauballergie, 2 Millionen davon sind Frauen. Es handelt sich dabei – wie bei allen Allergien – um eine krankhafte Überreaktion des Immunsystems auf ganz spezielle Belastungen der Umwelt. Verursacht wird die Hausstauballergie von Milben, winzigen Spinnentieren. Sie leben im und vom Hausstaub. Nicht die Tierchen selbst, sondern die Milben-Exkremente machen dem Allergiker zu schaffen, wenn sie mit dem Hausstaub in die Atemwege gelangen. Die Folge: Husten, Fieber, Asthmaanfälle, Migräne und Hautausschläge.

Hausstauballergiker haben oft entzündete Augen, leiden an Schnupfen und häufigem Niesreiz. Die Gefahr: Wer nichts gegen das Leiden unternimmt, kann binnen 8 Jahren ein schweres Asthma entwickeln. Grundsätzlich kann jeder in jedem Alter eine Hausstauballergie bekommen. Allerdings sind manche Menschen mehr gefährdet. Stadtbewohner leiden häufiger unter so einer Allergie. Am wenigsten klagen Bergbewohner über 1.500 m Höhe über eine Hausstauballergie, da die trockene Höhenluft für die Milben unerträglich ist.

Kinder, deren Eltern Asthmatiker sind, besitzen ein 40 – 60 Prozent höheres Risiko, an einer Allergie zu erkranken. Auch der sehr frühe Kontakt mit dem Kot der Hausstaubmilben über die Matratze kann die Ursache von kindlichem Asthma sein.

Es handelt sich bei der Hausstauballergie um ein besonders heimtückisches Leiden, weil man ihm nicht ausweichen kann.

Mit einer Reihe von wichtigen Maßnahmen kann sich der betroffene Allergiker in den kalten Monaten in seiner Wohnung helfen, kann sich so vor der Allergie schützen:

- Halten Sie Ihre Wohnung trocken, möglichst staubfrei. Lüften Sie die Räume gut durch. Allerdings gilt die Regel: bei schönem, sonnigem Wetter – Fenster auf. Bei nassem Wetter – Fenster geschlossen lassen.

- Die ideale Heizung: Zentralheizung mit den Heizkörpern unter den Fenstern oder Fußbodenheizung. Die Heizkörper müssen oft feucht sauber gewischt und entstaubt werden. Ganz schlecht sind Ventilator-Heizöfen, die den Staub aufwirbeln.
- Sie dürfen – entgegen dem allgemeinen Trend – keine Luftbefeuchtungsgeräte benützen. Die Raumluft soll trocken sein, sonst vermehren sich die Hausstaubmilben zu sehr.
- Anstelle von Tapeten an den Wänden sollte man einen waschbaren Farbanstrich wählen.

Ein eigenes Kapitel im Leben des Hausstauballergikers ist das Schlafzimmer. Im Bett darf es keine Rosshaarmatratzen, keine Schafwoll- oder Kamelhaardecken geben. Die Alternative: Schaumstoffmatratzen, die alle 2 Jahre gewechselt werden. Die Bettwäsche sollte aus Leinen sein. Sie muss jede Woche gewechselt und ausgekocht werden. Matratzen und Bettbezüge müssen täglich belüftet werden. Auch das Kopfkissen sollte mit Schaumgummi gefüllt sein. Die ideale Schlafzimmertemperatur: 15 – 18 °C. Am besten die Heizung abstellen, bloß von nebenan heizen.

Allein in einer Matratze können bis zu 10 Millionen Hausstaubmilben leben. Das Dasein so eines Tierchens beträgt 3 bis 4 Monate. In dieser Zeit sorgt die Milbe für etwa 300 Nachkommen. Das Problem ist, dass die winzigen Tiere das 200fache ihres Körpergewichts an Kot ausscheiden.

Bisher ist man den Milben mit chemischen Mitteln zuleibe gerückt. Und man hat Allergikern geraten, aus den Wohn- und Schlafräumen Vorhänge, Teppiche und Polstermöbel zu entfernen. Das ist jedoch eine starke Beeinträchtigung der Lebens- und Wohnqualität. Das ist ein freudloses Leben.

Im Jahr 2003 haben deutsche Wissenschaftler das erste biologische Mittel entwickelt, mit dem man die Hausstaubmilben gezielt bekämpfen kann. In Indien und Afrika wächst der Niembaum. Im Öl seines Samens befinden sich wertvolle Wirkstoffe. Es sind vor allem die Milbiol-Bitterstoffe im Niemöl, aus dem ein Milbenspray entwickelt wurde. Diese Bitterstoffe verderben den Milben den Appetit. Sie wollen nicht mehr fressen. Zusätzlich werden sie durch das Enzym Ecdyson in ihrer Entwicklung und Fortpflanzung gehemmt. Auf diese Weise kann man die Ursache der Hausstauballergie beseitigen.

Der Niembaum wird bei vielen Naturvölkern seit Jahrtausenden als „Wunderbaum" oder als „Dorf-Apotheke" verehrt.

Hausstaubmilben: Plagegeister vieler Menschen!

Das Milbiol-Öl aus dem Samen des Niembaumes ist für Menschen und Haustiere völlig ungefährlich.

Der Milbenspray aus dem Niembaum wird auf Matratzen, Teppichböden, Gardinen und Sitzmöbel gesprüht. Trocknen lassen und den Raum gut durchlüften. Nach 4 bis 6 Wochen noch einmal einsprühen. Dann hat der Allergiker bis zu einem Jahr Ruhe. Den neuen natürlichen Milbiol-Milbenspray gibt es in der Apotheke.

Wenn jemand als Hausstaub- oder Tierhaarallergiker in der kalten Jahreszeit in Räumen besonders starke Beschwerden hat, dann muss er trotz all der genannten Maßnahmen in die ärztliche Behandlung eines Allergie-Spezialisten. Nur er kann die Behandlung entscheiden.

Kinder, die auf die Hausstaubmilbe allergisch sind, sollten in der Schule nicht unmittelbar neben der Zentralheizung sitzen, weil sie dort zu viel Staub abbekommen.

Zu Hause sollten allergische Kinder nicht unbedingt auf dem Teppich spielen. Sie sollen beim Putzen nicht anwesend sein. Spielsachen sollten nicht aus Stoff, sondern aus Holz oder Kunststoff mit glatten Oberflächen sein. Und wenn es ein Lieblingsstofftier gibt, dann muss es regelmäßig gewaschen und in der Tiefkühltruhe in einem Plastiksack aufbewahrt werden.

Kissen-Falten am Morgen: So kriegen Sie sie weg

Frauen und Männer leiden darunter, ganz besonders im Winter: Man erwacht am Morgen, startet vom Bett ins Badezimmer und blickt in den Spiegel. Und da ist die Welt ganz und gar nicht in Ordnung. Über Nacht haben sich im Gesicht und am Hals neue Falten gebildet. Tiefe Rillen an den Wangen machen um Jahre älter. Da tröstet einen auch nicht die Tatsache hinweg, dass diese neuen Falten im Laufe des Tages wieder vergehen.

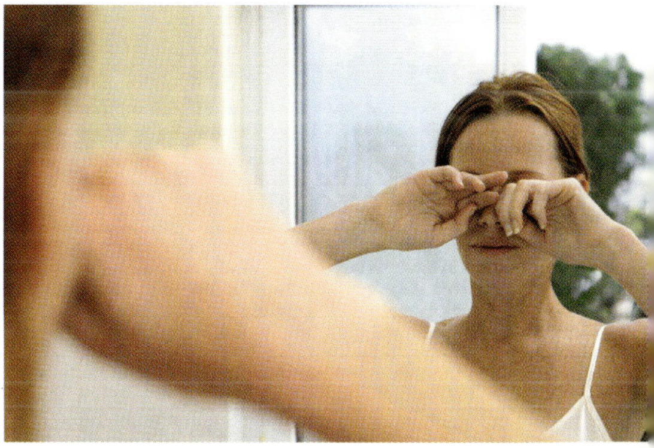

Bei jungen Menschen sind die Morgen-Falten bald verschwunden.

Kissen-Falten entstehen, wenn man das Gesicht nachts im Schlaf mehrere Stunden lang in ein weiches Kissen drückt. An manchen Stellen werden Wasser und Fett aus den Hautzellen herausgepresst und fließen ins umliegende Gewebe. Im Winter zeigt sich das erfahrungsgemäß noch ausgeprägter als im Sommer.

Das Gute daran: Sobald man aufgestanden ist und sich bewegt, startet der Organismus sofort mit einem Reparaturprogramm. Die Zellen saugen Wasser und Fett, das sie verloren haben, wieder auf. Das dauert aber. Bei einem jungen Gesicht braucht es bis zur vollkommenen Wiederherstellung etwa 3 Stunden. Die ältere Haut braucht dazu bis zu 6 Stunden.

Die Hautzellen einer Frau mit 50 können sich beispielsweise nicht mehr so schnell wieder füllen. Die Erklärung dafür: Die kollagenen Fasern, aus denen unsere Haut aufgebaut wird, verlieren mit dem Alter ihre Elastizität und ihre feinen Fasern. Die Haut ist auch im fortgerückten Alter nicht mehr so gut durchblutet. Sie ist dünner, schlaffer geworden. Daher leidet sie besonders unter den morgendlichen Kissen-Falten.

Bei Männern passiert das nicht so oft, weil sie eine dickere und widerstandsfähigere Gesichtshaut haben. Der Mann produziert mehr Talg in der Haut. Daher ist sie elastischer. Auch die Durchblutung der männlichen Haut ist besser. Wenn ein Mann mit 50 morgendliche Kissenfalten hat, so werden sie so schnell repariert wie bei einer Frau mit 25 Jahren. Das ist ungerecht. Aber es ist so.

Bei dicken Frauen sieht man die Kissen-Falten am Morgen viel schlechter und seltener als bei schlanken. Die Erklärung: Die Haut ist mit mehr Wasser und Fett „gepolstert".

Und das kann man gegen die Knitter-Falten am Morgen tun:

- Massieren Sie die betroffenen Hautstellen mit Ziegenbutter-Creme oder mit Propolis-Gesichtscreme (Apotheke). Das fördert die Durchblutung der Haut und unterstützt die Reparaturarbeiten.
- Tauchen Sie ein Leinentuch oder einen Waschlappen gleich nach dem Aufstehen in kaltes Wasser und machen Sie damit eine Gesichtsauflage für 15 – 20 Minuten.
- Tragen Sie danach eine Anti-Faltencreme aus der Apotheke auf: Cremes mit pflanzlichen Östrogenen, mit pflanzlichem Vitamin E oder wieder mit Ziegenbutter.
- Trinken Sie gleich am Morgen zwischen Aufstehen und Weggehen etwa 1 Liter Wasser. Das glättet die Haut von innen.
- Tauschen Sie das kuschelweiche Kissen im Bett gegen eine Nackenrolle aus. Sie schlafen dann überwiegend auf dem Rücken. Damit können Sie Kissen-Falten im Gesicht, aber auch am Hals und im Dekolleté-Bereich verhindern.
- Schlafen Sie lange, aber nicht zu lange. Etwa 8 Stunden.
- Meiden Sie Alkohol, fette Speise und zu Süßes, ganz besonders abends.

Winter-Wellness: Lebensgenuss daheim und unterwegs

Nicht jeder ist ein Riesenfan von tiefen Temperaturen. Nicht jeder stapft an frostigen oder nasskalten Wintertagen leidenschaftlich gern durch die Natur. Wie aber kann man sich dann in der kalten Jahreszeit Freude bereiten, positive Stimmung und Energie aufbauen? Da gibt es viele Möglichkeiten: eine lange heiße Dusche, ein stimmungsvolles Wannenbad, ein Sauna-Besuch oder ein Winterurlaub mit viel Sonnenschein. Ich habe dazu einige Anregungen für Sie vorbereitet.

Das Badezimmer wird so zum Kurzentrum

Viele von uns haben weder das Geld noch die Zeit, einen großen Winterurlaub zu machen, außer man hat auf den Sommerurlaub verzichtet. Dennoch braucht unser Körper gerade in der kalten Jahreszeit Entspannung, Wärme, Erholung, Stressabbau. Sie können das alles Ihrem Organismus auch zu Hause für wenig Geld bieten. Machen Sie einfach in Ihrer Freizeit Ihr Badezimmer zum Kurzentrum.

So wird das Wannenbaden besonders gesundheitsfördernd:

- Steigen Sie erst 2 Stunden nach einer Mahlzeit in die Wanne.
- Das Badezimmer muss gut beheizt sein.

- Lassen Sie in Ihre Wanne Wasser mit einer Temperatur von 37 °C zu 2 Drittel ein. Erst, wenn Sie darin sitzen, lassen Sie heißes Wasser dazulaufen, bis Sie eine Temperatur von 39 – 40 °C erreicht haben. Die richtige Badedauer: 20 – 25 Minuten. Sie sollten dabei tief atmen. Ein temperaturansteigendes Wannenbad ist für Herz- und Gefäßkranke und Kreislauflabile nicht geeignet.
- Danach 1 Stunde im Bett ruhen und nachschwitzen. Ideal: Nach der Badekur sollten Sie Ihren Körper mit Kamillen-, Minze-, Ringelblumen- oder Johanniskrautöl einmassieren.

So wird die Badewanne zum Therapie-Zentrum gegen ganz bestimmte Leiden:

- Bei Wechseljahr-Beschwerden genießen Sie 2-mal die Woche ein Bad mit Fichtennadelzusatz und bürsten dabei den ganzen Körper. Sie können ihn auch mit einem kalten Frotteelappen abreiben.
- Bei rheumatischen Beschwerden lassen Sie Wasser mit einer Temperatur von 42 °C auf den Körper einwirken. Aber nur, wenn Sie sich dabei wohl fühlen.
- Gegen Frauenleiden nehmen Sie ein Wannenbad mit Moorzusätzen (Apotheke). Die Moorpräparate enthalten Pflanzenhormone. Keine Sorge: Die Wanne ist danach leicht wieder zu reinigen.
- Bei Durchblutungsstörungen helfen Abreibungen in der Wanne mit einem Luffa-Handschuh (Drogerie).
- Bei Kreislaufbeschwerden lassen Sie knietief kaltes Wasser in die Wanne und steigen im Storchenschritt mit nackten Beinen darin 1 bis 2 Minuten umher.

Mit diesen Kräutern wird Ihr Wannenbad zum besonderen Genuss:

- Ein Baldrian-Bad wirkt beruhigend.
- Ein Melissen-Bad beruhigt die Nerven, bekämpft psychosomatische Störungen, Migräne und Wetterfühligkeit.
- Ein Brennnessel-Bad fördert die Durchblutung.
- Rosmarin-Bäder bekämpfen Erkältungen.
- Heublumen-Bäder eignen sich bestens gegen rheumatische Beschwerden und Muskelschmerzen.
- Kamillen-Bäder stillen Krämpfe.
- Lavendel-Bäder stärken den Kreislauf.
- Zinnkraut-Bäder bekämpfen Unterleibsleiden.

Grundsätzlich gilt für das Kräuter-Bad: 2 Hand voll getrocknete Kräuter (Apotheke, Drogerie) mit 2 Liter kochendem Wasser übergießen, 15 Minuten ziehen lassen, dann durchseihen, den Kräutersud in die mit Wasser gefüllte Wanne gießen.

Es gibt außer Kräutern auch noch andere natürliche Badezusätze, die die Wanne zum Kurzentrum machen.

Hier die wirkungsvollsten Badeelixiere:

- Erwärmen Sie 1 Tasse Bienenhonig im Wasserbad, mit 1 Liter warmer Milch verrühren, ins Badewasser gießen. Das verschönt die Haut, beruhigt die Nerven.
- Gießen Sie 3 Liter Buttermilch in die Wanne. Das hilft gegen Stoffwechselstörungen und Unterleibsbeschwerden.
- Molkepräparate (Apotheke) helfen bei Hautallergien.
- Gießen Sie 1/2 Liter Apfelessig in die Wanne: Das lindert rheumatische Beschwerden, stärkt die Abwehrkräfte.
- Lösen Sie 1 Kilo Kochsalz in einem Eimer mit etwas Wasser auf. Diese Lösung gießen Sie ins Badewasser, nur 15 Minuten baden. Macht bei Müdigkeit und Abgespanntheit wieder fit. Hilft auch gegen Cellulite.

Sie sehen: Ihre Badewanne ist nicht bloß zum Körperreinigen da. Sie kann für Sie an ungemütlichen Wintertagen zum Kurzentrum, zur Insel der Erholung werden.

Der beste Muntermacher am Morgen ist die Dusche

Es kann sehr frustrierend sein, wenn im Winter morgens draußen Dunkelheit herrscht und eisige Kälte oder nasskaltes Wetter warten. Da würde man am liebsten im Bett bleiben und weiterschlafen. Dazu kommt noch, dass viele von uns gerade nach dem Aufstehen nur sehr langsam in Schwung kommen. Die einen versuchen es mit starkem Bohnenkaffee, die anderen mit Jogging oder Gymnastik. Und jene, die nichts dagegen tun, schleppen sich müde in den Tag. Dabei gibt es ein so einfaches und genussvolles Rezept: Der beste Muntermacher ist die Dusche.

Aber nicht wie Sie denken: sich einfach tatenlos unter das laufende Wasser zu stellen und warten, bis man wach wird. Das ist zu wenig. Sie müssen eine ganz spezielle Dusch-Gymnastik betreiben. Jeder kann sie mitmachen. Und so funktioniert sie:

- Gleich nach dem Aufstehen gehen Sie ins Badezimmer und stellen sich unter die Dusche. Stellen Sie sich angenehm warmes Wasser ein und lassen Sie es auf den ganzen Körper einwirken. Dabei wird die Durchblutung der Muskeln und der Hautoberfläche gefördert. Die Gelenke, die nachts etwas bewegungsarm geworden sind, werden wieder geschmeidig. Diese erste Dusche sollte etwa 3 bis 5 Minuten dauern.

- Jetzt haben Sie die Auswahl: Entweder Sie duschen ein paar Sekunden mit kaltem oder kühlem Wasser oder Sie stellen die Dusche ab, tauchen einen Waschlappen in kaltes Wasser und reiben damit den ganzen Körper ab. Das ist für viele leichter zu ertragen. Beginnen Sie mit dem Abreiben – wegen des Kreislaufs – immer an der rechten Hand, die Arme entlang nach oben, dann zum Oberkörper, schließlich die Beine, beginnend von den Zehen herzwärts.

- Da die meisten von uns am Morgen durch Verspannungen eine bleierne Müdigkeit im Nackenbereich verspüren, muss nun dort die Dusch-Gymnastik einsetzen. Hier sitzen auch die Nervenpunkte, die für Fitness und Vitalität ausschlaggebend sind. Lassen Sie den angenehm warmen Wasserstrahl der Dusche auf Nacken und Rücken auftreffen. Dabei stehen Sie aufrecht, kreisen Ihre Schultern 10-mal schwungvoll nach vorne, dann 10-mal nach hinten.

- Dann etwas die Arme ausschütteln und unter der Dusche 10-mal mit dem Kopf nicken und dabei immer wieder „Ja!" sagen.

- Anschließend lassen Sie unter dem Wasserstrahl den Kopf locker nach links und rechts pendeln und sagen dabei immer wieder „Nein, nein, nein!"

- Jetzt lassen Sie wieder das warme Wasser genussvoll auf sich einwirken, tun ein paar Sekunden nichts.

- Jetzt greifen Sie zu einer Naturborsten-Bürste und bürsten den ganzen Körper unter dem warmen Wasserstrahl ab. Sie beginnen wieder an Händen, dann an den Beinen und bürsten herzwärts.

- Frauen sollten nun, wenn vorhanden, zur Handbrause greifen und in kreisenden Bewegungen mit dem warmen Wasserstrahl beide Brüste massieren. Das gibt einen positiven Fitness-Effekt und strafft obendrein mit der Zeit das Gewebe.

- Wenn Sie jetzt noch immer nicht richtig munter sind, dann müssen Sie noch zur Akupressur unter der Dusche greifen: Lassen Sie wieder den Strahl des Warmwassers auf den Nacken auftreffen, suchen Sie mit dem Zeigefinger der rechten Hand genau in der Mitte des obersten Nackenendes und zugleich am Ende der Schädeldecke eine deutliche kleine Vertiefung. Dahinein legen Sie die Fingerspitze, drücken 30 Sekunden, machen 30 Sekunden Pause, drücken wieder 30 Sekunden und setzen diese Punktmassage einige Zeit fort.

Sie sehen: Die Dusche ist nicht nur zur Reinigung da. Sie kann auch als Super-Muntermacher am Morgen eingesetzt werden.

Mit Bürsten-Massagen kann man den Körper entgiften

In der kalten Jahreszeit tauchen bei vielen Menschen immer wieder dieselben Probleme auf: Durchblutungsstörungen, Muskelverspannungen, unreine, raue Haut, Müdigkeit, schlechte Laune, erhöhte Schmerzempfindlichkeit und Kopfschmerzen durch zu viele Umweltschadstoffe und Stoffwechselschlacken im Körper.

Es ist nicht sehr sinnvoll, gegen solche Beschwerden und gesundheitliche Probleme Medikamente zu nehmen. Da sollte man zuerst immer natürliche Kräfte einsetzen. Eine Maßnahme wird viel zu wenig angewendet, ist aber enorm wirkungsvoll: das Bürsten.

- Man braucht dazu eine nicht zu weiche Naturborsten-Bürste. Für Körperteile, die man schwer erreichen kann, empfiehlt sich eine Badebürste mit einem langen Griff.
- Die Borsten der Bürste sollten elastisch und nicht kürzer als 20 mm sein. Die gebündelten Borsten sollten nicht zu dicht aneinander stehen.
- Wer keine Bürste mag, der kann auch einen Massage-Handschuh aus Sisal, ein sehr raues Massage-Handtuch oder ein Handmassage-Gerät mit Holzkugeln verwenden. Lassen Sie sich in einem Laden für medizinische Geräte beraten.
- Wichtig ist, dass die Bürste trocken ist und Zimmertemperatur hat.

Wie setzt man nun die heilende Bürsten-Massage ein? Ganz einfach: Man gewöhnt sich an, jeden Morgen nach dem Aufstehen vor dem Duschen und dann wieder abends vor dem Zu-Bett-Gehen den ganzen Körper zu massieren. Und das sollte so vor sich gehen:

- Stellen Sie sich nackt in einem gut erwärmten Raum hin. Am besten auf eine Frotteematte im Badezimmer.
- Sie müssen grundsätzlich immer von unten nach oben zum Herzen bürsten.
- Beginnen Sie am rechten Bein. Dann wechseln Sie zum linken. Bei jedem Bein massieren Sie mit der Bürste in langen Strichen von den Zehen herauf bis zur Leiste an der Vorderseite. Und dann führen Sie die Bürste hinten über das Gesäß bis zur Hüfte.
- Der Bauch wird in kreisförmigen Strichen im Uhrzeigersinn gebürstet.

Für den Rücken nehmen Sie eine Bürste mit langem Stiel und bürsten von der Wirbelsäule nach außen, zuerst nach der linken, dann nach der rechten Seite. Und zwar beginnen Sie damit in der Höhe des Kreuzbeines und setzen dann die Bürste immer eine Hand breit höher an. Und so massieren Sie nach oben.

- Jetzt kommen die Arme dran, immer von den Händen nach oben zur Schulter. Zuerst befassen Sie sich mit dem rechten, dann mit dem linken Arm.
  Zum Schluss massieren Sie die Brust.

Ganz wichtig bei der Bürsten-Massage ist, dass man niemals mit starkem Druck oder mit Gewalt bürsten darf. Es darf nur zu leichten Hautrötungen kommen.

Wenn man einen medizinischen Erfolg anstrebt und nicht nur ein Wohlfühl-Gefühl erzielen will, dann sollte man 3 Wochen lang jeden Tag 2-mal bürsten, dann eine Woche Pause machen und dann wieder 3 Wochen die Bürsten-Massage durchführen. Wichtig ist, dass man jedes Mal etwa 5 Minuten bürstet. Auf diese Weise kann man die Durchblutung anregen, die Ausscheidung von Giftstoffen aktivieren, die Haut verschönern und eine Reihe von Beschwerden lindern.

Machen Sie das Bett zum Super-Fitness-Studio

In den kalten Wintermonaten macht uns das Aufstehen keinen besonderen Spaß. Und wir vermissen den nötigen Elan, den richtigen Schwung, den wir für den bevorstehenden Tag brauchen. Ich kann Ihnen sagen, woran das liegt. Sie beherrschen nicht die Kunst des Aufstehens. Wer lustlos aus dem Bett steigt, angetrieben vom Wecker, der macht bereits den ersten großen Fehler. Freudloses Aufstehen führt oft zu Kopfschmerzen, Migräne, Kreislaufproblemen, Rückenschmerzen und schwachen Beinen.

Wer fröhlich und mit Schwung in den Tag gehen will, der muss ein spezielles Aufstehprogramm beherrschen. Zu diesem Zweck muss man einfach kurz nach dem Aufwachen das eigene Bett zum Fitness-Studio machen. Das geht einfacher als Sie denken:

Nach dem Aufwachen: ein Fitness-Programm

- Springen Sie nicht wie gehetzt aus dem Bett. Räkeln Sie sich vorerst ein wenig. Dehnen Sie sich. Strecken Sie sich. Wenn Sie einen Hund oder eine Katze haben, dann schauen Sie diese Kunst Ihrem Tier ab. Die machen das vorbildlich.
- Atmen Sie im Liegen ein paar Mal kräftig durch.
- Bleiben Sie auf dem Rücken liegen, stützen Sie die Hände in die Hüften und bewegen Sie Ihre Beine in der Luft wie beim Radfahren.
- Jetzt setzen Sie sich auf. Strecken Sie die Wirbelsäule kräftig durch. Kreisen Sie zuerst mit der rechten Schulter nach vorne und zurück, dann mit der linken Schulter.
- Danach dehnen Sie sanft den Kopf mehrmals nach links, dann nach rechts.
- Versuchen Sie, mit Ihren Zehen kleine Gegenstände zu angeln: Strümpfe, Socken, ein Handtuch. Das ist ein Super-Training für Ihre Gehwerkzeuge.
- Nun erst stehen Sie auf, stellen sich neben das Bett, erheben sich auf die Zehenspitzen, heben die Arme hoch und strecken sich, so hoch Sie können. Tun Sie so, als würden Sie die Decke des Schlafzimmers erreichen wollen.

Es ist nachgewiesen, dass mit einem solchen Fitnessprogramm am Morgen erfolgreich Kopfschmerzen, Migräne, Kreislaufschwäche, Rücken- und Nackenschmerzen bekämpft und verhindert werden können.

Energie-Tricks am Morgen: So frühstücken Sie richtig

Fast die Hälfte aller Mitteleuropäer geht morgens ohne Frühstück aus dem Haus. Kein Wunder, wenn dann viele schon am frühen Vormittag einen beachtlichen Leistungsabfall erleben. Das Frühstück ist die wichtigste Mahlzeit am Tag. Ganz besonders im Winter, da der Körper mehr Energie für seine Wärme benötigt. Und ein altes Sprichwort sagt: „Frühstücke wie ein Kaiser!" Man braucht auch keine Angst vor dem Zunehmen zu haben. Alles, was man morgens zu sich nimmt, wird nicht in Fettpolster abgelagert, sondern als Energie im Laufe des Tages verbraucht.

Und so soll ein ideales Frühstück aussehen:

- Ein wunderbarer Tagesanfang ist ein Müsli. Wählen Sie ein Fünf-Korn-Flocken-Müsli mit Gerste, Weizen, Roggen, Hafer und Hirse. Nicht mehr als 2 bis 3 Esslöffel davon anrichten. Weichen Sie die Flocken am Abend zuvor in einer Teetasse in Mineralwasser mit viel Kohlensäure ein. Am nächsten Morgen richten Sie die aufgequollenen und leicht verdaulichen Getreideflocken mit Milch, Jogurt, Buttermilch, Kefir oder mit Fruchtsaft an. Unbedingt sollten Sie das Müsli mit Walnüssen, Haselnüssen, Rosinen, getrockneten Datteln und Feigen, aber auch mit klein geschnittenen frischen Früchten aufwerten.

- Wer kein Müsli mag, der handelt richtig, wenn er 2 Scheiben Vollkornbrot, etwas Butter, mageren Käse, etwas mageren Schinken, Radieschen, eine Paprikaschote und 2 Tomaten genießt. Sehr zu empfehlen ist ein Frühstücksei: 4 Minuten oder hart gekocht. Vorsicht vor dem Rührei; wenn es mit zu viel Fett angerichtet wird, macht es träge. Eine Studie in Schweden hat ergeben: Wenn Kinder eine Scheibe Vollkornbrot mit mageren Schinken am Morgen verzehren, so werden sie vital. Eine Portion Rührei aus 2 Eiern hingegen macht müde.
- Es ist wichtig, dass man ruhig und entspannt am Frühstückstisch sitzt. Stehen Sie morgens früh auf und nehmen Sie sich mindestens 30 Minuten Zeit fürs Essen und Trinken. Nur dann kann die Nahrung gut gekaut und danach entsprechend verdaut werden.
- Was trinkt man zum idealen Frühstück im Winter? Am besten 2 Tassen Früchte- oder Kräutertee, wobei sich die beruhigenden Getränke wie Hibiskusblüten- oder Rotbuschtee aus Südafrika besonders bewährt haben. Aber auch 2 Tassen Kaffee, Schwarztee oder grüner Tee sind in Ordnung. Wichtig ist allerdings: Trinken Sie immer die gleiche Menge Wasser wie Kaffee oder Schwarztee. Kaffee und Tee haben eine enorm treibende Kraft und entziehen dem Organismus die doppelte Menge Flüssigkeit. Das kann im Laufe von Jahren – wenn man zu wenig Wasser trinkt – zu gesundheitlichen Problemen führen.
- Wenn Sie frische Früchte in das Frühstück einbauen, sollten Sie jenen den Vorrang geben, die reichlich Vitamin C enthalten. Vitamin C macht stressfest. Also essen Sie 2 Kiwis, 2 Mandarinen, 1 Orange, 1 Grapefruit. Trinken Sie 1 Glas frisch gepressten Orangensaft, noch besser 1 Glas Sanddornsirup mit Wasser aufgegossen. Essen Sie eine Paprikaschote, 2 Gabeln voll Sauerkraut oder greifen Sie zu einer exotischen Frucht wie zum Beispiel der Papaya. Wer morgens im Winter eine innere Kälte in sich spürt, sollte auf Zitrusfrüchte verzichten. Die chinesische Medizin erinnert uns: Diese Früchte sind in heißen Ländern dafür gedacht, den Körper abzukühlen. Und das wollen wir an einem Wintermorgen ganz und gar nicht.
- Sie können Butter aufs Brot nehmen. Speziell unsere Leberzellen brauchen Butter, allerdings wenig Butter. Streichen Sie also Butter nur ganz bescheiden aufs Brot.

Das Frühstück ist die wichtigste Mahlzeit am Tag.

Der Chi-Trainer hält die Wirbelsäule jung und fit

Es gibt Tage, da ist man erschöpft, gestresst, lustlos und total verspannt. Und man weiß nicht, was man dagegen tun könnte. In Japan und China betreibt man dagegen Tai Chi-Übungen oder man entspannt sich gegenseitig mit Shiatsu-Massagen. In beiden Disziplinen gibt es für Erfahrene eine Abschlussübung zum optimalen Lockern der Wirbelsäule und der Bandscheiben. Einer steht, ergreift die Fußfesseln des anderen, der in Rückenlage auf dem Boden liegt, und schüttelt nun den Körper sanft hin und her. Ein Genuss für die Wirbelsäule.

Das hat eines Tages der Arzt und Sportmediziner Dr. Shizuo Inaue, der Vorsitzende der Japan Oxygen Health Association, in einem Fitnessstudio beobachtet. Und dabei ist ihm eine Idee gekommen: Man muss ein Gerät entwickeln, mit dem man sich auch alleine durchschütteln und locker machen kann. Er dachte dabei an die vielen Menschen in der westlichen Welt, die weder Tai Chi noch Shiatsu beherrschen. So ist eines der erfolgreichsten Fitness-Geräte unserer Zeit entstanden: der Chi-Trainer, den man bereits in vielen Fitness-Centern, in Kurzentren, Arztpraxen, aber auch in privaten Haushalten sehen kann. Große Verdienste um die medizinische Anwendung des Chi-Trainers hat der Münchner Orthopäde Dr. Arthur M. Machnik erworben.

Die neue Methode macht es möglich, dass wir in wenigen Minuten wieder Energie aufbauen und die Wirbelsäule regenerieren können. Das Wort Chi bedeutet in der Traditionellen Medizin Lebensenergie.

Es handelt sich beim Chi-Trainer um ein einfaches Gerät mit Stromanschluss, nicht viel größer als zwei der Länge aneinander gereihte Schuhschachteln. Die kleine Box hat zwei Einbuchtungen für die Fußgelenke. Man legt sich auf eine Matte, platziert die Füße auf dem Gerät, stellt den Handschalter auf 5, 10 oder 15 Minuten, schaltet ein.

Die Fußhalterungen bewegen sich nun waagrecht hin und her, in einem für den Menschen optimalen Rhythmus, 140-mal pro Minute. Schon nach wenigen Sekunden empfindet man ein angenehmes Prickeln im ganzen

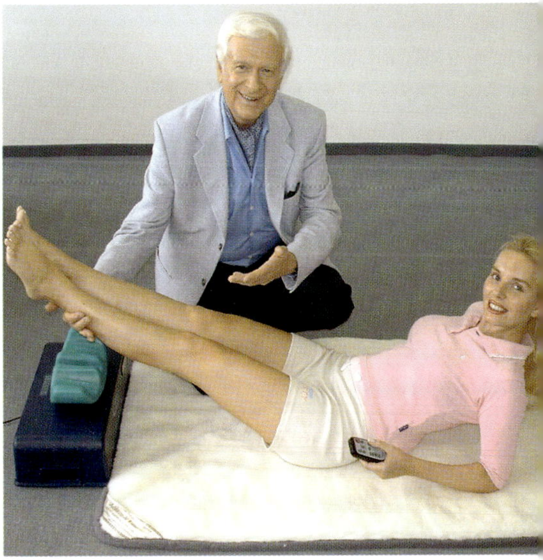

Schon nach wenigen Minuten fühlt man sich wohl!

Körper. Die Schwingungen des Gerätes – in einer Achterschleife – übertragen sich auf die Wirbelsäule, auf das Becken, die Hüften und die Beine. Wenn sich die Maschine nach der festgelegten Zeit abstellt, fühlt man sich total entspannt: wie nach einer langen Meditation oder einer Wanderung von 90 Minuten.

Und das alles bewirkt der Chi-Trainer: Der Fluss von Lebenskraft und Energie wird aktiviert. Blockaden und Verspannungen werden auf sanfte Weise gelöst. Die Blutproduktion im Rücken, aber auch die Herstellung von Globulin für die Immunkraft werden angeregt. Der Lymphstrom wird aktiviert.

Durch die Schwingungen wird das vegetative Nervensystem entspannt. Der Organismus nimmt mehr Sauerstoff auf. Damit wird der Chi-Trainer zu einem Jungbrunnen, der Erschöpfung und depressive Verstimmungen bekämpft.

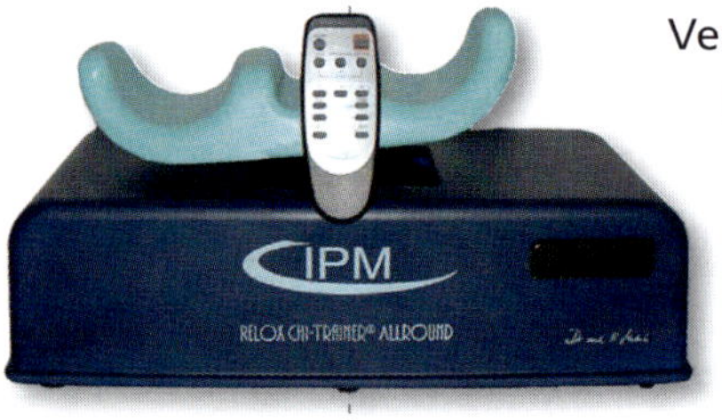

Wer regelmäßig den Chi-Trainer nützt, muss viel Wasser trinken, damit Stoffwechselschlacken und Gifte im Körper schneller abtransportiert werden können. Man muss während des Schüttelns an der Maschine langsam und tief atmen. Und man sollte danach einige Zeit ruhig liegen bleiben.

Es werden viele Geräte auf dem Markt angeboten. Die Unsicherheit, welches man kaufen soll, ist bei vielen sehr groß. Sparen Sie nicht mit dem Geld. Billige Geräte haben zu schwache Motoren, erbringen nicht die versprochenen Leistungen, sind bald wieder kaputt. Und sie haben kein richtiges Programm, mit dem man das Gerät seinen persönlichen Bedürfnissen anpassen kann.

Der Münchner Orthopäde Dr. Arthur M. Machnik setzt sich seit langem intensiv für den Einsatz von qualitativ hochwertigen Geräten ein. Er hat selbst ein Hi-Tech-Gerät in diese Richtung gemeinsam mit asiatischen Wissenschaftlern entwickelt; den RelOx-Chi-Trainer allround, den Fachleute den „Mercedes" der Chi-Trainer nennen. RelOx bedeutet Relaxen – Entspannen – mit verstärkter Sauerstoff-Aufnahme.

Dr. Machniks Forderung: So ein Gerät kann nur das Vertrauen des Kunden gewinnen, wenn bei der Herstellung auch europäisches Know-how eingebracht wird, damit man ein Service und jederzeit die Nachlieferung von Bestandteilen anbieten kann. So ein Gerät muss medizinisch-orthopädisch getestet sein. Und man muss eine Qualitäts-Garantie auf jedes Gerät von 3 bis 5 Jahren bekommen.

Nähere Auskünfte und Informationen: Kneipp Verlag, Kunigundenweg 10, A-8700 Leoben, Tel. (0 38 42) 2 17 18, FAX DW 32, Internet: www.kneippverlag.com, E-Mail: office@kneippverlag.com.

Radfahren zu Hause: So machen Sie es richtig!

Das liebste Sportgerät für daheim ist nach wie vor der Home-Trainer, das Zimmerfahrrad. Im Winter haben diese Geräte Hochsaison. Denn draußen macht es in den kalten Monaten keinen Spaß, in die Pedale zu treten. Home-Trainer werden daher sehr oft auch zu Weihnachten geschenkt. Das Angebot ist groß, viele wissen nicht, wie man mit so einem Gerät richtig umgeht und dass man damit der Gesundheit auch schaden kann. Auch Radfahren zu Hause will gelernt sein.

- Gute Geräte sind nicht gerade billig. Ein Home-Trainer ist so gut wie sein Schwungrad. Es muss schwer sein. Man muss die Belastungsstufen exakt regulieren können.

Home-Trainer: Ideal für zu Hause.

- Wenn Sie ein Zimmer-Fahrrad zum Abnehmen nützen wollen, dann müssen Sie nicht so viel Geld ausgeben. Es muss einen Pulsmesser haben, der den idealen Bereich der Fettverbrennung anzeigt. Bei den neuen Geräten ist diese Funktion schon eingebaut. Der Home-Trainer passt sich automatisch dem Puls des Trainierenden an. Wenn der Herzschlag zu schnell wird, bremst das intelligente Fahrrad seine Leistung.
- Wenn Sie auf dem Fahrrad Fitness-Tests durchführen wollen, brauchen Sie ein hochtechnisiertes, teures Gerät.
- Ganz wichtig: Auch beim Zimmer-Fahrrad muss der Sitz richtig eingestellt werden. Am höchsten Punkt der Pedale darf das Bein nicht mehr als 10° gebeugt sein. Wenn der Sitz zu niedrig ist, kann es zu Knieverletzungen kommen. Wenn der Sitz zu hoch ist, bewegen sich die Hüften seitlich hin und her. Das führt zu Unbehagen, kann Schmerzen hervorrufen.
- Man muss auf dem Home-Trainer aufrecht sitzen. Die Hände halten den Lenker locker.
- Das Trainingstempo muss langsam gesteigert werden. Der Puls darf aber nicht zu schnell gehen. Wer beim Radfahren daheim übertreibt, schadet der Gesundheit.
- Vermeiden Sie, auf dem Fahrradsitz mit dem Gesäß hin und her zu rutschen. Sie bekommen sonst Rückenschmerzen.

- Man trainiert auf dem Heim-Fahrrad am besten 2- bis 3-mal die Woche jeweils 30 Minuten.
- Beim Benützen des Home-Trainers muss man sich vorher und nachher Auf- und Abwärmen. Das spart einen Muskelkater. Aufwärmen funktioniert am besten mit Massieren, mit Einreibungen und Lockerungsübungen. Fürs Abwärmen eignen sich Dehnübungen.

Und das kann man mit dem Trainieren auf dem Zimmer-Fahrrad erreichen: Herz und Kreislauf werden gestärkt. Vor allem die Pumpleistungen des Herzens werden enorm verbessert. Zu hohe Cholesterin- und Triglyzeridwerte kann man bis zu 20 Prozent senken, wobei das „gute" schützende HDL-Cholesterin sehr oft sogar leicht angehoben wird. Regelmäßiges Trainieren auf dem Heim-Fahrrad verbessert die Laune, verscheucht Depressionen und fördert das positive Denken, denn auch beim Pedaltreten in der Wohnung werden Glückshormone im Gehirn produziert.

Vergessen Sie den Winter: Gehen Sie in die Sauna

Wenn es draußen kalt ist, dann sehnen wir uns nach behaglicher Wärme, nach einer warmen Stube. Und eine ganz besonders warme Stube stellt die Sauna dar. Sie gilt bei Millionen Menschen als Ort der wohligen Entspannung und angenehmen Behaglichkeit. Aber das Wichtigste ist: Saunieren stärkt die Immunkraft.

Das klassische Sauna-Land ist Finnland. Hier spielt die Sauna bereits seit dem Mittelalter eine bedeutende familiäre und gesellschaftliche Rolle. Allerdings gab es auch schon vorher in Asien die Sauna. Wandernde Völker brachten dann den Brauch des gesunden Schwitzens nach Nordeuropa. Hier gab es auch die besten Voraussetzungen für die Sauna: Holz aus den weiten Wäldern Finnlands, das man verbrannte, um die Sauna-Steine zu erhitzen. Verständlich, dass die Menschen im kalten Norden das Saunieren als besonders angenehm empfanden.

Die ersten Aufzeichnungen über die Sauna gibt es aus dem Jahr 1411 in Finnland. Daraus geht hervor, dass es in vielen Pfarrhäusern und Herrenhäusern eine Sauna gab. Aus dem Jahr 1650 gibt es dann die erste genaue Niederschrift, wie so eine Sauna damals ausgesehen hat. Damals hat man sich in dem Raum, der bereits rundum aus Holzwänden bestand, nicht nur aufgehalten, um sich aufzuwärmen und zu entspannen. Die Sauna war ein Vielzweckort. Man hat dort Fleisch geräuchert, Flachs getrocknet und kranke Familienmitglieder verarztet. Vor allem hat man ihnen heiße Kompressen aufgelegt. Man hat sich in der Sauna nach einem arbeitsreichen Tag massieren lassen. Und die finnischen Frauen, die Mutterfreuden entgegensahen, haben sich in die Sauna zurückgezogen, um dort ihr Kind zur Welt zu bringen. Ärzte fanden nämlich heraus, dass das Sauna-Klima das Neugeborene und die Mutter vor Krankheiten schützte. Man darf nicht vergessen: Durch die hohen Temperaturen in der Sauna, die bis zu 100 °C betragen, entsteht ein Klima, das von vielen Krankheitserregern gereinigt ist. Deshalb kann man sich in einer öffentlichen Sauna kaum eine Infektion holen.

Die Urform der Sauna war ein mit Holz ausgestattetes Erdloch. Heute versteht man unter einer klassischen, finnischen Sauna ein aus Holz gebautes, kleines Blockhaus, meist am Ufer eines Sees. Von dem Haus führt direkt ein Steg ins Wasser, in dem man sich nach dem Sauna-Gang abkühlen kann.

In dem Innenraum des Hauses steht ein Sauna-Ofen, dessen Steine Wärme, besser gesagt Hitze, erzeugen, die den Menschen zum Schwitzen bringt. Damit die Luftfeuchtigkeit in diesem Raum konstant gehalten werden kann, was für den Kreislauf wichtig ist, werden Aufgüsse auf die heißen Steine vorgenommen. Meist werden dem Wasser, das man aufgießt, wohlriechende ätherische Öle von Kräutern beigemengt.

In unseren Gegenden geht man in eine öffentliche Sauna. Oder man hat im eigenen Haus oder in der Wohnung in einem Raum eine Sauna-Kabine untergebracht. Dazu ist notwendig, dass sich gleich anschließend eine Dusche und ein Erholungsraum befinden. Es gibt – speziell für begabte Heimwerker – bereits sehr preisgünstige Sauna-Bauteile in Baumärkten zu kaufen. Oder man lässt sich die Sauna von einem Tischler installieren.

Ein Aufenthalt in der Sauna tut sowohl dem Organismus als auch der Seele gut. Die angenehme Wärme, die den ganzen Körper wohlig durchflutet, hilft uns, Giftstoffe und Stoffwechselschlacken rascher wieder loszuwerden. Diese Wärme hilft uns aber auch, ganz schnell aus dem Alltagsstress auszusteigen und uns geistige Erholung zu vermitteln.

Die erste Sauna in Deutschland gab es im Jahr 1932 in Berlin. Eine Familie hatte die Idee aus Finnland mitgebracht. Und im Jahr 1936 wurde speziell für die finnischen Teilnehmer der

Olympischen Spiele in Döberitz bei Berlin eine Sauna errichtet. Nach Ende des Zweiten Weltkrieges entstanden dann in vielen großen deutschen Städten öffentliche Saunabäder. Aber auch Privatleute bauten sich bereits ihre eigene Sauna.

Wer die Wärme der Sauna in vielfacher Hinsicht fürs Wohlfühlen und für die Gesundheit nützen möchte, der muss wissen, wie man richtig sauniert:

- Beachten Sie immer: Saunieren und Eile passen nicht zueinander. Wer unter Zeitdruck in die Sauna geht, kann sich nicht erholen. Reservieren Sie sich also Zeit fürs Schwitzen.
- Nehmen Sie in die Sauna ausschließlich ein Badetuch mit. Schmuckstücke und andere Metallgegenstände sollten draußen bleiben. Sie werden brennheiß. Verzichten Sie auch auf die Brille. Die Gläser sind sofort mit Dunst beschlagen und stören. Kontaktlinsen hingegen sind kein Hindernis.
- Make-up sollte entfernt werden, damit die Hautatmung nicht gestört wird.
- Es ist nicht gut, hungrig in die Sauna zu gehen. Ebenso ist es der Gesundheit nicht zuträglich, wenn man knapp davor viel gegessen hat.
- Genießen Sie nicht mehr als 3 Sauna-Gänge.
- Meiden Sie in der Sauna Temperaturen über 100 °C. Die große Hitze schadet der Haut und den Haaren.
- Machen Sie niemals Aufgüsse mit alkoholischen Getränken. Trinken Sie aber auch niemals Alkohol während des Sauna-Ganges. Das ist gefährlich für den Kreislauf.
- Gehen Sie, wenn Sie direkt aus der Sauna kommen, nicht schwimmen. Das ist für den Organismus zu anstrengend. Man sollte im Wasser nur untertauchen und sich abkühlen.
- Wir verlieren beim Saunieren 1 – 2 Liter Körperflüssigkeit über die Hautporen. Diese Flüssigkeit muss so rasch wie möglich wieder nachgeliefert werden. Die beste Möglichkeit: Trinken Sie stilles Mineralwasser oder Fruchtsäfte, 50 zu 50 mit Wasser verdünnt.
- Sie sollten an den Füßen Badesandalen tragen. Dadurch bleiben die Fußsohlen warm und die Zehen sind besser vor einer Übertragung von Fußpilz geschützt.
- Vor dem ersten Sauna-Gang sollte man gründlich duschen. Damit wird der Körper vorerst einmal gereinigt und von etwaigem Alltagsschweiß befreit. Nach dem Duschen gut abtrocknen, damit das nachfolgende Schwitzen in der Sauna nicht beeinträchtigt wird. Auf der noch feuchten Haut würde

sonst im Sauna-Raum durch die Hitze vorzeitig Verdunstungskälte durch das Duschwasser entstehen. Das Schwitzen würde dadurch erst viel später beginnen.

- Wenn Sie schnell zum Schwitzen kommen wollen, dann ist es sinnvoll, den ganzen Körper vor Betreten der Sauna mit einer trockenen Bürste zu massieren. Denselben Effekt erzielen Sie mit einem heißen Fußbad.
- Wenn Sie den Sauna-Raum betreten, dann breiten Sie auf der mittleren oder auf der höchsten Bank Ihr Badetuch auf und legen sich darauf. Schließen Sie die Augen und entspannen Sie sich vollkommen.
- Die erste Aufheiz-Phase des Körpers sollte zwischen 8 bis höchstens 15 Minuten dauern. Wobei immer als wichtigste Grundregel gilt: Die Sauna wirkt auf den Organismus so lange positiv, so lange man sich wohl fühlt. Wenn dieses Wohlfühl-Gefühl umschlägt, muss man sofort den Sauna-Raum verlassen.
- Nach dem ersten Saunieren sollten Sie kalt oder kühl duschen, abtrocknen und dann ein Luftbad nehmen.
- Danach kommt der zweite Sauna-Gang, wieder 10 – 15 Minuten lang. Anschließend kalt oder kühl duschen, gut abtrocknen und ruhen. Viele lieben es, sich jetzt massieren zu lassen.

Grundsätzlich ist zu sagen: Wer noch niemals in der Sauna war und zum Sauna-Geher werden will, der sollte sich zuerst vom Arzt untersuchen lassen. Vor allem Blutdruckpatienten und Patienten mit Durchblutungsstörungen müssen mit dem Arzt sprechen. Das kalte Tauchbad nach dem Saunagang ist wirklich nur ganz Gesunden anzuraten, da es den Blutdruck enorm in die Höhe treibt.

Immer wieder stellen sich viele Sauna-Neulinge die Frage: Kann die Sauna, die für mich ein Stück Lebensqualität und Wohlbefinden darstellt, tatsächlich auch eine Naturarznei sein? Kann man damit Erkrankungen verhindern und erfolgreich behandeln? Dazu gibt es heute bereits eine Reihe von ärztlichen Erfahrungen:

- In Erkältungszeiten ist es sinnvoll, regelmäßig die Sauna zu besuchen. Dabei wird der Organismus abgehärtet und kann nicht so leicht von einer Infektion heimgesucht werden. Wenn man bereits erkältet ist, vielleicht sogar Fieber hat, dann ist vom Saunieren abzuraten. Das kann zur Verschlechterung der Erkrankung beitragen.
- Wer an Rückenverspannungen und -schmerzen leidet, der sollte sich die meiste Zeit in der Sauna auf den Bauch legen. Dann strahlt die Hitze von der Saunadecke direkt auf den Rücken ab. Und dort kommt es dann sehr rasch zu einer entspannenden Wirkung auf die Rückenmuskeln und auf die Seele. Man sollte allerdings nicht die ganze Zeit in der Sauna liegen, sondern sollte sich zwischendurch auch immer wieder aufsetzen. Das ist wichtig für den Kreislauf.

- Wer an Akne leidet, sollte regelmäßig in die Sauna gehen. Die Hitze öffnet weit die Hautporen, die von Talg verstopft sind. Und das ist für den Heilungsprozess wichtig.
- Rheumatische Beschwerden können in der Sauna erheblich gelindert werden. Wirbelsäulenprobleme bekommt man mit regelmäßigem Schwitzen in der Sauna schneller und besser in den Griff.
- Gelenkverletzungen, Verstauchungen, Prellungen heilen schneller.
- Nervosität und Stress kann man mit einem Sauna-Besuch hervorragend abbauen.
- Viele Asthmakranke vertragen die trockene Sauna-Luft erstaunlich gut und bleiben bei regelmäßigen Sauna-Besuchen meistens vor weiteren, starken Anfällen verschont.
- Eine weitere positive Wirkung des Saunierens ist die positive Wirkung auf Schlafstörungen, die durch Stress, Nervosität und Ruhelosigkeit ausgelöst werden. Die wohlige Erschöpfung nach dem Schwitzen fördert das schnellere Einschlafen und das ruhige Durchschlafen. Wer abends in die Sauna geht und nachher einschläft, fühlt sich am nächsten Morgen besonders ausgeruht und frisch.

Was geschieht den eigentlich im Organismus, wenn man sich in der Sauna befindet?

Der Wärmereiz, der durch die Wärmestrahlung vom Sauna-Ofen, von den Steinen und von den Holzwänden entsteht, hat auf den gesamten Menschen einen positiven Einfluss. Die Wärme gelangt in erster Linie durch die Haut in den Körper. Auch die Schleimhäute der Atemwege werden aufgeheizt. Die gesamte Körpertemperatur steigt um 1 – 3 °C. Sämtliche Stoffwechselvorgänge werden gesteigert. Der Kreislauf wird angekurbelt. Die natürlichen Abwehrkräfte werden gestärkt.

Schwangere Frauen, Kinder und auch Senioren können die Wärme der Sauna genießen. Es ist notwendig, vorher mit dem Arzt darüber zu sprechen. Dasselbe gilt für Diabetiker, depressive Menschen und Patienten mit Bluthochdruck.

Bei folgenden Krankheiten darf man allerdings auf keinen Fall eine Sauna besuchen: bei akuten und fieberhaften Erkrankungen, bei nicht auskurierten Leiden an Herz und Kreislauf, bei Entzündungen an inneren Organen und an Blutgefäßen, bei einem nicht ausgeheilten Lungenleiden, bei Epilepsie oder Epilepsie-ähnlichen Anfällen, bei Leber- und Nierenerkrankungen, bei erhöhtem Augendruck, bei schweren neurovegetativen Störungen, bei Durchblutungsstörungen und bei Venenerkrankungen, ganz besonders bei Krampfadern und bei einer Venenentzündung.

Alle anderen können, ja sollten sogar im Winter die wohltuende und heilende Wärme der Sauna nützen: Denn die Sauna leistet einen wertvollen Beitrag für unser Wohlbefinden, für eine bessere Leistungsfähigkeit und für unsere Gesundheit.

Heilende Strahlungswärme aus der Fern-Infrarot-Sauna

Aus den Erfahrungen der herkömmlichen Sauna hat man bereits vor Jahren eine neue Sauna-Form entwickelt: die Infrarot-Kabine. Auch hier sitzen mehrere Personen beisammen und genießen nicht nur die Hitze, sondern auch die Infrarot-Wärme. Auch hier gibt es, wenn man so eine Sauna zu Hause haben möchte, hohe Anschaffungskosten.

Nun aber hat die Sauna-Forschung einen Höhepunkt erreicht: mit der Fern-Infrarot-Sauna, in den USA seit einigen Jahren als Relax-Home-Sweater bekannt. Das ist eine Sauna-Form, die besonders viele gesundheitliche Vorteile bringt und die sich jeder zu Hause vom Platz her leisten kann.

Was ist nun der Unterschied zwischen einer normalen Sauna, einer Infrarot-Sauna und der Heim-Sauna mit Fern-Infrarot-Technik?

Man kann das Fern-Infrarot eindeutig als Natur-Medizin bezeichnen:

Die Fern-Infrarot-Strahlung – vielfach auch kurz FIR genannt – ist der Anteil des Infrarot-Spektrums von 0,75 bis 1.000 Mikron. Es hat im Bereich von 6 – 14 Mikron die größte Wirkung für den Menschen, ist die Grundlage für Leben und Lebensenergie.

Unser natürlicher Lieferant von Infrarot-Wärme ist die Sonne. Etwa 80 Prozent des Sonnenlichtes sind Infrarotlicht. Auch der menschliche Körper selbst gibt diese Energie ab. Unsere Handflächen senden eine Infrarot-Energie von 8 – 14 Mikrometern. Das ist auch die Erklärung dafür, warum man mit Handauflegen sehr oft Beschwerden lindern und andere gesundheitliche Effekte erzielen kann.

Das Fern-Infrarot ist zwar nicht so energievoll wie Nah-Infrarot und hat deshalb auch keinen so schnell spürbaren Wärmeeffekt auf der Haut, doch die langwellige Strahlung dringt Zug um Zug in tiefe Körperschichten vor. Der internationale Fern-Infrarot-Forscher Prof. Dr. Tsu-Tsair Oliver Chi formuliert das so: „Nachdem das Gewebe maximal stimuliert worden ist, setzt die restliche Strahlungs-Energie ihren Weg fort, ohne dabei schädlich zu sein."

Das Besondere an der Fern-Infrarot-Strahlung:

- Es kommt zu einer Erwärmung des Körpers von innen nach außen.
- Körper- und Wassermoleküle werden dabei mit Energie aufgeladen.

Wenn man Orangen, Zitronen und Äpfel der Strahlung aussetzt, dann reifen sie schneller, produzieren mehr Zuckergehalt, werden süßer und entwickeln im Fruchtfleisch besonders viele Vitamine, Mineralstoffe, Enzyme, Spurenelemente und Hormone.

Interessant ist auch, wie die Fern-Infrarot-Wärme auf die nächste Umgebung wirkt: Die Strahlung wird von einem Körper zum anderen übertragen, ohne dass der dazwischen liegende Raum erhitzt wird.

Diese faszinierende Fern-Infrarot-Strahlung kann man ohne großen Platzbedarf und ohne all zu großen technischen Aufwand in der Praxis genießen und nützen. Die deutsche IPM-Forschung hat ein faszinierendes Gerät entwickelt, das im Grunde genommen viel mehr für die Gesundheit, Fitness und für die Liebe tun kann, als herkömmliche Sauna-Räume. Es ist der Home-Sweater. Der Name kommt aus dem Englischen und bedeutet schlicht und einfach: daheim schwitzen.

Was steckt nun hinter so einem Home-Sweater? Auf kleinstem Raum kann man die Fern-Infrarot-Heimsauna aufstellen. Sie wiegt 11 Kilo und lässt sich nach Gebrauch bequem unter dem Bett oder in einem Schrank unterbringen. Mit ein paar Handgriffen ist sie in wenigen Minuten auf- und auch wieder abgebaut. In einem kleinen Kästchen sind alle notwendigen Installationen in High-Tech-Ausführung untergebracht. Im Gegensatz zu einer herkömmlichen Sauna wird die Heimsauna nicht mit einem Ofen, sondern mit einer Fern-Infrarot-Quelle beheizt. Damit wird gerade eine Temperatur von 65 °C erreicht. Das sind zwar rund 30 °C weniger als in einer herkömmlichen Sauna.

Doch man erreicht damit die gleiche Wirkung. Denn die Fern-Infrarot-Wellen werden von der Haut absorbiert und versorgen das Unterhaut-Gewebe und nicht nur die Hautoberfläche mit Energie. Man kann die Heimsauna auf dem Balkon ebenso aufstellen wie vor dem Fernsehgerät im Wohnzimmer. Sie ist in 3 Minuten aufgeheizt. Man spart enorm Energie: Man erwärmt mit 80 Prozent der Leistung den Körper, mit nur 20 Prozent die Luft. Die Strahlung befindet sich genau im heilsamen FIR-Bereich von 4 – 14 Mikron. Daher ist nur ein Sauna-Gang notwendig.

In einer Fern-Infrarot-Sauna schwitzt man viel mehr. Man führt über die Poren große Mengen an Giften, Schmutz und Stoffwechselschlacken ab. Und der große Vorteil: Es kann der Kreislauf nicht darunter leiden, weil zwar der ganze Körper bis zum Hals der Fern-Infrarot-Strahlung ausgesetzt ist, nicht aber der Kopf. Er ist frei und ermöglicht eine normale, freie Atmung. Man sitzt in der Heimsauna wie in einem Sauna-Schrank.

Wer so einen Home-Sweater regelmäßig nützt, kann damit für Gesundheit, Fitness, Vitalität und Liebeslust vieles erreichen: Die Haut wird schöner,

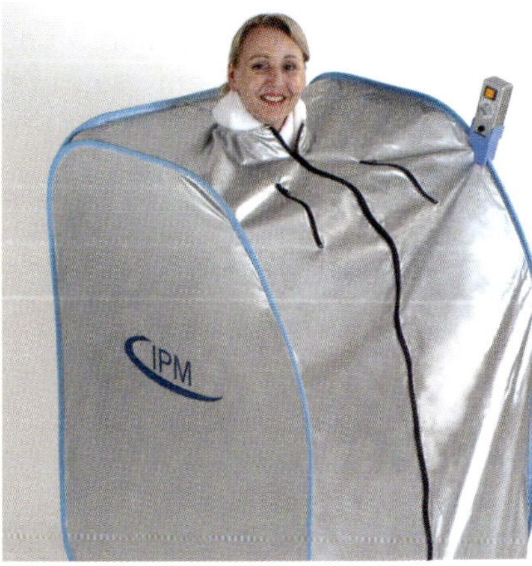

So einfach und praktisch kann man in der Heimsauna die heilende und aufbauende Fern-Infrarot-Strahlung für Gesundheit, Fitness und Vitalität nützen.

jünger, straffer. Man kann Schlafprobleme aus der Welt schaffen, schläft entspannt ein und erwacht erholt. Man kann die Immunkraft stärken. Die allgemeine Leistungskraft steigt. Stress wird abgebaut und stressbedingte Leiden können gelindert werden. Verspannungen vergehen. Die Verdauung wird verbessert. Die Durchblutung bekommt wieder neuen Schwung. Cellulite-Haut wird wieder schöner. Man kann das Abnehmen unterstützen. Und man hat an ungemütlichen Wintertagen nach einem Saunagang wieder so richtig Lust auf Liebe. Auch rheumatische Beschwerden können gebessert werden. Das alles bestätigt Dr. Gerald Jentsch, Mikrobiologe und Naturmediziner aus München. Er ist ein absoluter Befürworter des derzeitigen Home-Sweater-Trends, der aus den USA zu uns gekommen ist.

Wichtig ist allerdings:

- Man sollte vor dem Saunieren und nachher viel Trinken: am besten jeweils 1/2 bis 1 Liter Apfelsaft-Schorle oder pures Wasser.
- Vor dem Saunieren in der Fern-Infrarot-Heimsauna 1 Stunde nichts essen und mehrere Stunden vorher keinen Alkohol trinken.
- Ideal, wenn man die Fern-Infrarot-Heimsauna im Winter 2- bis 3-mal die Woche für jeweils 15 – 30 Minuten nützt.

Herz-Kreislauf-Kranke müssen vorher unbedingt den Arzt fragen. Bei Venenleiden und Durchblutungsstörungen ist auch die Infrarot-Sauna ungeeignet.

Die besten Gesundheitstipps für Ihren Urlaub im Winter

Mehr und mehr werden die Winter-Monate auch zu Reise-Monaten. Die einen gehen in die Ferien, um den kalten Temperaturen zu entfliehen und suchen die Sonne in südlichen Ländern. Die anderen wollen in den Bergen Schifahren oder Wandern.

Damit Sie Ihren Winterurlaub gesund genießen können und auch wieder gesund zurückkommen, hier die wichtigsten Tipps:

- Wer soll wohin? Wählen Sie das richtige Ferienziel für Ihren Typ, damit Sie sich wohl fühlen und der Urlaub zur Medizin wird.

  Wenn Sie an Erschöpfungszuständen leiden, Kreislaufprobleme haben, erkältet sind oder an Katarrhen der Atemwege laborieren, gehen Sie an der Ost- oder an der Nordsee spazieren. Das See-Reizklima wird Ihnen gut tun. Bei Nieren- und Blasenleiden und bei Überfunktion der Schilddrüse fahren Sie nicht an die Nordsee.
- Gegen Stress, Nervosität, Migräne und Blutdruckproblemen eignet sich das europäische Mittelgebirge, etwa 1.000 Meter Höhe.
- Wer im Winter in die Sonne fliegen möchte, wird sich in Tunesien, an der Costa del Sol, auf Zypern und in Israel wohl fühlen. Wer noch weiter wegfliegt, muss sich nach

der Rückkehr sehr warm anziehen, damit er nicht durch den Temperaturschock eine schwere Erkältung bekommt. Wer die Wärme sucht und nicht wegfliegen möchte, erholt sich am besten in Deutschland, Schweiz oder Österreich in einem Thermalbad.

- Wohin Sie auch in die Winterferien gehen, bedenken Sie, was Ärzte ausgerechnet haben: Wenn Sie nur eine Woche Zeit haben, so können Sie sich im Schnee besser erholen als im sonnigen Süden. Für exotische Länder brauchen Sie mehr Zeit.

- Bevor Sie abreisen: Lassen Sie sich vom Arzt untersuchen. Nehmen Sie Medikamente mit, die Sie im Zuge einer Behandlung einnehmen müssen. Nehmen Sie Präparate gegen Durchfall und Kopfschmerzen mit. Urlaubskrankenschein nicht vergessen. Bei Reisen in exotische Länder müssen Sie Arzt und Apotheker fragen, welche Impfungen Sie für Ihr Reiseziel benötigen.

Wenn Sie nur eine Woche Urlaub haben, dann sollten Sie den Schiurlaub dem Badeurlaub vorziehen.

- Vorsichtsmaßnahmen beim Schifahren: Sonnenbrille, Sonnenschutz-Präparate mit hohem Schutzfaktor, Lippenschutz, warme Kopfbedeckung mitnehmen. Riskante Abfahrten wegen der Gefahr des Beinbruches vermeiden. Pisten-Rowdys aus dem Weg gehen.

- Vorsichtsmaßnahmen in exotischen Ländern: Mineralwasser und Milch nur aus verschlossenen Flaschen trinken. Auf Salate, rohes Gemüse und bereits geschältes Obst verzichten. Kopfbedeckung, Sonnenbrille und Schutzpräparate gegen starke Sonneneinstrahlung mitnehmen.

- Tipps gegen die Reisekrankheit: Nehmen Sie Reisekaugummi-Dragees (Apotheke) mit, die Sie erst im Mund zerbeißen, wenn die ersten Anzeichen des Unwohlseins auftreten. Essen Sie vor der Abreise wenig und leicht. Meiden Sie Alkohol und Nikotin. Wählen Sie auf dem Schiff und im Flugzeug einen Platz in der Mitte, als Mitfahrer im Auto den Platz vorne neben dem Lenker. Einen Langstrecken-Flug zu Ihrem Ferienziel ertragen Sie besser, wenn Sie die Kleidung lockern, die Schuhe ausziehen, viel Flüssigkeit ohne Kohlensäure zu sich nehmen und schon Tage vorher täglich 1 Kapsel natürliches Vitamin E mit 200 internationalen Einheiten einnehmen.

So wird die Traumschiff-Reise zu einem gesunden Genuss

Eine Urlaubsreise auf einem Kreuzfahrt-Schiff übers Meer in südlichen, warmen Regionen ist im Winter für viele ein erholsames Vergnügen und findet immer mehr Freunde. Damit so eine Reise ein gesunder Genuss wird, sollte man eine Reihe von wichtigen Maßnahmen beachten und zwar vor und auch während der Kreuzfahrt:

- Informieren Sie sich genau, wohin das Schiff fährt, welche Erdteile vorgesehen sind, wie dort die klimatischen und hygienischen Bedingungen sind. Das ist besonders wichtig für Menschen mit chronischen Erkrankungen.
- Fragen Sie, ob es an Bord eine medizinische Versorgung, einen Arzt oder eine Krankenstation gibt.
- Besprechen Sie mit Ihrem Hausarzt und mit dem Apotheker die einzelnen Landgang-Ziele der Schiffsreise. Sie erfahren dann, welche Impfungen Sie durchführen müssen.
- Nehmen Sie ein Mittel gegen Seekrankheit mit. Es gibt bereits Kautabletten, die man erst in den Mund nimmt, wenn die ersten Anzeichen der Übelkeit zu verspüren sind.
- Nehmen Sie eine Reiseapotheke mit, damit Sie sofort etwas gegen Insektenstiche, gegen Ohren- und Kopfschmerzen, Durchfall und gegen Sonnenbrand tun können.
- Diabetiker sollten genügend Medikamente mit sich führen, sollten sich aber gleich am ersten Tag beim Schiffsarzt melden, damit man an Bord weiß, was im Falle einer Unterzuckerung zu tun ist. An Bord locken viele kulinarische Köstlichkeiten. Da kann es schon hin und wieder zu einer Diät-Panne kommen.
- An Bord werden viele Freizeit- und Sportaktivitäten angeboten. Übertreiben Sie nicht. Überfordern Sie Ihren Körper nicht. Freizeit-Stress macht auch krank.
- Entscheiden Sie sich für einen Landausflug erst am selben Tag oder am Abend davor. Dann wissen Sie, ob Sie Spaß dran haben und ob Sie sich dafür fit fühlen. Andernfalls relaxen Sie besser an Bord.

Traum vieler Menschen: Dem Winter entfliehen mit einer Reise auf einem Kreuzfahrtschiff.

- Vorsicht ist beim Aufenthalt an Deck geboten. Durch den ständigen kühlenden Fahrtwind spüren Sie nicht die Kraft der Sonne. Man holt sich da sehr schnell einen Sonnenbrand oder einen Kreislaufkollaps. Durch die Meeresfläche werden die Sonnenstrahlen enorm reflektiert. Tragen Sie daher an Bord eine Sonnenbrille und eine schützende Kopfbedeckung.
- Beim Landgang sollten Sie beim Essen und Trinken vorsichtig sein, damit Sie sich keinen Reisedurchfall einhandeln. Genießen Sie nur Früchte, die Sie selbst schälen. Halten Sie sich an den Spruch: „Brat' es, koch' es, schäl' es – oder vergiss es!" Verzichten Sie besser auf unbekannte exotische Speisen, die Sie nicht kennen.
- Für die ganze Reise gilt als Muss: Trinken Sie jeden Tag 2 bis 3 Liter Wasser aus Flaschen, die noch verschlossen sind und die Sie selbst öffnen. Ausreichende Flüssigkeit gewährt einen gesunden Kreislauf.

Fit im Flieger auf der Flucht in die Sonne

Wer Urlaubstage und Geld gespart hat und wer die kalte Jahreszeit absolut nicht mag, der flüchtet im Winter gern in die Sonne, um dem Wetter zu entgehen. Wer jetzt allerdings einen Badeurlaub machen möchte, der muss einen Langstreckenflug von mehreren Stunden auf sich nehmen. Und viele fühlen sich nach so einem Flug krank und elend. Das muss nicht sein.

Viele haben bereits während des Fluges oder Tage danach Halsschmerzen oder leiden an Heiserkeit. Die Erklärung dafür: Im Flugzeug herrscht auf Grund der Klimaanlage eine Luftfeuchtigkeit von nur 10 Prozent. Wir brauchen aber für unsere Gesundheit 45 – 60 Prozent. Dadurch trocknen im Flieger die Schleimhäute von Mund und Rachen aus und werden zu Tummelplätzen für Viren und Bakterien. Die Folge: Man wird schneller krank.

Das können Sie dagegen tun:

- Trinken Sie während eines langen Fluges etwa 3 Liter Wasser oder verdünnte Fruchtsäfte, damit die Mundschleimhäute immer feucht bleiben.
- Meiden Sie Mineralwasser mit viel Kohlensäure. Das kann in luftiger Höhe zu Blähungen führen.
- Nehmen Sie eine kleine Zerstäuber-Flasche mit Salzwasser – einen Sole-Spray – aus der Apotheke mit und sprühen Sie sich die Lösung alle

30 Minuten in Mund und Rachen. Das sollten Sie auch noch einige Tage lang nach dem Flug in Ihrem Ferienort tun.

- Es ist sicher sinnvoll, wenn nervöse Menschen, die nicht gern fliegen, sich nach dem Essen zurücklehnen und schlafen. Im Schlaf wird der Organismus bei einem Langstreckenflug am wenigsten belastet.

Es ist aber gesundheitsschädlich, wenn man ein Schlafmittel nimmt und vielleicht gar noch Alkohol trinkt. Man liegt dann nämlich viele Stunden wie narkotisiert in seinem Sitz, noch dazu in einer unveränderten Position. Dadurch kann es zu einem Blutstau und einem Blutgerinnsel kommen.

Ein weit verbreitetes Problem: Auch gesunde Menschen haben nach einem Langstreckenflug Wadenkrämpfe, Venenbeschwerden und Durchblutungsstörungen in den Beinen. Das können Sie dagegen tun:

- Ernähren Sie sich bereits 3 Wochen vor dem Flug mit überwiegend Vollkornprodukten. Richten Sie Salate mit Weizenkeimöl an. Knabbern Sie Nüsse. Sie tanken damit Vitamin E. Eine Studie der amerikanischen Flugbehörde hat ergeben: Vitamin E hält im Flieger das Blut flüssiger, fördert die Durchblutung, schützt die Venen. Nehmen Sie daher auf der Reise täglich 1 Kapsel natürliches Vitamin E, 200 internationale Einheiten (Apotheke) ein.
- Lockern Sie während des Fluges Kleider und Gürtel. Meiden Sie Jeans und Mieder.
- Ziehen Sie im Flugzeug die Schuhe aus, lagern Sie die Beine hoch, am besten auf einer Reisetasche. Massieren Sie die Füße und machen Sie mit den Zehen Gymnastikübungen. Stehen Sie immer wieder auf und gehen Sie umher.
- Sprechen Sie mit Ihrem Arzt, ob es nötig ist, vor einem Langstreckenflug (mehr als 6 Stunden) Heparin, der die Blutgerinnung hemmt, zu spritzen.

Viele fühlen sich nach einem langen Flug wie gerädert, weil sie mit der Zeitverschiebung nicht zurechtkommen. Man spricht vom Jetlag. Wenn Sie landen, ist der Körper oft auf Nachtruhe programmiert. An ihrem Zielort aber ist ein strahlender Tag. Sie sind müde, gereizt, unkonzentriert, lustlos. Das können Sie dagegen tun:

- Riechen Sie immer wieder an einem Fläschchen mit Rosmarin- oder Pfefferminzöl. Reiben Sie die Fußsohlen mit Rosmarinöl ein, das macht fit. Nehmen Sie den natürlichen Energie-Wirkstoff NADH in Form von ENADA-Chi aus der Apotheke. Lassen Sie die kleine Tablette unter der Zunge im Mund zergehen.

Die wichtigsten und wirksamsten Naturarzneien für den Winter

Wenn im Winter gesundheitliche Probleme auftauchen, dann dauert es meist länger als in der schönen Jahreszeit, bis man sie wieder im Griff hat. Allerdings kann man oft erstaunliche Erfolge im Kampf gegen Alltagsbeschwerden, chronische Leiden oder Infektionskrankheiten erzielen, wenn man ganz bestimmte Naturarzneien einsetzt. Viele dieser Substanzen haben sich im Laufe von Jahrhunderten, Jahrzehnten oder auf Grund neuester Forschungen speziell im Winter bewährt. Ich möchte Ihnen die wichtigsten und wirksamsten vorstellen:

Mit Sonnenblumenöl gesund durch den Winter

Sonnenblumenöl als Naturarznei: Das ist sicher für viele neu. Ich will Sie für den Winter mit der uralten russischen Öl-Ziehkur vertraut machen. Sie hilft uns, auf einfache Art und Weise die natürlichen Abwehrkräfte im Mund- und Rachenbereich zu stärken. Ärzte des ukrainischen Verbandes für Onkologen und Bakteriologen haben vor ein paar Jahren offiziell erklärt: Kaltgepresstes Sonnenblumenöl ist eines der wertvollsten Hausmittel, die wir haben. Und vor allem: Jeder kann es nützen. Es ist eine Methode ohne jede Nebenwirkung. Es gibt in Russland erstaunliche Erfolge mit dieser Therapie zu berichten.

Ukrainische Ärzte betonen: Man kann mit Sonnenblumenöl Zellen, Gewebe und Organe positiv beeinflussen. Es gibt eine schädliche Mikroflora, es gibt Bakterien, die den Körper gefährden. Und diese Mikroflora wird von den Wirkstoffen des Öls vernichtet.

Ganz besonders sinnvoll aber, so sagen russische Ärzte, ist das Sonnenblumenöl zur Vorbeugung, zum Gesundbleiben. Und so wird dieses ungewöhnliche Hausmittel, das fast jeder von uns bei sich zu Hause in der Küche stehen hat, für die Gesundheit genützt:

- Ein Esslöffel Sonnenblumenöl wird in den Mund genommen. Aber bitte nicht schlucken!
- Das Öl wird nun ganz ruhig, ohne Hast und ohne Anstrengung im geschlossenen Mund 15 – 20 Minuten lang behalten und dabei immer wieder zwischen den Zähnen hin und her gezogen. Darum der Name Öl-Ziehkur. Auch jetzt darf das Öl nicht geschluckt werden. Es muss aber ständig im Mund bewegt werden.
- Zuerst ist es dickflüssig, wird aber immer dünner. Wenn man es dann nach der Prozedur ausspuckt, ist das Öl meistens ähnlich der Milch. Ist es noch goldgelb, dann war die Mundspülung zu kurz. Man sollte mit einer neuen Portion Öl den Vorgang wiederholen.
- Nach dem Ausspucken des Öls muss die Mundhöhle gründlich und oftmals mit Wasser ausgespült werden. Dann putzt man die Zähne mit einer Zahnbürste, aber ohne Zahnpaste.

Untersuchungen haben ergeben: In der ausgespuckten Flüssigkeit kann man riesige Mengen von schädlichen Bakterien, Viren und anderen Krankheitserregern und belastenden Stoffen nachweisen. Es muss daher auch das Waschbecken intensiv gesäubert werden.

Man sollte die Ölspülung morgens auf nüchternen Magen vornehmen. Wenn man sich schlecht fühlt, kann man sie auch 3-mal täglich durchführen, dann immer vor dem Essen.

Das erste sichtbare Erfolgszeichen: Das Zahnfleisch festigt sich, die Zähne werden heller und es gibt kein Zahnfleischbluten mehr.

Stellen Sie sich also für den Winter zur Sicherheit eine Flasche kaltgepresstes Sonnenblumenöl in die Küche. Für alle Fälle…

Kräuter, die uns im Winter fröhlich machen

Wenn die Tage immer kürzer werden, wenn die Sonne nur sehr selten scheint, wenn viele von uns morgens bei Dunkelheit aus dem Haus gehen und am frühen Abend im Finstern nach Hause kommen, dann ist wieder die Zeit der depressiven Verstimmungen, der Traurigkeit, der seelischen Tiefpunkte. Man sollte sich von diesen Gefühlen nicht beherrschen lassen. Man kann etwas dagegen tun. Aber nicht mit Psychopharmaka und Antidepressiva. Vielmehr sind eine Reihe von Heilkräutern wertvolle Helfer in dieser Situation. Man könnte sie als Seelentröster aus der Natur bezeichnen:

- An erster Stelle steht zweifelsohne das Johanniskraut. Der rote Farbstoff der gelben Blüten enthält den Hauptwirkstoff Hypericin. Er wirkt übers Gehirn, schaltet jene Botenstoffe aus, welche unsere Glückshormone blockieren. Schon im Mittelalter hat man die Wirkung des Johanniskrautes gekannt, hat es „Sonnenschein für die Seele" bezeichnet.

Man kann Johanniskrauttee trinken. Die bessere Wirkung allerdings geht vom hochdosierten Extrakt aus, den man in der Apotheke als Dragees bekommt. Es gibt allerdings auch Nebenwirkungen: Johanniskraut fördert die Lichtempfindlichkeit. Man kann daher im Solarium sowie in der Natursonne schneller einen Sonnenbrand bekommen. In extrem seltenen Fällen könnte die Antibabypille wirkungslos werden. Und auch Patienten, die blutverdünnende Mittel nehmen müssen, dürfen kein Johanniskraut nehmen.

- Auch Baldrian kann über die trostlosen Tage im Winter hinweghelfen, wenn es geht, die Nerven zu stärken. Der Tee aus der Baldrian-Wurzel wirkt beruhigend. Und hochdosierte Dragees fördern den Schlaf. Der Hauptwirkstoff der Baldrian-Wurzel, die Valerensäure, wirkt direkt auf die Nervenzellen und auf die Botenstoffe der Nervenzellen im Gehirn. Dadurch können auch stressbedingte Ängste und Unruhezustände positiv beeinflusst werden.

- Sehr sinnvoll ist es auch, in dieser Jahreszeit Lavendelblüten einzusetzen. Lavendel beruhigt, fördert das Einschlafen und hilft Stress abzubauen. Man kann Lavendeltee zubereiten. Aber es genügt sehr oft auch, den Duft der Lavendelblüten zu nützen. Geben Sie einfach 15 Tropfen Lavendelöl auf ein

Lavendel

Textiltaschentuch, tragen Sie es mit sich und schnuppern Sie tagsüber immer wieder daran. Oder füllen Sie ein Leinenkissen mit getrockneten Lavendelblüten. Das fördert einen ruhigen, tiefen Schlaf.

- Keine Frage: Zu den beruhigenden Kräutern zählt auch die Melisse. Sie kann wetterbedingte schlechte Stimmung vertreiben und wird auch in der Therapie gegen Wetterfühligkeit massiv in Form von Melissentee unter Zusatz von 2 Teelöffeln Melissengeist pro Tag angewendet. Das Geheimnis: Die ätherischen Öle der Melisse wirken direkt auf das vegetative Nervensystem.
- Harze, Duftstoffe, das beruhigende Methylbutanol und pflanzliche Hormonstoffe in den Hopfenblüten eignen sich sehr gut als Stimmungsaufheller an düsteren Wintertagen. Man muss sich aus den getrockneten Hopfenblüten einen Tee zubereiten.
- Bei manchen Menschen wirken auch Kamillenblüten beruhigend, schlaffördernd und machen an trostlosen Tagen bessere Stimmung. Man trinkt lauwarmen Kamillentee mit etwas Honig.
- Auch die Mariendistel, die heute hauptsächlich bei Magen- und Leberproblemen eingesetzt wird, hat eine antidepressive Wirkung. Man bereitet aus den Samenkörnern Tee. Man kann die gerösteten Samen aber auch in einer Kaffee- oder Getreidemühle schroten und über den Salat sowie übers Müsli streuen.

Die sibirische Taigawurzel gibt neue Leistungskraft

Wer in unserer modernen Zeit über 50 Jahre alt ist, der gilt noch lange nicht als alt. Die „jungen Alten" sind im Vormarsch und sind auch auf Grund ihrer Erfahrung in manchen Berufssparten wieder sehr gefragt. Allerdings ist es für Menschen über 50 schwerer geworden, sich bei all dem Stress, der Schnelligkeit und Härte des Berufslebens anzupassen und durchzusetzen. Viele haben das Gefühl, dass sie für ihre geistige und körperliche Leistungskraft und Energie etwas tun müssen. Wer nämlich permanent sein Bestes geben muss, aber keine neuen Energien tankt, der wird eines Tages krank.

Die westliche Medizin hat im Rahmen eines Erfahrungsaustausches mit chinesischen und russischen Wissenschaftlern ein uraltes Rezept aus dem asiatischen Raum wieder entdeckt, mit dessen Hilfe man neue Kräfte tanken kann. Es ist die sibirische Taigawurzel mit dem botanischen Namen Eleutherococcus senticosus. Sie wächst fast nur im Amur-Grenzgebiet und holt dort aus der mineralstoffreichen Erde ganz besondere Vitalstoffe.

Die sibirische Taigawurzel wird heute wie vor Jahrhunderten in der Wildnis gesammelt und zu einem biologischen Extrakt verarbeitet. Das muss auf sehr sanfte Weise geschehen, weil die äußerst sensiblen Wirkstoffe sonst kaputtgehen.

Den hochdosierten Extrakt aus der sibirischen Taigawurzel gibt es als kleine Kapseln in der Apotheke. Studien haben ergeben: Es genügt eine tägliche Menge von 120 Milligramm Wurzel-Extrakt, um auch im reiferen Alter geistig und körperlich mit der Jugend mithalten zu können.

Am Institut für Psycho-Gerotonlogie in den USA hat eine Studie von Prof. Dr. W. D. Oswald ergeben: Man kann zwar mit der sibirischen Taigawurzel das Altern nicht verhindern, man kann aber den Prozess verlangsamen.

Die Wirkstoffe der Wurzel schaffen Harmonie im Organismus und geben ihm auf diese Weise Kraft. Überschießende Körperfunktionen werden normalisiert, zu geringe werden verbessert. Dadurch können Leistungsdefizite ausgeglichen werden.

Die Taigawurzel hilft Stress und Müdigkeit zu bekämpfen, Umweltbelastungen abzuwehren, Konzentrationsschwäche zu beseitigen. Sie kann bei seelischen Belastungen Kraft geben. Und sie kann erfolgreich Wintermüdigkeit bekämpfen.

Besonders eignet sich eine Kur mit Taigawurzelextrakt für alle, die nach 50 noch voll im Berufsleben stehen, geistig und körperlich fit bleiben wollen, die sich stressfest machen wollen.

Die Taigawurzel hilft aber auch zum Beispiel bei der Zeitumstellung nach Langstreckenflügen. Sie ist für viele Reisende ein Geheimtipp gegen den Jetlag.

Mit Jojoba-Öl gesund und entspannt durch den Winter

Im Winter sollten wir immer eine Flasche Jojoba-Öl zu Hause haben. Dieses Naturprodukt ist ein hilfsreicher Begleiter durch die kalte Jahreszeit.

Viele denken: Jojoba-Öl ist doch eine Substanz, die nur in der Kosmetik eingesetzt wird. Schon, aber nicht nur. Jojoba-Öl ist ein interessantes Naturheilmittel, das als solches allerdings viel zu wenig genützt wird.

Was wenige wissen: Eigentlich ist das Jojoba-Öl gar kein Öl. Es ist ein flüssiges Wachs, das in einem schonenden Verfahren aus der Jojoba-Nuss ausgepresst wird.

Der Jojoba-Strauch, der bis zu 3 Meter hoch wird, wächst vorwiegend in den Wüstenstrichen von Kalifornien und Mexiko.

Was ist nun so wertvoll am Jojoba-Öl? Es enthält heilsame Fettsäuren, ungesättigte und gesättigte Alkohole, die Vitamine A und E, Aminosäuren, entzündungshemmende Wachs-Substanzen und interessante natürliche Konservierungsstoffe.

Das Jojoba-Öl wird nicht ranzig und behält bis zu 25 Jahren all seine Wirkstoffe und es hält unbeschadet Temperaturen bis zu 300 °C aus.

Und darum kann uns das Jojoba-Öl besonders in der kalten Jahreszeit als Naturarznei und Hausmittel helfen:

- Wenn man einen Schnupfen hat und an einer verstopften Nase leidet, kann man mit Jojoba-Öl die Nase wieder frei machen und die Schleimhäute zum Abschwellen bringen. Man gibt ein paar Tropfen unter die Nasenlöcher und zieht das Öl auf. Sehr angenehm ist es, wenn man dafür das Jojoba-Öl mit 2 Tropfen Basilikumöl oder 1 Tropfen Teebaumöl mischt.

- Bei Bronchitis oder Husten mischt man zu gleichen Teilen Jojoba-, Pfefferminz-, Kampfer- und Eukalyptusöl. Gut verrühren. Vor dem Zu-Bett-Gehen Hals, Brust und Rücken damit einreiben. Über Nacht einwirken lassen.
  Bei Halsschmerzen mischt man 20 Milliliter handwarmes Jojoba-Öl mit 5 Tropfen Melissenöl. Damit tränkt man ein Leinentuch, legt es an den Hals, wickelt ein trockenes Tuch darüber und lässt das ganze über Nacht oder tagsüber mindestens 4 Stunden einwirken.

- Sehr oft treten in der kalten Jahreszeit – speziell bei extrem tiefen Temperaturen – bei vielen Menschen Kopfschmerzen auf. Greifen Sie nicht gleich zu einem starken Kopfschmerzmittel. Mischen Sie 10 Milliliter Jojoba-Öl mit ein paar Tropfen 10%igem Pfefferminzöl. Damit reiben Sie 15 Minuten lang Schläfen, Stirn oder andere schmerzende Stellen am Kopf mit den Fingern ein. Die äußerliche Therapie wirkt sehr oft wie eine Schmerztablette, aber ohne Nebenwirkungen.

- In den kalten Monaten sind viele Menschen besonders stressanfällig. Das Jojoba-Öl bringt schnelle Entspannung. Man mischt zu diesem Zweck 20 Milliliter mit 2 – 3 Tropfen Rosenöl oder mit 1 Tropfen Weihrauchöl. Damit reibt man sich Nacken und Nabel ein. Das bringt einen sehr beruhigenden Effekt.

- Und wenn es an düsteren Tagen auch mit der Liebe bei manchen Paaren nicht so klappt, gibt es auch dafür ein Rezept: Riechen Sie an einem Fläschchen Jojoba-Öl, oder massieren Sie sich damit gegenseitig ein. Die anregende Wirkung für Stunden der Liebe wird durch die Beigabe von einigen Tropfen Rosenöl verstärkt. Allein der Duft dieser Mischung fördert die Entspannung von Körper, Geist und Seele.

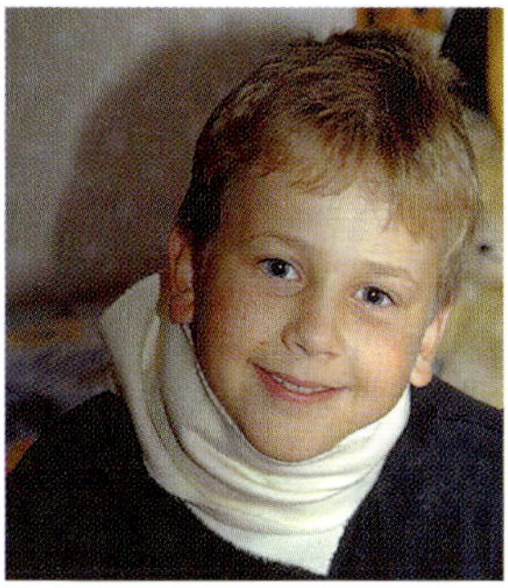

Halswickel mit Jojoba-Öl.

Tigerbalm: besonders wirksam bei Erkältungen

Eine uralte, sehr beliebte und überaus wirksame Naturarznei, die man auf der ganzen Welt kaufen kann, ist der Tigerbalsam, international auch Tigerbalm genannt. Wann immer Tigerbalm zum Einmassieren von Muskeln und Gelenken oder bei Erkältungsbeschwerden empfohlen wird, werden da und dort empörte Stimmen von Tierschützern laut. Sie meinen: Wie kann man in einer Zeit, in der die Tiger vom Aussterben bedroht sind und verfolgt werden, Tigerbalsam empfehlen?

Tigerbalm hat nichts mit dem Tiger zu tun!

Es soll daher ein für allemal gesagt werden. Die ganze Aufregung ist umsonst. Im Tigerbalm ist gar kein Tiger drinnen. Es muss für diese Naturarznei kein Tiger sein Leben lassen. Der Name der ungewöhnlichen Salbe, deren Rezept aus Singapur stammt, leitet sich von einem alten asiatischen Sprichwort ab. Es heißt: „Wenn du dich mit diesem Balsam einreibst, dann bekommst du geschmeidige Gelenke, wie die eines Tigers!"

Außerdem hieß der chinesische Pflanzengelehrte, der das uralte Heilmittel vor 100 Jahren in seiner ursprünglichen Rezeptur serienmäßig herzustellen begann, mit dem Vornamen Aw Boon Haw. Und das heißt ebenfalls Tiger. Es ist also sozusagen auch der Balsam des „Herrn Tiger".

Was ist nun tatsächlich im Tigerbalsam drinnen? Er enthält eine Reihe von Heilpflanzen in einer ausgewogenen Mischung:

- Cajeputöl wirkt auf Grund seines starken Cineol-Gehaltes durchblutungsfördernd und schleimlösend.
- Pfefferminzöl wirkt antibakteriell, kühlend und schmerzlindernd.
- Kampfer fördert ebenfalls die Durchblutung und lindert vor allem rheumatisch bedingte Muskelbeschwerden.
- Nelkenöl wirkt vor allem entzündungshemmend. Es hat eine natürliche lokalanästhetische Wirkung. Dadurch ist es schmerzlindernd. Es bekämpft aber auch Viren und Bakterien.
- Menthol erregt die Kälterezeptoren der Haut. Dadurch entsteht ein kühlender Effekt, der zu einer örtlichen Betäubung und Schmerzlinderung führt. Auch Menthol wirkt antibakteriell.

- Zusätzlich findet man im Tigerbalm noch Essenzen von chinesischen Kräuterextrakten, welche die Wirkung der Hauptinhaltsstoffe verstärken.

Es gibt weißen und roten Tigerbalm. Beide Salben enthalten dieselben Wirkstoffe, allerdings in unterschiedlicher Konzentration.

- Der rote Tigerbalsam wirkt in erster Linie bei Muskel- und Gelenkbeschwerden. Man kann ihn erfolgreich bei rheumatischen Erkrankungen, bei Arthrose, Ischias, Kreuzbeschwerden, Hexenschuss, bei Prellungen, Zerrungen, Muskelverspannungen, Verstauchungen und anderen Sportverletzungen einsetzen.

  Man kann ihn aber auch vorbeugend zum Aufwärmen der Muskeln vor dem Sport verwenden.

- Der weiße Tigerbalsam ist besonders wirkungsvoll bei Erkältungen und bei erkältungsbedingten Beschwerden. So macht es zum Beispiel Sinn, bei Husten und starker Verschleimung regelmäßig Brust und Rücken einzumassieren.

  Bei Atemnot bringt es Erleichterung, wenn man immer wieder ganz wenig weißen Tigerbalsam unter die Nasenlöcher in die Haut reibt. Die ätherischen Öle machen die verstopfte Nase wieder frei. Da aber Erkältungen sehr oft auch mit Gelenkbeschwerden verbunden sind, bringen auch hier Einreibungen Hilfe.

Aloe vera stärkt unsere natürlichen Abwehrkräfte

Die meisten von uns kennen den Namen Aloe vera aus der Werbung für kosmetische Hautpflegemittel. Doch die Aloe vera kann vielmehr. Sie zählt zu den wertvollsten Naturarzneien, die in den letzten Jahren von der modernen Wissenschaft entdeckt wurden. Die Aloe ist ein Liliengewächs und wird in vielen exotischen Ländern als „Wüsten-Lilie" bezeichnet. Es gibt rund 300 Aloe-Arten. Doch für Heilzwecke und für die Kosmetik eignet sich einzig und allein die „Aloe vera barbadensis", die „wahre Aloe".

Sie war schon in historischen Zeiten ein Begriff. Man kannte die Heilwirkung der Pflanze bereits vor 6.000 Jahren. Aus ägyptischen Grabinschriften geht hervor, dass Nofretete und Cleopatra Aloe-vera-Extrakte verwendeten. Die heilenden Kräfte der Pflanze waren den Sumerern, Chinesen und Mayas gleichermaßen bekannt. Alexander der Große ließ die Wunden seiner Soldaten mit Blättern der Aloe vera behandeln. Und auch Columbus führte für seine Matrosen Aloe-vera-Pflanzen in Blumentöpfen auf seinen Schiffen mit. Im 17. Jahrhundert wurde die Aloe vera dann von Mönchen nach Mitteleuropa gebracht.

Aloe-vera-Pflanze

Was macht nun die Aloe vera so wertvoll für unsere Gesundheit? Die Blätter der Pflanze enthalten 160 Wirkstoffe. Hauptwirkstoff ist das Acemannan. Dieses langkettige Zuckermolekül, das der Mensch nur in der Pubertät selbst im Körper herstellen kann, wirkt gegen Viren, Bakterien, Pilze und Allergien.

Man verwendet in der Kosmetik und in der Naturmedizin den Saft und das Gel aus den Außenblättern der Aloe vera. Man kann beides innerlich (nicht bei Menstruation und Schwangerschaft sowie empfindlichen Nieren) und äußerlich anwenden.

- Man trinkt den Aloe-vera-Ursaft zur Stärkung der Knochen, Knorpel und Gelenke. Und man kann damit die Immunkraft aufbauen. Dazu trinkt man 3 – 6 Wochen lang jeden Tag 1/16 bis 1/8 Liter Aloe-vera-Saft. Wenn man erschöpft ist, kann man frisches Gel aus den Blättern der Pflanze essen.
- Grundsätzlich aber wird das Gel überwiegend in der Kosmetik angewendet. Und auch der Saft wird äußerlich sowohl für die Schönheit als auch für die Gesundheit eingesetzt: gegen Akne, Neurodermitis, Rheuma und Neuralgien. Dazu gibt es wissenschaftliche Studien aus den USA.

Man kann Aloe-vera-Saft in Apotheken, Reformhäusern und Drogerien kaufen. Da muss man streng darauf achten, dass der Saft keinerlei Konservierungsstoffe aufweist und dass er aus biologisch angebauten Pflanzen gewonnen wurde. Vorsicht: Wenn der Aloe-vera-Saft sehr bitter schmeckt, dann hat er keine gute Qualität. Die besten Aloe-vera-Präparate kommen aus Bio-Farmen in Mexiko.

Warnen muss man auch vor der dicken Haut des Aloe-vera-Blattes. Wenn es mitverarbeitet wird, verursacht es starken Durchfall. Früher hat man daraus Abführmittel erzeugt. Sie sind heute verboten, weil sie als krebserregend gelten und den Darm extrem reizen.

Und hier noch ein Rezept, wenn Sie nach einem anstrengenden Tag müde nach Hause kommen und noch schnell fit werden wollen: 5 Esslöffel Aloe-vera-Saft mit 8 Esslöffeln Kefirmilch, 4 Esslöffeln Maracuja-Saft, 8 Esslöffeln Karottensaft und 1 Teelöffel Zitronensaft mischen. In kleinen Schlucken langsam trinken.

Prof. Bankhofers

heißer Tipp für die kalte Zeit:

In der kalten Jahreszeit ist es sinnvoll, die Raumluft mit ätherischen Ölen zu verbessern. Geben Sie in eine Wasserschale 5 – 7 Tropfen Eukalyptus-, Lavendel- oder Zitronenöl. Man nimmt die Gerüche mit der Raumluft auf. Eukalyptusöl stärkt die Bronchien, Lavendelöl beruhigt die Nerven, Zitronenöl verbessert die Stimmung.

Schwarzkümmelöl stärkt Immunkraft und Atemwege

Es ist unsinnig und leichtfertig, Schwarzkümmelöl als Wundermittel zu bezeichnen, was viele leider tun. So etwas gibt es nicht. Aber jüngste Studien haben ergeben, dass es sich hier um eine interessante Naturarznei handelt, die man sehr sinnvoll und mit Erfolg gegen eine Reihe von Beschwerden, Befindlichkeitsstörungen und Alltagserkrankungen einsetzen kann.

Im Grunde genommen ist Schwarzkümmelöl eine uralte Arznei. Es wird aus den Samenkörnen der Schwarzkümmel-Pflanze gewonnen, die etwa 60 cm hoch wird. Sie stammt aus Ägypten. Bereits zur Pharaonenzeit wurde Schwarzkümmelsamen gegen Blähungen, Bauchschmerzen und für eine bessere Verdauung von den Ärzten eingesetzt.

Vor etlichen Jahren erkrankte an der Münchner Reitakademie eine wertvolle Araberstute an Asthma. Sie durfte nicht mit starken chemischen Medikamenten behandelt werden. Daher zog man einen ägyptischen Arzt zurate. Er gab dem Tier ein heilsames Futter mit Schwarzkümmelsamen. Das Pferd war schnell wieder gesund. Das veranlasste den deutschen Immun-Forscher Dr. Peter Schleicher aus München, das Schwarzkümmelöl näher zu untersuchen.

Parallel wurden Studien am Sloan Kettering Krebsinstitut in Sputh Caroline, USA, durchgeführt. Seither weiß man, was das Schwarzkümmelöl im menschlichen Organismus alles bewirken kann: Es stärkt ganz erheblich das Immunsystem, auch wenn dieses bereits geschwächt ist. Erschöpfungszustände werden behoben.

Depressive Stimmungen können verbessert werden. Erkältungen werden schneller auskuriert. Entzündungen werden positiv beeinflusst. Der Körper

Türkischer Schwarzkümmel

wird stark gegen Allergien gemacht. Bronchitis und andere Atemwegsbeschwerden sprechen darauf an. Man kann Blähungen und andere Verdauungsbeschwerden beheben. Auch Monatsbeschwerden von Frauen und Mädchen werden gelindert.

Man weiß inzwischen auch, warum dieser Schwarzkümmel wirkt: Mit dem Öl aus dem Schwarzkümmelsamen kommen wertvolle, mehrfach ungesättigte Fettsäuren in den Körper: Linolsäure und Gamma-Linolensäure. Sie sind wichtig für die Bildung des Gewebshormons Prostaglandin. Und das wirkt entzündungshemmend. Die ätherischen Öle des Schwarzkümmels – Saponine, Nigellon und andere Bitterstoffe – können Störungen im Immunsystem stoppen und reparieren. Dadurch macht es auch Sinn, bei Pilzerkrankungen unterstützend mit Schwarzkümmelöl vorzugehen.

Man bekommt Schwarzkümmel in der Apotheke in Form von Samen, von Kapseln und als Öl. Man kann die Samenkörner kauen oder in der Küche verarbeiten. Man kann – über einen längeren Zeitraum – 3-mal täglich 2 Kapseln mit reichlich Flüssigkeit oder 3-mal täglich 20 – 25 Tropfen vom Öl einnehmen. Am besten, man spricht das genau mit dem Arzt ab.

Und hier ein spezielles Rezept zur Stärkung der Atemwege bei Bronchitis oder bei hohen Werten von bodennahem Ozon: Geben Sie 30 Tropfen Schwarzkümmelöl in 1 Liter Wasser und atmen Sie 10 Minuten lang die aufsteigenden Dämpfe ein.

Mit grünem Tee gegen Erkältungen und Karies

Haben Sie sich auch schon einmal die Frage gestellt: Was ist wirklich dran am grünen Tee? Sowohl der schwarze als auch der grüne Tee stammen vom gleichen Teestrauch, von den gleichen Teeblättern. Der Unterschied liegt in der Bearbeitung. Der Schwarztee wird fermentiert. Das ist ein künstlich herbeigeführter Gärungsvorgang zur Aromaverstärkung, bei dem die Blätter zerrissen und zerquetscht werden. Dabei werden viele wertvolle Inhaltsstoffe vernichtet. Daher befinden sich im grünen Tee unvergleichlich mehr.

Was sind das nun für Inhaltsstoffe, die den grünen Tee so interessant machen? Die Teeblätter enthalten große Mengen an Vitamin C gegen Erkältungen und Stress, Fluor zum Stärken der Zähne, Mangan zur Vorbeugung von Osteoporose, weiters Bitterstoffe, Koffein – früher im Tee Teein genannt – und vor allem Polyphenole. Diese Schutzstoffe sind das Wichtigste im grünen Tee. Es gibt zwei Arten von Polyphenolen: Gerbstoffe und EGCG-Substanzen. Die Gerbstoffe beruhigen Magen und Darm, schalten schädliche Bakterien aus und beugen Magen- und Darmstörungen vor. Sie machen auch die Haut widerstandsfähiger. Die EGCG-Stoffe sind krebshemmend und blutverdünnend. Wer regelmäßig grünen Tee trinkt, der kann sich gegen eine Reihe von gesundheitlichen Störungen schützen.

- Japanische Wissenschaftler haben herausgefunden: In Gegenden, wo viel grüner Tee getrunken wird, treten nur ganz selten Haut- und Magenkrebs auf. Der grüne Tee senkt aber auch das Risiko für Lungenkrebs. Daher sollte jeder Raucher täglich 3 Tassen trinken.
- Eine Studie von Prof. Dr. Jankun von der Medizinischen Hochschule in Ohio hat ergeben: Die Polyphenole im grünen Tee sind Radikalfänger. Sie schützen uns vor aggressiven Molekülen aus Umweltschadstoffen, stärken unsere Immunkraft.
- Das EGCG im grünen Tee hält unser Blut flüssig. Das bedeutet Vorbeugung vor Adernverkalkung, Herz- und Kreislauferkrankungen.
- Die Pflanzenfarbstoffe im grünen Tee senken ein wenig das schädliche LDL-Cholesterin und heben das schützende HDL-Cholesterin an.
- Grüner Tee wirkt antiviral, macht stark gegen Erkältungen.
- Wenn Schulkinder täglich 1 Tasse grünen Tee trinken oder nach den Mahlzeiten nur damit den Mund ausspülen, wird damit die Anfälligkeit für Karies um 50 Prozent verringert.
- Grüner Tee enthält rund 400 Aromastoffe und das ätherische Öl Thiamin, das als Stressbremse gilt.

Der grüne Tee muss richtig zubereitet werden: Man benötigt eine warme Kanne aus Porzellan oder Steingut. Pro Tasse kommt ein Teelöffel Teeblätter hinein. Für die Kanne ein extra Teelöffel. Das Teewasser wird aufgekocht, muss dann aber 5 Minuten stehen, damit es auf 70 °C abkühlt. Dann erst aufgießen. 3 Minuten ziehen lassen, wenn der Tee anregen, 5 Minuten ziehen lassen, wenn er beruhigen soll. Man kann die Teeblätter für einen zweiten und dritten Aufguss nützen. Da lässt man dann nur 2 Minuten ziehen. Wichtig: Grüner Tee sollte ungesüßt getrunken werden.

Gesund durch den Winter mit Heilerde

Die kalte Jahreszeit ist von ganz typischen Krankheitssymptomen gekennzeichnet. Viele Menschen leiden auf der einen Seite an Magenproblemen, auf der anderen Seite an Gelenkbeschwerden. Für beide gesundheitlichen Störungen kann man eine Naturarznei einsetzen, die sich seit Jahrtausenden bewährt hat. Es ist die Heilerde. Es handelt sich dabei um naturreinen Löß, entstanden aus Gesteinen, die von den Gletschern der Eiszeit aus Skandinavien nach Deutschland transportiert und dabei in der Natur zu feinem Pulver zerrieben wurden und unter Einfluss von Wasser verwittert sind. Heilerde ist reich an Mineralstoffen und Spurenelementen. Die Naturmedizin kennt zwei Formen von Heilerde: jene für den äußeren Gebrauch und die besonders feine für den inneren Gebrauch.

Die Heilerde für die äußere Anwendung kann man vielfach einsetzen: bei Gelenkbeschwerden, Verstauchungen, Blutergüssen, Verrenkungen, Zerrungen, Prellungen, rheumatischen Beschwerden, aber auch bei Akne, Pickeln und Ekzemen. Und so wird die Heilerde in diesem Fall eingesetzt:

- Bei Gelenkbeschwerden bringen Sie den Heilerde-Brei auf ein Leinentuch auf und legen ihn mit dem Tuch auf die schmerzenden Stellen auf. Lassen Sie den Brei über Nacht einwirken. Das Angenehme: Je nachdem, ob man besser Wärme oder Kälte verträgt, kann man die Heilerde mit warmem oder kaltem Wasser anrühren.
- Geben Sie nach Bedarf das trockene Heilerde-Pulver in eine Schüssel und gießen Sie Wasser dazu. Rühren Sie einen Brei an.
- Diesen Brei tragen Sie nun bei Pickeln und Akne direkt auf die Gesichtshaut auf, lassen ihn 20 Minuten einwirken. Dann mit warmem Wasser abspülen.

Die Heilerde für den inneren Gebrauch kann man bei Magenbeschwerden, Sodbrennen, Aufstoßen, Blähungen, Völlegefühl, Mundgeruch, nach übermäßigem Genuss von Alkohol, Nikotin und fetten Speisen ebenso einsetzen wie bei Durchfall. Die faszinierende Wirkung wird nicht nur durch die wertvollen Inhaltsstoffe der Heilerde ausgelöst, sondern auch durch die Feinheit der Erde. Sie bildet nämlich in Magen und Darm eine riesige Oberfläche. Und dadurch werden Krankheitserreger, Gifte, Umweltschadstoffe und schädliche Fettverbindungen aufgesaugt, gebunden und durch den Darm abtransportiert, sodass sie durch die Darmwände nicht in den Organismus gelangen können. Und so wird die Heilerde eingesetzt:

Geben Sie unmittelbar nach einer Mahlzeit 1 gehäuften Teelöffel Heilerde für den inneren Gebrauch in ein Glas und gießen Sie mit 1/4 Liter stillem Mineralwasser oder Leitungswasser auf. Gut umrühren und zügig trinken. Sie dürfen diese Prozedur, je nach dem Grad der Beschwerden, 1- bis 2-mal täglich durchführen.

Teebaumöl: Elixier gegen viele Winter-Beschwerden

Teebaumöl wird aus den hellgrünen, schmalen und zarten Blättern des Teebaumes gewonnen. Er wächst in sumpfigen Landschaften Australiens. Vor 40.000 Jahren haben die Ureinwohner des Kontinents aus den Blättern Tee gebraut und das Öl als Hausmittel verwendet. Heute liegen von namhaften australischen Universitäten zahlreiche Studien vor.

Das Teebaumöl enthält über 100 Wirkstoffe. Die drei wertvollsten sind Cineol, α-Terpinen und Terpinen. Sie sind hauptsächlich dafür verantwortlich, dass man mit dem Öl sowohl Viren als auch Bakterien und Pilze bekämpfen kann. Das Teebaumöl ist kein Wundermittel. Aber man kann es bei einer Reihe von Gesundheitsproblemen erfolgreich einsetzen. Allerdings muss man auch vorsichtig damit umgehen. Bei manchen Menschen kann das Teebaumöl allergische Reaktionen auslösen. Das kann man aber testen: Geben Sie 1 Tropfen Teebaumöl in die Armbeuge. Wenn es innerhalb von 2 Tagen keine negative Reaktion gibt, dann kann man das Öl einsetzen. Man sollte auch das Teebaumöl nicht mit den Augen in Berührung bringen. Und hier einige Rezepte:

- Wenn Sie erkältet sind und eine verstopfte Nase haben, tauchen Sie ein Textil-Taschentuch in lauwarmes Wasser, wringen es aus und geben 5 – 7 Tropfen Teebaumöl darauf. Halten Sie sich nun das Tuch 5 Minuten an die Nase und atmen gut durch.
- Wenn Sie an Halsschmerzen leiden, geben Sie 10 Tropfen Teebaumöl in ein Glas mit lauwarmem Wasser und gurgeln damit morgens und abends.
- Wenn Sie von einem lästigen Husten gequält werden, dann mischen Sie 1 Esslöffel Olivenöl mit 3 Tropfen Teebaumöl. Reiben Sie die Mischung in Brust und Rücken ein.
- Wenn Sie an den Lippen die ersten Anzeichen für eine Fieberblase verspüren – ein Ziehen, Brennen und Jucken –, dann geben Sie 7 Tropfen Teebaumöl auf einen Wattebauschen und reiben damit mehrmals am Tag die betroffene Stelle ein.
- Wenn Sie an Akne und Pickel leiden, dann träufeln Sie Teebaumöl auf ein Wattestäbchen und tragen Sie es damit auf die betroffenen Hautstellen auf.
- Zur Vorbeugung gegen Fußpilz geben Sie während eines Fußbades 10 Tropfen Teebaumöl in 4 Liter Wasser. Baden Sie die Füße 10 Minuten darin.
- Wenn Sie Ihr Zahnfleisch festigen, einer Parodontose vorbeugen und die Zahnsteinbildung bremsen wollen, dann gurgeln Sie nach jeder Mahlzeit mit 1/4 Liter lauwarmem Wasser, in das Sie zuvor 10 Tropfen Teebaumöl gegeben haben.

NADH, wenn im Winter die Lebensenergie fehlt

Es gibt im Winter Tage, da hat man einfach keine Energie, ist von morgens bis abends erschöpft. Das schlägt sich enorm auf die Laune, auf die Leistungsfähigkeit und auf die Immunkraft nieder. Und mancher hat sich schon gewünscht: „Ich hätte gern ein natürliches Rezept, das mich mit neuer Energie versorgt!". Dem österreichischen Wissenschaftler und Labor-Mediziner Univ. Prof. DDr. Jörg Birkmayer ist diese medizinische Sensation gelungen. Er hat das Geheimnis der menschlichen Lebensenergie entdeckt. Es handelt sich dabei um die biologische Substanz NADH, eine Abkürzung für Nicotinamid-adenin-dinucleotid. Sie trägt auch den Namen Co-Enzym 1. Das bedeutet: Es ist das

Prof. DDr. Birkmayer und Prof. Bankhofer

wichtigste Co-Enzym im menschlichen Körper, das wir ganz besonders in der kalten Jahreszeit brauchen. Es erfüllt viele Aufgaben:

- NADH stärkt unsere natürlichen Abwehrkräfte, schützt uns daher vor Infektionen in der kalten Jahreszeit.
- Es schützt den gesamten Organismus gegen Umweltschadstoffe.
- NADH aktiviert unser Adrenalin und unser Dopamin, Botenstoffe, die für unsere geistige Aktivität notwendig sind, die uns aber auch vor geistig-körperlicher Erschöpfung schützen und unser positives Denken beeinflussen.
- Zugleich hilft NADH, dass unser Gehirn um Jahrzehnte länger jung bleibt. Außerdem kann NADH bereits angegriffene Körperzellen – auch Gehirnzellen – reparieren.

An sich kennt man das Co-Enzym 1 NADH seit rund 90 Jahren. Aber erst Prof. DDr. Jörg Birkmayer ist es gelungen, den Stoff biochemisch und biologisch so aufzubereiten, dass ihn der Organismus aufnehmen kann und dass er da stabil bleibt und auch wirklich genützt werden kann. Das NADH, das man nun zuführen kann, wird nicht synthetisch, sondern ganz natürlich hergestellt und zwar aus Hefezellen und Vitamin B_3. Und so ist es seit ein paar Jahren möglich, dass man das NADH in kleinen Tabletten zu 5 Milligramm und als Sublingual zu 10 Milligramm (Apotheke) einsetzen kann. Die 5 mg-Tablette auf nüchternen Magen ist zum Start in den

Tag gedacht. Die 10 mg-Tablette für unter die Zunge ist als schnelle Hilfe in schwierigen Situationen im Leben gedacht, in denen man schnell Energie braucht.

Wo wird das NADH im menschlichen Körper gezielt für Gesundheit, Fitness und Vitalität benötigt? Unser Organismus braucht NADH in erster Linie im Hirn, im Herzen und in den Muskeln und wir brauchen heute mehr NADH, weil wir viel Energie gegen Stress, Umweltschadstoffe und andere Belastungen benötigen.

NADH kommt auch in unserer Nahrung vor: vor allem in Fleisch und Fisch. Beim Erhitzen geht es allerdings kaputt. Und roh verzehrt wird es von der Magensäure abgebaut. Das bedeutet: Wir müssten täglich 1/2 Kilo rohes Fleisch essen, um entsprechend NADH tanken zu können. Daher war es notwendig, die stabile Form einer Nahrungsergänzung zu schaffen. Das ist Prof. Dr. Birkmayer gelungen. Es ist das ENADA-NADH. In den USA wird es seit einigen Jahren mit großem Erfolg als Energie- und Kraftsubstanz gegen Stress, Nervosität, chronische Müdigkeit, Leberprobleme, Herzschwäche, Depressionen, Erschöpfung und Immunschwäche (ohne Nebenwirkungen) angewendet. Es kann daher an tristen Wintertagen neue Kraft gegen Stress und Antriebslosigkeit geben, kann zugleich die Stimmung verbessern. Man nimmt morgens auf nüchternen Magen eine 5 mg-Tablette mit viel Wasser und darf danach 30 – 45 Minuten nicht frühstücken, damit der Energiestoff nicht vorzeitig abgebaut wird.

Mit Ei-Öl gegen Hautprobleme

Der Frankfurter Arzt und Forscher Dr. Werner Nawrocki erregt seit einiger Zeit in der internationalen Dermatologie Aufsehen. Er hat aus dem Eigelb eine Naturmedizin entwickelt, mit der man eine Reihe von Hautproblemen schnell und wirksam bekämpfen kann. Es ist ihm in 20 Jahre langer Arbeit gelungen, nach einem uralten Alchemisten-Rezept des Paracelsus aus dem Wissensbereich der Spagirik das Eigelb durch Trocknen, Trennen und wieder Zusammenführen von Bestandteilen zu einem Ei-Öl zu entwickeln, das nicht nur die wertvollen Substanzen des Eies enthält, sondern auch neue Stoffe, die bei der aufwendigen Herstellung erst neu entstanden sind.

Forschung und Produktion laufen in Tollwitz bei Leipzig im Landkreis Merseburg-Querfurt, Sachsen-Anhalt, auf Hochtouren. Um einen Milliliter Ei-Öl zu produzieren, braucht man 3.000 Hühnereier. Ein ungeheurer Aufwand für die Herstellung dieser rötlich-orangen Flüssigkeit, aus der man eine Reihe von Naturarzneien herstellen kann.

Das Ei-Öl fördert die Wundheilung. Es aktiviert die Mikrozirkulation, die Durchblutung der kleinen, feinen Blutgefäße. Es verhindert Wucherungen von Narbengewebe. Das Ei-Öl hat aber auch eine antibiotische Wirkung, kann daher erfolgreich gegen viele Keime eingesetzt werden, speziell auch gegen Staphylokokken, die fast gegen alle Antibiotika resistent sind.

Das Ei-Öl stärkt aber auch die Immunkraft in der Haut. Es beugt Entzündungen vor. Bestehende Entzündungen in Haut und Schleimhaut werden schneller ausgeheilt. Besonders wichtig ist, dass es bei der Anwendung von Präparaten mit Ei-Öl keine Nebenwirkungen gibt. Die Produkt-Palette der konkreten Anwendungen von Ei-Öl ist groß. Hier die bisher wichtigsten Erfahrungen:

- Das Ei-Öl in Form einer Zahncreme bringt überraschende Ergebnisse in der Behandlung von Zahnfleisch-Erkrankungen. Menschen, die bereits jahrelang an Zahnfleischbluten litten, sind binnen kurzer Zeit wieder gesund. In der Universitäts-Zahnklinik in Aachen ist man beeindruckt. Die Zahncreme mit Ei-Öl bekämpft nicht nur Blutungen, sondern auch Entzündungen im Zahnfleisch, Schmerzen und Karies. Gleichzeitig werden Zahnfleisch, Bindegewebe und Knochen gestärkt.
- Das Ei-Öl in Form einer Body-Lotion eignet sich sehr zur Behandlung von Neurodermitis, Psoriasis, Akne und verschiedenen Hautentzündungen. Die antientzündlichen und antimikrobiellen Eigenschaften hat Prof. Dr. Hagen Tronnier am Institut für experimentelle Dermatologie an der Universität Witten-Herdecke nachgewiesen.

Winter-Kur mit Naturlecithin senkt zu hohes Cholesterin

Viele von uns leben speziell in der kalten Jahreszeit nicht sehr gesund. Ihr Lebensstil besteht aus zu viel, zu fettem und zu kalorienreichem Essen und zu wenig Bewegung. Daher müssen diese Menschen massiv etwas tun, um leistungsstark durch den Winter gehen zu können. Dafür gibt es eine Kur für Herz und Hirn. Das sind die typischen gesundheitlichen Probleme, mit denen viele im Winter zu kämpfen haben:

- Die Cholesterinwerte – vor allem die gefährlichen LDL-Werte – sind angestiegen. Damit sind Herz und Kreislauf gefährdet.
- Aber auch die geistige Kapazität hat oft durch das bequeme Stubenhocker-Leben etwas nachgelassen. Das Hirn ist träge geworden.

Wissenschaftler in den USA, die sich seit Jahren mit der Arbeit des Gehirns befassen, empfehlen eine Kur für Herz und Hirn mit Naturlecithin aus der Sojabohne.

Naturlecithin liefert dem Organismus die Substanz Cholin in einer Form, die besonders gut verträglich ist und intensiv vom menschlichen Körper aufgenommen werden kann. Aus dem Cholin produziert das Gehirn den Botenstoff Acetylcholin. Das ist die wichtigste Energiesubstanz für beste Gehirnarbeit, was Konzentration, Reaktion und Gedächtnis betrifft.

Ohne Acetylcholin kann der Mensch keine geistigen Leistungen vollbringen. Ohne Acetylcholin läuft nichts im Gehirn. Deshalb ist die Zufuhr von Lecithin für die geistige Fitness so enorm wichtig.

Sojabohne

- Es gibt eine Reihe von Studien, die aber auch nachweisen: Lecithin senkt das schädliche LDL-Cholesterin und hebt das schützende HDL-Cholesterin an. Lecithin arbeitet auf diesem Gebiet wie eine „Kanalbrigade" in unseren Blutgefäßen. Es steuert den Transport des Cholesterins und verhindert auf diese Weise, dass es sich in den Gefäßwänden ablagern kann.
- Dazu ein weiterer wunderbarer Effekt: Lecithin stärkt gleichzeitig auch die Nerven, macht vital und stressfest.

Und so sieht nun die Kur für Herz und Hirn im Winter aus, damit man mit geistiger und körperlicher Vitalität durch die kalte Jahreszeit gehen kann: Sie brauchen dazu Naturlecithin aus der Apotheke.

Kolostral-Milch stoppt den hartnäckigen Dauerdurchfall

Sie kennen das sicher von sich selbst oder von anderen: Man hat im Winter eine Erkältung besiegt, hat zum grippalen Infekt noch einen Darmkatarrh bekommen und leidet noch lange danach unter dem Begleitsymptom, dem Durchfall.

Speziell bei älteren Menschen kann daraus ein unangenehmer Dauerdurchfall werden, den man mit keinem Medikament wirklich stoppen kann. So ein Durchfall ist aber auch oft die Folge einer Darmentzündung. Die Betroffenen sind verzweifelt. Doch es gibt Hilfe aus der Natur, die viel zu wenige Betroffene kennen. Das Zauberwort lautet: Kolostral-Milch, vielen auch – vor allem aus den deutsch-französischen Grenzgebieten – als Lac Vital bekannt.

Es handelt sich dabei um die Vormilch vom Rind. Das ist die Milch, die das frisch geborene Kälbchen in den ersten 24 bis 48 Stunden aus dem Euter der Mutterkuh bekommt. Diese Milch ist von unschätzbarem Wert für die Gesundheit des Menschen. Wenn eine Menschenmutter schwanger ist, wird das werdende Baby im Mutterleib bereits mit lebenswichtigen Aufbau- und auch einigen wichtigen Schutzstoffen versorgt. Den Rest erhält es dann nach der Geburt über die Muttermilch aus der Brust. Beim Rind ist das anders. Im Körper der Kuh findet zwischen Mutter und Kind kein so intensiver

Stoffaustausch statt. Das Kalb wird ohne Abwehrstoffe geboren. Es bekommt alles, was es braucht, erst aus der Kolostral-Milch. Das beweist, welche ungeheuren Kräfte in dieser ersten Milch stecken.

Der Human-Mediziner und Veterinär Dr. Dr. Franz Starflinger aus Burghausen hat es analysiert: Es handelt sich um eine Kombination von lebenswichtigen Stoffen. Das sind Aminosäuren, Antikörper, Wachstums-Faktoren, Vitamine, Mineralstoffe, Spurenelemente und Immunglobuline für die natürliche Abwehrkraft. Damit wird diese Milch zu einem Schutzschild gegen Infektionen und vorzeitiges Altern. Man bekommt Kolostral-Milch als naturbelassenen, bioaktiven Flüssig-Extrakt in der Apotheke. Man nimmt einmal am Tag 2 Esslöffel, eventuell mit etwas Fruchtsaft verdünnt. Es gibt den Extrakt aber als Trockenpulver in Kapseln.

Wie kann man nun als gesunder Mensch den Lac Vital-Extrakt für die Gesundheit nützen? Man kann die körperliche Leistungskraft bis zu 20 Prozent steigern. Das ist an Sportlern getestet worden. Man kann sich nach körperlichen Krisen schneller regenerieren. Das Immunsystem wird aufgebaut. Die Stressanfälligkeit wird geringer. Knorpel, Muskel und Bänder bekommen mehr Kraft. Magen und Darm werden gestärkt. Die Darmflora wird aktiviert, bekommt neue Impulse.

Die Kolostral-Milch ist aber auch eine sinnvolle und hilfreiche Unterstützung zur ärztlichen Therapie. Eine gestörte Darmflora, ganz besonders in Zusammenhang mit lang anhaltendem Durchfall, kommt wieder in Ordnung. Patienten, die künstlich ernährt werden müssen, kommen eher wieder zu Kräften. Wunden, Brüche, Bänderrisse und Verstauchungen heilen schneller. Geschwächte Immunkräfte werden wieder aufgebaut. Bei Erschöpfung liefert die Lac Vital-Milch aus der Apotheke neue Kräfte. Entzündungen im Körper werden schneller abgebaut. Nach Operationen, Strahlen- und Chemotherapie erholt sich der Körper besser.

Kolostral-Milch ist von unschätzbarem Wert für die Menschen.

Wer im Winter Eberrautetee trinkt, bleibt gesund

Das Risiko für eine Erkältung steigt im Winter von Tag zu Tag: Daher ist es besonders wichtig, dass wir unsere natürlichen Abwehrkräfte stärken. Das kann man tatsächlich auch mit einem Kräutertee tun. Wissenschaftler und Ärzte haben ein Heilkraut wieder entdeckt, das bereits in Vergessenheit geraten war und in vielen Kräuterbüchern gar nicht aufscheint: Es ist die Eberraute.

Eberraute

Es handelt sich dabei um einen Halbstrauch, der bis zu 1,5 Meter hoch wird und im Mittelmeerraum sein Zuhause hat. Die Pflanze riecht stark nach Zitrone und trägt vom Juli bis Oktober kleine, gelbe Blüten, die in fast kugeligen Körbchen stecken, die sehr beweglich sind und sich in alle Richtungen drehen können. Ist der Sommer kalt, trägt die Eberraute keine Blüten. Am reichsten wächst die Heilpflanze in den Ländern des ehemaligen Jugoslawiens. Daher war es einige Jahre besonders schwer, von dort den Tee zu bekommen. Das ist jetzt anders.

Man hat schon immer gewusst, dass man mit der Eberraute die natürlichen Abwehrkräfte stärken kann. Der Eberrautetee galt im Mittelalter als Kraftspender für Bauern, Wanderarbeiter und Bergleute. Er wird auch in dem legendären Heilpflanzenbuch „Capitulare de Villis" von Karl dem Großen beschrieben und für seine Heilkraft gelobt. Man hat den Tee gegen Infekte getrunken, hat ihn sogar gegen die Pest eingesetzt. Das getrocknete oder frische Kraut hat man ebenfalls zum Schutz vor Krankheiten genützt. So hat man zum Beispiel in England zu Beginn des 19. Jahrhunderts links und rechts von Häftlingen auf der Anklagebank vor Gericht gebündeltes Eberraute-Kraut hingelegt, damit alle anderen vor dem gefürchteten „Gefängnisfieber" beschützt werden konnten. So nannte man damals den Paratyphus.
Was macht die Eberraute so wertvoll? Die gesamte Pflanze ist reich an dem Hauptwirkstoff, dem ätherischen Öl Eberrautin, weiters an Bitterstoffen, Gerbstoffen, Rutin, Cumarin und Abrotin. Besonders inhaltsreich sind die Blattspitzen und Triebe.

An der Universität Köln wollte man wissen, ob dieses Eberrautin mit den anderen Stoffen tatsächlich wirkt. Man hatte bei der Studie prominente Probanden zur Verfügung: 27 Eishockey-Spieler, die berühmten Kölner Haie. Binnen 3 Monaten konnte mit dem Trinken des Tees die Infektanfälligkeit während der harten Trainingszeit erheblich gesenkt werden. Die Sportler waren nicht mehr so oft erkältet. Die Killerzellen im Blut wurden verdoppelt. Der Kräutertee entpuppte sich als wertvolles Natur-Therapeutikum, das für alle jene Menschen wichtig ist, die zu Beginn der kalten Jahreszeit geschwächte Abwehrkräfte haben.

Und so wird der Eberraute- oder Eberrautintee (Apotheke) zubereitet: 1 Teelöffel getrocknete Triebe und Blattspitzen mit 1 Tasse heißem, aber nicht mehr kochendem Wasser übergießen, 3 – 5 Minuten ziehen lassen, dann durchseihen. Man trinkt 2 – 3 Tassen pro Tag, ungesüßt. Die Anwendung sollte mindestens 8 Wochen erfolgen, damit man infektfest wird. Den Eberrautintee gibt es jetzt wieder in der Apotheke, weil er nicht mehr wild gesammelt, sondern biologisch in Plantagen angebaut wird.

Prof. Bankhofers

heißer Tipp für die kalte Zeit:

Ein altes Imker-Rezept für einen gesunden, tiefen Schlaf in der kalten Jahreszeit: Rühren Sie in 1 Glas warmes Wasser 4 Esslöffel Honig, 2 Teelöffel Blütenpollen und 3 Teelöffel Apfelessig ein und trinken Sie es anschließend langsam aus.

Molke macht im Winter fit und schlank

Für einen stabilen Kreislauf und für ein ideales Entschlacken sollten wir alle vor allem zum Start in den Winter viel trinken. Und da bietet sich ein ganz besonderes und erfrischendes Milchprodukt an. Die Molke. Es handelt sich dabei um ein Nebenprodukt aus der Milchverarbeitung. Molke entsteht bei der Herstellung von Hart- oder Weichkäse. Die Molke ist dabei der flüssige Anteil der Milch: eine grünlich-gelbe Flüssigkeit, die einen angenehm säuerlichen Geschmack besitzt. Sie sondert sich ab, wenn das Käse-Eiweiß – das Kasein – und das Fett ausgeschieden werden. Dieser Prozess wird durch ein spezielles Enzym – das Labferment – in Gang gesetzt.

Molke ist ein ideales Elektrolyt-Getränk, das dem Organismus leicht aufnehmbare Mineralstoffe liefert und den Körper nicht belastet. Molke ist ein hervorragender Durstlöscher und leicht verdaulich.

Was macht die Molke so wertvoll für unsere Gesundheit? Die Molke besteht zu 95 Prozent aus Wasser und enthält darüber hinaus viele wertvolle Biostoffe, die den Organismus in Schwung bringen. Die wichtigsten Bestandteile der Molke sind: Milchzucker, rechtsdrehende Milchsäure, hochwertiges Molke-Eiweiß, Vitamine der Gruppe B, C und E, die Spurenelemente Zink, Kupfer, Eisen, Magnesium, Kalzium und Kalium und schließlich die Orotsäure, die unsere Zellen jung erhält.

Das bringen all diese Wirkstoffe unserer Gesundheit, wenn wir regelmäßig Molke trinken:

- Molke macht vital, stärkt die Darmflora und die Immunkraft.
- Molke bekämpft aber auch Verstopfung und Blähungen. Sie entgiftet den Darm.
- Molke stärkt die Nerven und macht leistungsstark für den Sport.
- Molke schafft starke Knochen und wirkt verschönernd auf die Haut.
- Molke aktiviert den Stoffwechsel.
- Molke verbessert die Aufnahme der Mineralstoffe Kalzium, Kalium und Magnesium.
- Sie ist das ideale Getränk bei einer Diät.
- Durch den hohen Anteil an Orotsäure erhält die Molke unsere Körperzellen jung.
- Äußerlich aufgetragen kann man die Molke gegen Akne, Ekzeme, Hautausschläge und gegen raue Hände einsetzen.

Es gibt in Apotheken, Reformhäusern und Naturkostläden die hochwertigste Form der Molke: nämlich das vergorene Molke-Konzentrat, mit rechtsdrehender Milchsäure angereichert. In einem speziellen Herstellungsverfahren wird die milchsauer vergorene Molke komplett vom Eiweiß getrennt und schonend im Vakuum zu einem so genannten Molkosan-Konzentrat umgewandelt. Das ist die haltbar gemachte Form der Molke. Dieses konzentrierte Milchserum gibt es in 200 und 500 Milliliter-Glasflaschen.

Und so wird das vergorene Molke-Konzentrat zubereitet und konsumiert:

Man verrührt morgens 1 Esslöffel davon in einem Glas Mineralwasser oder Orangensaft und trinkt das Ganze vor dem Frühstück. Zum Entschlacken, Schlankwerden und Schlankbleiben im Winter sollte man bei reduzierter Nahrungsaufnahme 3 Wochen lang 3-mal am Tag jeweils 20 Minuten vor jeder Mahlzeit so ein Glas in kleinen Schlucken trinken. Man kann mit etwas Honig süßen.

Trinken Sie sich schön mit Molke.

Heidelbeer-Extrakt stärkt die Sehkraft im Dunkeln

Wer hätte das gedacht: Die Heidelbeere ist von der Medizin als wertvolle Naturarznei für die Behandlung von mehreren Augen-Problemen entdeckt worden. Und es hat sich herausgestellt, dass man mit den natürlichen Kräften der Heidelbeere tolle therapeutische Erfolge erzielen kann.

Die erstaunliche Wirkung der Heidelbeere hat man zum ersten Mal im Zweiten Weltkrieg durch einen Zufall entdeckt. Damals stellten britische Kampf-Piloten fest, dass sie nach dem Genuss von reichlich Heidelbeer-Marmelade nachts besser sehen konnten. In den Sechziger-Jahren haben dann Wissenschaftler in der Heidelbeere die Anthocyane entdeckt, den blauen Farbstoff in der Heidelbeere. Es wurden Tests und Studien mit französischen und deutschen Piloten durchgeführt. Die Ergebnisse waren sensationell. Sie bewiesen: Die Anthocyane in der Heidelbeere stärken die Sehkraft und helfen den Augen gesund zu bleiben.

Die interessanteste und überzeugendste Studie dazu wurde von Dr. Hans Brandl, Leiter der Abteilung Augenheilkunde, am Flugmedizinischen Institut der deutschen Luftwaffe in Fürstenfeldbruck durchgeführt. Die Studie ergab: Wer regelmäßig Anthocyane aus der Heidelbeere zu sich nimmt, kann bei Dunkelheit besser sehen und hat damit bei Autofahrten in der dunklen, kalten Jahreszeit eine bessere Lebensqualität sowie mehr Sicherheit am Steuer. Die Probanden der Studie konnten nach der Therapie auch nicht mehr so stark von Scheinwerfern entgegenkommender Autos geblendet werden. Das sind für all jene wichtige Erkenntnisse, die beruflich oder privat viel mit dem Auto unterwegs sind. Doch das ist nicht alles, was die Heidelbeere kann.

Bei jedem Diabetiker besteht die Gefahr, dass die dünnen Wände der Blutgefäße in der Netzhaut durch den Diabetes geschädigt werden. Sie werden brüchig, Blut tritt aus und lagert sich im umliegenden Gewebe ab. Manche Blutgefäße verschließen sich ganz. Diese verhängnisvolle Entwicklung kann im Laufe der Zeit zu einer Erblindung führen. Ärzte nennen diese Erkrankung Diabetische Retinopathie. Daher muss jeder Diabetiker seinen Lebensstil danach ausrichten: fettarme, vollwertige, ballaststoffreiche Ernährung, Sport und vor allem muss der Zucker gut eingestellt sein und die ärztlichen Anweisungen müssen strengstens befolgt werden.

Die ersten Anzeichen im Auge können im Rahmen einer Netzhaut-Untersuchung sehr früh gestellt werden. Man kann zusätzlich zu Medikamenten, Lebensstilmaßnahmen, Insulinzufuhr dieser gefährlichen Augenerkrankung etwas vorbeugen: Mit dem blauen Farbstoff der Heidelbeere. Die Anthocyane aus der Heidelbeere wirken stabilisierend auf die Wände der feinen Blutgefäße in den Augen.

Heidelbeeren: vorteilhaft für Berufsfahrer

Schließlich gibt es noch im fortschreitenden Alter bei vielen Menschen die Makuladegeneration, ebenfalls eine Erkrankung der Netzhaut, die auch zur Erblindung führen kann. Dieses Leiden kann ebenfalls mit den Anthocyanen aus der Heidelbeere etwas gebremst werden. Mit dem Essen von frischen oder tiefgefrorenen Heidelbeeren kann man allerdings keinen medizinischen Erfolg erzielen. Die Anthocyane müssen in extrem hohen Dosierungen verabreicht werden. Für 1 Gramm Wirkstoff muss ein Kilo wild wachsender Heidelbeeren verarbeitet werden. Im Rahmen einer Heisan-Therapie muss der Patient täglich morgens und abends 1 Kapsel mit jeweils 200 Milligramm Heidelbeer-Extrakt (Apotheke) einnehmen.

Naturarznei für den ganzen Körper: der Eichenrindentee

Die deutsche Eiche ist ein Baum mit langer Geschichte. Sie kann bis zu 50 Meter hoch und etwa 1.200 Jahre alt werden. Für Heilzwecke kommen nur 2 von rund 400 Eichenarten in Betracht: die Sommereiche, auch Stieleiche genannt, und die Wintereiche, auch als Traubeneiche bekannt. Als Naturarznei wird in erster Linie die Eichenrinde eingesetzt. Man muss die Rinde im Frühling und im Herbst sammeln. Da hat sie die meisten Wirkstoffe. Die Heilkraft der Eicherinde basiert auf Gerbstoffen, Gallussäure, Pektin und Stärke. Auf Grund dieser Inhaltsstoffe wirkt sie zusammenziehend, sie kann Entzündungen hemmen, Blut stillen und Giftstoffe binden. Man kann sie innerlich und äußerlich einsetzen. Ein idealer Tee für viele Beschwerden im Winter.

Besonders interessant ist der Wirkmechanismus der Gerbsäuren in der Eichenrinde. Sie haben die Eigenschaft, Eiweißstoffe der Haut und der Schleimhäute zu verbinden und zu verdichten. Dadurch ziehen sich Gefäße und Gewebe zusammen. So klingen Entzündungen schneller ab, kann Blut rasch gestillt werden.

Hier einige Rezepte für die innere Anwendung:

- 1 Teelöffel sehr klein geschnittener Eichenrinde (Apotheke) mit 1 Tasse Wasser kurz aufkochen, dann durchseihen. Trinken Sie davon 2 Tassen täglich lauwarm in ganz kleinen Schlucken. Der Tee wirkt bei chronischen Entzündungen der Nieren, bei Gastritis und bei Leberproblemen.

- Kochen Sie 2 Esslöffel Eichenrinde in 1/2 Liter Wasser genau 20 Minuten lang und lassen das Ganze danach 2 Stunden bei niedriger Temperatur leicht vor sich hinköcheln. Dann durchseihen. Damit gurgeln Sie mehrmals am Tag bei Entzündungen im Mund, bei Zahnfleischbluten, Parodontitis und Rachenkatarrh. Bei Parodontitis hat man oft nach 2 Wochen einen Erfolg.

Und hier einige Rezepte für die äußere Anwendung:

- 2 – 3 Esslöffel Eichenrinde werden mit 1 Liter kaltem Wasser langsam zum Kochen gebracht und danach 5 Minuten köcheln gelassen. Diese Zubereitung eignet sich für Fußbäder gegen Schweißfüße oder für Sitzbäder gegen Hämorrhoiden. Wichtig ist die tägliche Anwendung, jeweils 10 – 20 Minuten lang.
- 1 Kilo Eichenrinde wird in 2 – 3 Liter Wasser aufgekocht, sollte dann etwa 2 Stunden leicht vor sich hinkochen. Der Absud wird dann ins Badewasser gegossen. Eichenrinden-Bäder nimmt man bei Hautgeschwüren und Ekzemen. Ein solches Bad darf nur 20 Minuten dauern.
- Eichenrinde eignet sich auch sehr gut für ein Gesichtswasser bei fettiger, unreiner Haut. Da es antiseptisch wirkt, ist es auch sinnvoll

nach der Rasur des Mannes. Hier das Rezept: 10 Gramm Eichenrinde in 1/4 Liter Wasser 10 Minuten lang kochen, 7 Minuten ziehen lassen. Das Gesichtswasser muss lauwarm angewendet werden, wirkt aber auch in kaltem Zustand.

- 1 Teelöffel Eichenrinde mit 1 Tasse Wasser kurz aufkochen. Dann durchseihen und mit der doppelten Menge abgekochtem Wasser mischen. Tauchen Sie in den lauwarmen Tee einen Wattebauschen und waschen Sie damit die Augen aus, wenn Sie unter einer Bindehaut-Entzündung oder unter einer Lidrand-Entzündung leiden.
- Wenn Wunden schlecht heilen, dann lohnt ein Eichenrinden-Umschlag. 2 Esslöffel Eichenrinde in 1/4 Liter Wasser 10 Minuten kochen. Dann durchseihen. Tränken Sie in diesem Absud ein Leinentuch oder besser noch ein mehrlagiges Mullkissen und legen Sie es auf die Wunde auf. Der Umschlag muss alle 3 – 4 Stunden erneuert werden.

Achtung: Eichenrinde verfärbt die Badewanne, die Teetasse, den Kochtopf. Immer sofort gut reinigen.

Heilkräuter für gesundes Haar im Winter

Wind, Eis, Schnee, Kälte aber auch trockene Luft in beheizten Räumen machen in der kalten Jahreszeit unseren Haaren oft schwer zu schaffen. Wir müssen daher eine spezielle Winterpflege durchführen, damit die Haare nicht ungepflegt wirken, nicht trocken, spröd und fettig sind. Hier können gezielt spezielle Heilkräuter und andere Natursubstanzen helfen.

Zu diesem Zweck wurde vor Jahren in Kreuzlingen in der Schweiz die internationale Rausch-Haarpflege-Forschung gegründet, benannt nach einem deutschen Friseurmeister mit Namen Josef Wilhelm Rausch, der von 1868 bis 1935 in Konstanz in Baden-Württemberg gelebt hat, und der folgende Meinung vertrat: „Die Haare sind die Visitenkarte für das Aussehen und das Alter". Man weiß heute, welche Heilkräuter und Naturprodukte die Gesundheit des Haares am besten fördern.

- Wer sein Haar durch Färben strapaziert hat, sollte zur Regeneration Avocado-Extrakt einsetzen. Die Wirkstoffe der Avocado machen die Haare auch geschmeidig. Es macht auch Sinn, regelmäßig reife Avocados zu essen. Waschen sollte man die Haare ausschließlich mit lauwarmem Kamillentee.
- Ein Jungbrunnen fürs Haar sind Shampoos mit Weizenkeim-Extrakt. Sie vermitteln auch einen faszinierenden Glanz.
- Fettiges Haar sollte regelmäßig mit Shampoo aus Meerestang gewaschen werden.
- Wenn man gegen trockenes und sprödes Haar ankämpft, ist ein Shampoo mit Eigelb das Richtige.
- Sehr sinnvoll ist der Einsatz von Shampoos mit Hirse-Extrakt. Sie geben dem Haar jugendliche Spannkraft, weil ihm damit viele Vitamine, Proteine und Kieselsäure zugeführt werden. Es macht auch Sinn, regelmäßig Hirse in den Speiseplan einzubauen, z. B. Hirseflocken in der Suppe, Hirsebrei oder Hirseauflauf.
- Wenn jemand bereits graues oder weißes Haar hat, wirkt er oft älter als er ist und obendrein ungepflegt, weil manche Haarsträhnen einen hässlichen Gelbstich bekommen. Da

Für jedes Haarproblem gibt es ein Kräutlein.

lohnt es, regelmäßig die Haare mit Salbeitee zu waschen und obendrein 2-mal die Woche ein Shampoo mit Salbei-Extrakt einzusetzen.

Hier die wichtigsten Jungbrunnen-Regeln für die Haare, die man ganz besonders in der kalten Jahreszeit beherzigen sollte:

- Nehmen Sie niemals zu viel Shampoo. Es genügt die Menge in der Größe einer Haselnuss.
- Spülen Sie das Haar längere Zeit mit viel Wasser. Die meisten spülen zu wenig.
- Föhnen Sie das Haar nie zu heiß. Der elektrische Haartrockner muss mindestens 15 Zentimeter Abstand zum Kopf haben.
- Kamm und Bürste müssen regelmäßig ebenfalls mit Shampoo gereinigt werden.

Prof. Hademar Bankhofer mit dem Schweizer Heilkräuter-Haar-Experten Marco Baumann, Leiter der Rausch-Forschung

Mit Lindenblüten Erkältungen vorbeugen

Den Lindenbaum findet man heute überwiegend in Parks, Alleen oder Gartenanlagen, sehr selten im Wald. Man unterscheidet die Sommerlinde und die Winterlinde. Beide eignen sich für Heilzwecke. Während die Winterlinde nur 20 Meter hoch wird, schafft es die Sommerlinde bis zu 40 Metern. Die Winterlinde blüht 2 bis 3 Wochen nach der Sommerlinde. Auf diese Weise können wir sowohl im Juni als auch im Juli die grünlich-gelben Blüten der Linde genießen.

In erster Linie werden die Lindenblüten in der Naturmedizin als Tee zubereitet und eingesetzt. Hier das Tee-Rezept für eine Schwitz-Kur, wenn man erkältet ist und schnell wieder gesund werden will: 2 gehäufte Teelöffel getrocknete Lindenblüten (Apotheke) werden mit kochendem Wasser übergossen. 10 Minuten zugedeckt ziehen lassen. Durchseihen und sehr warm trinken.

Mit diesem Tee kann man einem zünftigen grippalen Infekt vorbeugen: 8 gehäufte Teelöffel Lindenblüten mit 1 Liter kochendem Wasser übergießen. 10 Minuten zugedeckt ziehen lassen, durchseihen, mit Honig süßen. In eine Thermoskanne gießen und mehrmals täglich 1 Tasse warm trinken. Der Tee wirkt auch gegen schwache Nerven.

Wer Stress abbauen will und sich geistig überanstrengt fühlt, der kann das mit einem Lindenblüten-Bad erreichen. Hier das Rezept: Kochen Sie 300 – 500 Gramm Lindenblüten in 4 Liter Wasser auf. Danach lassen Sie das Ganze 30 Minuten ziehen. Durchseihen und die Flüssigkeit in die Badewanne ins heiße Badewasser gießen. 25 Minuten lang darin baden. Sie können allerdings auch den Aufguss mitsamt den Lindenblüten ins Wasser geben. Das gibt Ihnen die Möglichkeit, dass Sie in der Wanne den Körper mit den Blüten abreiben können.

Eine südafrikanische Wurzel gegen Atemwegsinfekte

Es passiert jeden Winter aufs Neue. Jemand handelt sich eine Erkältung mit Atemwegsproblemen ein, bekommt ein Antibiotikum. Wenn es sich allerdings um eine virale Erkrankung handelt, dann ist das Antibiotikum völlig fehl am Platz, weil es nur gegen Bakterien wirkt. Es kann nichts ausrichten, belastet aber den Organismus mit Nebenwirkungen. Die Folge: Es werden zu schnell und zu leichtfertig Antibiotika eingesetzt. Und wenn man sie dann einmal wirklich braucht, wirken sie nicht, weil viele Bakterien dagegen resistent geworden sind. Diese Tatsache hat die amerikanische Gesundheitsbehörde FDA veranlasst, weltweit die Vorschriften für den Einsatz von Antibiotika zu überprüfen. Aus dem Februar-Bericht 2003 der FDA geht hervor, dass die Hälfte der jährlich 100 Millionen Antibiotika-Rezepte unnötig ist.

Pharma-Unternehmen suchen nach neuen Antibiotika, das kostet viel Geld und Zeit. Der Kampf der Forschung gegen Bakterien gleicht einem Wettrennen zwischen Hase und Igel. Die Bakterien werden immer schneller sein. Daher ist ein Umdenken in der Medizin speziell im Kampf gegen Atemwegsinfekte notwendig, die in der Arztpraxis zwei Drittel aller Infekte ausmachen. Patienten müssen aufgeklärt werden, dass bei Atemwegserkrankungen Antibiotika nicht immer sinnvoll sind.

Es gibt eine hervorragende pflanzliche Alternative: Umckaloabo, der Wurzelextrakt aus der südafrikanischen Kapland-Pelargonie. Die Heilkraft dieser Wurzel wurde 1897 von einem an Tuberkulose erkrankten Engländer namens Charles Henry Stevens entdeckt, der das Rezept aus der Zulu-Medizin kennen lernte und geheilt wurde.

Pharmakologische Untersuchungen bestätigen: Der Umckaloabo-Wurzelextrakt hat ein ideales, enorm breites Wirkspektrum bei Atemwegsinfekten. Der Pflanzen-Extrakt verstärkt nicht nur die Viren-Abwehr, sondern hindert auch die Vermehrung von Bakterien. Außerdem wirkt er schleimlösend und erleichternd. Insgesamt 20 klinische Untersuchungen an über 6.000 Patienten haben positive Heilungsergebnisse gebracht. Der Umckaloabo-Wurzelextrakt aus der Apotheke ist sehr gut verträglich. Nebenwirkungen und Allergien sind nicht bekannt.

Die besten Winter-Rezepte mit Salbei

Alle Jahre wählt der Verein zur Förderung der naturgemäßen Heilweise nach Paracelsus in München gemeinsam mit Ärzten, Biochemikern und Wissenschaftlern die Heilpflanze des Jahres. Für 2003 fiel die Wahl auf den Salbei – mit Recht. Salbei kann sehr viel für unsere Gesundheit bewirken, ganz besonders in der kalten Jahreszeit.

Im antiken Ägypten hat man die verjüngende Wirkung vom Salbei gelobt, hat ihn zur Stärkung der Abwehrkräfte eingesetzt. Römer und Griechen haben ihn verwendet. In Rom gab es den Spruch: „Salbei ist das Kraut gegen den Tod!" Der Name Salbei kommt aus dem Lateinischen. Salvare heißt: heilen, retten. Paracelsus nannte den Salbei das „Kraut der Unsterblichkeit". Die Chinesen bezahlten damals für eine Kiste Salbeiblätter 3 Kisten ihres besten Schwarztees.

Die Salbeiblätter enthalten die ätherischen Öle Thujon, Borneol und Linalool, Kampferöl, Flavonoide, Carnosolsäure, Harze, Gerbstoffe, Mineralstoffe und viele Bitterstoffe. All diese Wirkstoffe sind am intensivsten vor der Blüte der Pflanze enthalten. Daher werden die Blätter genau zu diesem Zeitpunkt geerntet. Salbeiblätter kann man vielfach für die Gesundheit einsetzen: Salbei bremst die Aktivität der Schweißdrüsen. Die Heilpflanze hilft gegen Nacht- und Fußschweiß, aber auch gegen Hitzewallungen in den Wechseljahren. Salbei stärkt die Abwehrkräfte der Atemwege, kann gegen Husten und Heiserkeit eingesetzt werden, aber auch gegen Halsschmerzen. Salbei stärkt die Nerven und die Leber. Salbei hat eine desinfizierende Wirkung in Magen und Darm.

In erster Linie wird Salbei in Form von Tee eingesetzt. Das klassische Teerezept: 1 gehäufter Teelöffel getrockneter Salbeiblätter (Apotheke, Reformhaus) wird mit 1 Tasse kochendem

Schon im antiken Ägypten hat man den Salbei geschätzt.

Wasser übergossen, 8 – 10 Minuten ziehen gelassen und durchgeseiht. Lauwarm und ungesüßt trinken.

Wenn man Schwitzattacken bremsen will, muss man 1 Liter kaltes Wasser mit 3 gehäuften Esslöffeln getrockneten Salbeiblättern zum Kochen bringen, 3 Minuten kochen lassen, dann durchseihen, in eine Thermoskanne gießen und über den Tag verteilt trinken. Die Kur gegen den Schweiß dauert 10 Tage.

Wenn man mit Salbeitee bei Zahnfleischentzündung oder Halsschmerzen gurgeln möchte, so übergießt man 3 gehäufte Teelöffel getrocknete Blätter mit 1/4 Liter Wasser, lässt sie 15 Minuten ziehen und seiht dann durch. Fürs Trinken ist diese Zubereitung zu stark. Man kann aber auch 7 – 10 Tropfen Salbeiöl (Apotheke) in ein Glas warmes Wasser einrühren.

Wenn man die aufsteigenden Dämpfe des starken Tees auf das Gesicht einwirken lässt, kann man die Durchblutung des Teints verbessern.

Wenn man 3 Liter Salbeitee in die Badewanne gießt, kann man ein nervenberuhigendes Anti-Stress-Bad genießen. Gegen Fußschweiß kann man auch ein Fußbad mit 2 Liter Salbeitee nehmen.

Wer hin und wieder ein getrocknetes oder frisches Salbeiblatt kaut, kann damit bei einer Diät den Heißhunger bremsen.

Mit Eukalyptus gegen entzündete Nasennebenhöhlen

Sehr oft entwickelt sich aus einer Erkältung im Winter eine Nasen-Nebenhöhlen-Entzündung, aus der sehr leicht ein chronisches Leiden wird, das immer wieder in der kalten Jahreszeit auftritt. Es ist eine wichtige Aufgabe des behandelnden Arztes, dass er Komplikationen beim Patienten verhindert. Es kann nämlich zu schweren bakteriellen Entzündungen und zu Vereiterungen der Schleimhäute in der Nasenhaupthöhle und in den Nasennebenhöhlen kommen, wenn man nicht rechtzeitig etwas dagegen unternimmt. Dr. Uwe Sonnemann vom Universitäts-Klinikum Hamburg-Eppendorf hat in zahlreichen Studien nachgewiesen: Man kann mit den Kräften der Natur – wenn sie rechtzeitig eingesetzt werden – große Erfolge erzielen.

Das von Reizstoffen befreite, aus dem Eukalyptusblatt gewonnene reine Soledum-Cineol hat eine enorme Wirksamkeit im Kampf gegen Sinusitis. Soledum-Cineol wirkt antibakteriell, schleimlösend und hemmt Entzündungen.

Eine randomisierte (zufällige), Placebo-kontrollierte Doppelblind-Studie an 150 Patienten mit akuter Sinusitis hat bewiesen: Jene, die mit Soledum-Cineol behandelt wurden, zeigten bereits nach 4 Tagen eine deutliche Besserung all ihrer Symptome wie Kopfschmerzen, Nervenschmerzen im

Gesicht, verstopfte Nase, Fieber. Die bei der Eingangsuntersuchung festgestellte Verschattung der Nasennebenhöhlen als Nachweis der Sinusitis war bei jenen, die mit Soledum-Kapseln versorgt worden waren, nicht mehr vorhanden.

Viele Ärzte sind von diesen Erfolgen begeistert. Vor allem auch, weil man mit dieser Naturtherapie eine Reihe gefährlicher Folgeerkrankungen der Sinusitis verhindern kann.

Es besteht bei Nasennebenhöhlen-Erkrankungen immer die Gefahr, dass sich die Entzündung in die unteren Atemwege ausbreitet. Die Folge ist dann eine begleitende Bronchitis.

Hier kann man mit einer einfachen, gut verträglichen, natürlichen Behandlungsform einen Riegel vorschieben. Dass sich das Soledum-Cineol aus dem Eukalyptusblatt im Kampf gegen alle entzündlichen Atemwegserkrankungen bestens bewährt, hat Dr. Uwe Juergens von der Medizinischen Poliklinik der Universität Bonn in den letzten Jahren in mehreren Studien nachgewiesen.

Soledum-Cineol gibt es in Form von Kapseln rezeptfrei in der Apotheke. Man nimmt bei einer Therapie gegen Sinusitis, aber auch gegen andere Atemwegserkrankungen, wenn der Arzt nichts anderes verordnet, 3-mal täglich 2 bis 3 Kapseln mit Flüssigkeit, jeweils vor den Mahlzeiten.

Nebenhöhlenentzündungen gehören immer ärztlich behandelt, um schwere Komplikationen rechtzeitig zu verhindern.

3 Tage früher gesund mit der Kraft der Melisse

Jeder Erwachsene ab dem 35. Lebensjahr hat mindestens 2-mal im Jahr – meistens im Winter – eine Erkältung, ein Kind etwa 6-mal im Jahr. Damit ist die Erkältung die am meisten verbreitete Krankheit in Europa. Sie belastet enorm den Organismus der Betroffenen. Und sie ist viel gefährlicher als viele vermuten. Unbehandelt kann sie zu schweren Folgeerkrankungen führen. Dazu gehören die Herzmuskelentzündung, Lungenentzündung, die akute Bronchitis, Entzündungen der Nasennebenhöhlen sowie des Mittelohres, ein Absinken der Immunabwehr. Wenn gegen eine Erkältung nichts getan wird, so kann sich das viele Jahre später in Form von chronischen Leiden rächen. Man muss sich auch bewusst sein: Mit jedem Jahr ab 50 kann eine Erkältung mehr Komplikationen und Risiken bringen.

Bei der Behandlung einer Erkältung werden sehr viele Fehler gemacht. Es werden vielfach nur die Symptome mit nebenwirkungsreichen Medikamenten bekämpft. Die Selbstheilungskräfte im Organismus werden nicht angeregt.

Der aufgeschlossene, mündige Patient kann selbst eine Menge tun, um rasch wieder beschwerdefrei und gesund zu werden. Erste Voraussetzung: Man sollte so früh und so rasch wie möglich auf die Erkältung reagieren. Wenn das nicht möglich war, ist es aber auch später noch sinnvoll, mit Naturkräften einzugreifen. Nicht zu unterschätzen sind die allgemeinen Maßnahmen, die jeder beachten sollte, wenn er sich einen Infekt eingehandelt hat: körperliche Schonung, bei Fieber ins Bett und nicht den Helden spielen, reichliche Flüssigkeitsaufnahme, leichte Kost, viel Schlaf und die Zufuhr von Vitaminen, Mineralstoffen und Spurenelementen.

Zwei Drittel aller Patienten, die an einer Erkältung leiden, holen sich aus der Apotheke ein rezeptfreies Arzneimittel gegen ihre Beschwerden. In diesem Zusammenhang hat eine aktuelle, repräsentative Umfrage ergeben, wie sich die Betroffenen das ideale Erkältungsmittel vorstellen. Die wichtigsten Forderungen dabei sind: Es darf keine Nebenwirkungen haben, soll aber auch zuverlässig wirken, soll die körpereigenen Abwehrkräfte stärken und magenverträglich sein. Es soll dem Patienten eine ruhige Nacht ermöglichen. Es muss natürlich sein und gegen mehrere Erkältungssymptome gleichzeitig wirken.

All diese Voraussetzungen erfüllen die ätherischen Öle der Melisse. Sie werden in Form von Melissengeist bei Erkältungen eingesetzt. Fast jeder kennt den klassischen Melissengeist nach dem Rezept der legendären Klosterfrau Maria Clementine Martin aus Köln aus dem vergangenen Jahrhundert.

Das Therapiekonzept mit Melissengeist bei unkomplizierten Erkältungen ist durch zwei klinische Studien – nach strengsten wissenschaftlichen Kriterien – geprüft worden: von Priv.-Doz. Dr. Hans-Joachim Graubaum vom Institut für Biomedizin, Abteilung Umweltmedizin und Klinische Forschung, Berlin, und seinem Wissenschaftler-Team. Eine nochmalige Gegenprüfung erfolgte durch Prof. Dr. Berthold Schneider, Leiter des Institutes für Biometrie an der Medizinischen Hochschule Hannover. An den beiden Studien nahmen 162 stark erkältete Patienten teil. Eine Gruppe bekam 3-mal täglich 2 Teelöffel Melissengeist in Wasser oder Tee verrührt. Die andere Gruppe nahm ein Placebo ein. Hier das Ergebnis der Studien zusammengefasst:

Bei jenen Patienten, die Melissengeist einnahmen, begannen bereits nach 3 Tagen die Beschwerden deutlich abzunehmen. Am Ende der Behandlung war eine allgemeine Verkürzung der Beschwerdedauer festzustellen. Die Erkältungssymptome klangen schneller ab: Kopf- und Gliederschmerzen, Abgeschlagenheit, allgemeines Krankheitsgefühl, Halsschmerzen, Schluckbeschwerden, Husten, Heiserkeit, wässriger Schnupfen, geröteter Rachen. Am Ende der Behandlungszeit fühlten sich 80 Prozent von jenen, die Melissengeist genommen hatten, gesund und wieder einsatzfähig. Hingegen waren bei den Placebo-Patienten noch immer 83 Prozent krank.

Wie wirkt der Melissengeist? Viren werden blockiert und abgetötet. Die Infektion weiterer Zellen wird unterbunden. Die antivirale Wirkung an einem Virusgrippestamm wurde im Sommer 1997 von Prof. Dr. Schroeder am Virologischen Institut der Charité Berlin bestätigt. Die Infektion wird gestoppt. Damit wird zum Beispiel eine Ausbreitung auf die tieferen Atemwege verhindert. Schmerzen werden gelindert. Durch die ätherischen Öle werden Entspannung und Stressabbau eingeleitet, was zugleich auch einen heilsamen Schlaf fördert.

Und so sieht die praktische Anwendung für jeden von uns bei einer Erkältung aus: Wenn Sie die ersten Anzeichen einer Erkältung spüren – Kälte im Rücken, Kopfdruck, Müdigkeit –, dann bleiben Sie abends zu Hause. Setzen Sie eine dicke, warme Wollmütze auf, ziehen Sie einen Jogging-Anzug an. Stecken Sie beide Beine in einen Eimer mit heißem Wasser und rühren Sie eine Hand voll Kochsalz oder Meeressalz (Apotheke) hinein. Legen Sie sich eine mit heißem Wasser gefüllte Gummi-Wärmeflasche ins Kreuz. Trinken Sie in kleinen Schlucken 1/2 Liter sehr warmen Lindenblütentee mit 2 Teelöffeln Melissengeist und 2 Teelöffeln Honig. Wenn es im Körper so richtig heiß wird, ab ins Bett zum Schwitzen und Gesundschlafen. Pyjama zum Wechseln bereit legen!

Super-Kieselerde erhält uns jung, fit und attraktiv

Gesunde Haare, Nägel und Haut brauchen die ständige Zufuhr von Kieselsäure. Es handelt sich dabei um ein wichtiges Spurenelement. Die Ursubstanz Silicium, entstanden aus den fossilen Überresten von 100 Millionen Jahre alten Kieselalgen, wird heute aus Gestein gewonnen und ist die Grundlage für Gesundheit und Schönheit.

Kieselsäure kräftigt aber auch das Lungengewebe, den Magen, den Darm, das Bindegewebe, die Sehnen und Bänder, die Gelenke, die Mundschleimhaut, die Zähne, die Knochen und das gesamte Immunsystem.

Wir nehmen Kieselsäure in Form von Kieselerde auf. Und die gibt es schon lange. Nun aber haben Wissenschaftler eine neue Konsistenz entdeckt, die so fein ist, dass sie vom Körper noch viel besser und effektiver aufgenommen werden kann und dadurch auch besser wirkt: Es ist die Neosino-Kieselerde in Nano-Partikelform. Die Basis für dieses Nano-Mineral ist das Zeolith-Gestein und das darin enthaltene Silicium.

In einem gesunden Körper muss immer ein gewisser Vorrat an Silicium vorhanden sein. Ein Mangel an Silicium führt zu Haarausfall, Karies, Parodontose und zu einer Erschlaffung des Stützgewebes. Auch einfaches, lästiges Hautjucken ist oft darauf zurückzuführen.

Im Organismus des Menschen nimmt der Kieselsäure-Gehalt im Laufe der Jahre ab. Deshalb ist es für ältere Menschen besonders wichtig, zusätzlich Kieselsäure zuzuführen.

Wenn wir normale Kieselerde aufnehmen, kann diese so nicht vom Organismus verwertet werden. Sie muss vorerst in einem aufwendigen Prozess in körpereigenes Silicium umgewandelt werden. Erst in dieser feinsten Konsistenz kann sie ihre wertvollen Aufgaben erfüllen, kann als Feuchtigkeitsdepot im Körper enorme Mengen Wasser binden und große Mengen an Giftstoffen aus dem Körper abtransportieren.

Wissenschaftler haben immer schon davon geträumt, Silicium in feinster, körpereigener Form herzustellen. Der Wunschtraum ist durch einen Zufall wahr geworden. Der Chemiker Gerd Thöne sollte im Auftrag von US-Forschern für militärische Zwecke einen neuen Farbstoff entwickeln, der als Basis Silicium hat. Eine Assistentin kam mit dem Farbstoff in Berührung und die Folge war, dass ihre Neurodermitis an der Hand verschwand. Das machte Gerd Thöne hellhörig. Er forschte weiter und fand den Weg, wie man Silicium in körpergerechter Nano-Partikelform so herstellen kann, dass es schnell in die menschlichen Zellen eingeschleust wird und wirken kann. Dieses Silicium vermag 300-mal mehr Wasser im Körper zu binden, als es selbst wiegt.

Man kann damit das Gewebe, Haut, Haare und Nägel gesund erhalten. Man kann auch geistig länger fit bleiben. Abnützungserscheinungen werden verhindert. Man kann Gelenkbeschwerden positiv beeinflussen. Das Neosino-Silicium ist ein Jungbrunnen. Sozusagen eine Anti-Aging-Naturarznei. Man bekommt es in Form von Kapseln für die innere und in Form von Sprays für die äußere Anwendung in der Apotheke.

Prof. Bankhofer im Gespräch mit dem deutschen Chemiker Gerd Thöne: Er hat durch einen Zufall die Super-Kieselerde Neosino-Silicium entdeckt.

Salz macht fit und liefert Wärme von innen

Für viele von uns ist Salz nichts anderes als das am meisten verwendete Küchengewürz. Was viele nicht wissen: Man kann mit ganz einfachem Kochsalz erfolgreich gegen viele Gesundheitsprobleme im Winter vorgehen.

- Wenn Sie Halsschmerzen haben, dann verrühren Sie 1 Teelöffel Salz in 1/4 Liter lauwarmem Wasser und gurgeln damit.
- Bei einer Erkältung mit verstopfter Nase hilft eine Nasenspülung mit Salzwasser. Lösen Sie in 1/4 Liter abgekochtem Wasser 2 Teelöffel Kochsalz auf. Dann gießen Sie von der lauwarmem Flüssigkeit ein wenig in ein kleines Glasschälchen. Und nun ziehen Sie etwas Salzwasser in ein Nasenloch hoch, halten dabei das andere zu. Danach schnäuzen Sie kräftig aus und nehmen das andere Nasenloch dran.
- Wer das nicht schafft, der besorgt sich ein Fläschchen mit Salz-Nasenspray (Apotheke), sprüht damit in die Nasenlöcher und schnäuzt dann aus.
- Wenn Sie abends erschöpft nach Hause kommen, dann lösen Sie 1/4 Liter Kochsalz in einem Eimer mit 3 Liter warmem Wasser auf. Dann gießen Sie die Salzlösung ins Wannenbad, das eine Temperatur von 38 °C haben sollte. Baden Sie 20 Minuten und ruhen Sie 30 Minuten im Bett. Zuerst sind Sie total erschöpft. Danach fühlen Sie sich wie neugeboren.
- Bei Kreislaufproblemen an tristen Wintertagen wirkt eine etwas kräftiger gesalzene Gemüsebrühe besser als eine Tasse Kaffee.
- Wenn Sie an nasskalten Wintertagen frieren, genießen Sie das „Salz des Lebens". Dieses Rezept macht von innen her warm und hilft, dass man wieder bessere Laune hat: Mischen Sie in einer Dessertschale je 1 Esslöffel Salz, geriebenen Parmesan, Salbeiblätter, Bierhefe und Rosmarin. Nehmen Sie einmal am Tag 1 Messerspitze voll davon in den Mund, lassen Sie die Mischung langsam auf der Zunge zergehen oder streuen Sie davon etwas auf ein Butterbrot.

Bluthochdruckpatienten müssen allerdings auf diese beiden Hausmittel verzichten.

Wintergemüse und Winterobst, die besten Vitalstoff-Lieferanten

Speziell in der kalten Jahreszeit stehen uns aus heimischem Anbau viele regionale Obst- und Gemüsesorten zur Verfügung, die uns mit lebenswichtigen Vitalstoffen versorgen. Wir nützen sie oft viel zu wenig. Ich möchte Ihnen die wichtigsten Gemüse- und Obstsorten vorstellen, die für uns im Winter große Bedeutung haben.

Hagebutten: Naturkraft gegen Erkältungen und Rheuma

Im Spätherbst werden überall die Hagebutten geerntet: die Scheinfrüchte vom wilden Heckenrosen-Strauch. Man hat sie schon vor rund 200 Jahren geschätzt. Sie sind eine wertvolle Waffe gegen Erkältungen, die in der kalten Jahreszeit auf uns zukommen. Unsere natürlichen Abwehrkräfte brauchen im Winter regelmäßig größere Mengen an Vitamin C. Die Hagebutte kann damit aufwarten. Zum Vergleich: 8 unscheinbare Hagebutten haben mehr Vitamin C als 5 Orangen.

Die Hagebutte liefert dieses wertvolle Vitamin C auch dann noch, wenn sie erhitzt worden ist. Darum ist der

Hagebuttentee ein guter Schutz vor Erkältungen. Hier das Rezept: Besorgen Sie sich aus der Apotheke oder aus dem Reformhaus getrocknete Hagebutten, am besten das Fruchtfleisch mit Schale und Kernen. Für 1 Tasse übergießen Sie 1 gehäuften Teelöffel Hagebutten mit 1/4 Liter kaltem Wasser. Das Ganze muss über Nacht stehen. Dann seiht man durch, bringt das Wasser zum Kochen und überbrüht die zurückgebliebenen Hagebutten-Stücke. 10 Minuten zugedeckt ziehen lassen. Wieder durchseihen und mit etwas Honig trinken.

Speziell gegen eine bereits vorhandene Erkältung kann man Hagebutten und Lindenblüten zu gleichen Teilen mischen. 2 Teelöffel von dieser Mischung in einem Topf mit 1/4 Liter kaltem Wasser übergießen. Dann 5 Minuten lang aufkochen. Durchseihen, trinken.

Man kann auch mit Hagebutten-Marmelade oder Hagebutten-Mark, im Müsli, im Jogurt oder auf dem Brot, Vitamin C tanken.

Da die Hagebutte auch sämtliche B-Vitamine enthält, kann sie schwache Nerven stärken.

An der Universität von Kopenhagen hat man nachgewiesen, dass Hagebutten auf Grund ihres reichen Gehaltes an Spurenelementen und Vitaminen erfolgreich Rheumaschmerzen bekämpfen können.

Spülungen mit Hagebuttentee sind übrigens auch eine gute Naturarznei gegen Parodontose und Zahnfleischbluten.

Holundersuppe stärkt die Nerven, lindert Schmerzen

Die dunkelblauen bis schwarzen Holunderbeeren werden schon im frühen Herbst, mitunter sogar schon im Spätsommer geerntet. Man darf sie nicht roh genießen, weil sie Übelkeit verursachen. Man muss sie erhitzen. Man kann daraus Kompott, Marmelade oder Saft zubereiten. Man bekommt das alles aber auch fertig im Reformhaus und im Lebensmittelhandel. All diese Köstlichkeiten aus Holunderbeeren sind Naturmedizin:

- Holunderbeeren haben den höchsten Gehalt an B-Vitaminen, die wir in Früchten finden. Daher kann man damit die Nerven stärken.

Traubenholunder

- Sie sind reich an Vitamin C und machen stark gegen Stress und Erkältungen.
- Die Beeren haben einen hohen Gehalt am Spurenelement Selen für die Immunkraft.
- Hoch ist der Anteil an Bio-Aktivstoffen. Sie schützen den Organismus vor zellschädigenden Substanzen. An der Universitäts-Klinik in Frankfurt hat man herausgefunden: Patienten, die oft Röntgenstrahlen ausgesetzt sind, die eine Strahlentherapie machen müssen, sollten jeden Tag 1/4 Liter Holundersaft mit etwas Honig trinken.
- Diese Bio-Aktivstoffe im Holunder stecken in der dunklen Farbe. Sie stärken auch die Atemwege in mehrfacher Weise: Sie wirken schleimlösend, schmerzlindernd und verbessern die Filterfähigkeit der Bronchien. Raucher, die nicht von der Zigarette loskommen, sollten zumindest regelmäßig Holundersaft trinken, um dem Raucherhusten entgegen zu wirken.
- Bei dem Holunder-Farbstoff handelt es sich um eine spezielle Anthocyan-Gruppe, wie man sie auch von der Kirsche kennt. Dieser Farbstoff lindert auch rheumatische Beschwerden.
- Die getrockneten Holunderbeeren, die man in der Apotheke kaufen kann, sind ebenfalls wertvoll. Gegen Durchfall kaut man (ähnlich wie getrocknete Heidelbeeren) 3-mal täglich 15 Stück.

Hier noch 3 Rezept-Beispiele, wie man das Angenehme mit dem Nützlichen verbindet und sowohl dem Gaumen eine Freude macht als auch etwas für die Gesundheit tut:

- Geben Sie in eine Dessertschale 1 Kugel Vanille-Eis und gießen einfach 5 Esslöffel Holunder-Kompott darüber.
- Bereiten Sie einen Vanille-Pudding zu und umgeben ihn auf dem Teller mit einem Ring aus Holundersaft.
- Versuchen Sie einmal eine Holunder-Suppe: 1 Kilo Holunderbeeren waschen, von den Stielen streifen, in 1 Liter Wasser mit 4 Gewürznelken, 2 Zimtstangen, 200 Gramm Honig und dem Saft einer Zitrone aufkochen. 35 Minuten köcheln lassen. 6 Äpfel schälen, in Stücke schneiden, ohne Kerngehäuse in der Suppe weich kochen. Dann alles pürieren, durch ein Sieb streichen, noch einmal aufkochen und mit etwas angerührter Sahne binden.

Prof. Bankhofers

heißer Tipp für die kalte Zeit:

Ein zünftiger Alkoholkater ist schneller vorbei, wenn man drei knackige Äpfel auf nüchternen Magen verzehrt. Das bessert den Kater samt Kopfschmerzen.

Sanddorn: die Superkraft gegen alle Erkältungen

In vielen Gärten kann man bereits an frostigen Tagen Hecken sehen, an denen orangerote, vollreife, pralle Beeren hängen. Das sind die Früchte des Sanddorn-Strauches. Man kann sie bis Ende November ernten. Und sie sind speziell für die kalte Jahreszeit eine wertvolle Naturarznei. Denn sie haben die Super-Schutzkraft gegen Erkältungen. Sanddorn-Früchte liefern Vitamin A und das Provitamin A Betacarotin zur Stärkung der natürlichen Abwehrkräfte. Sie sind reich an allen B-Vitaminen für Nerven, Herz und Kreislauf, aber auch an Farb- und Duftstoffen, die uns vor Umweltschadstoffen schützen.

Das Bedeutendste an den Sanddorn-Früchten ist die enorme Menge an Vitamin C, das uns vor Erkältungen schützt und stark gegen Stress macht. Wir denken bei Vitamin C in erster Linie an Zitrusfrüchte. Das ist ungerecht. Sanddorn-Beeren haben 10-mal so viel Vitamin C. Mit 100 Gramm Sanddorn-Früchten tanken wir 900 Milligramm Vitamin C. Und mit 1.000 Milligramm täglich ist man optimal in Erkältungszeiten geschützt. Gleichzeitig sind die Beeren auch Muntermacher und liefern Vitalität.

Sanddorn

Es gibt mehrere Möglichkeiten, die Kraft des Sanddorns zu nützen:

Man kann die reifen Früchte kauen. Sie schmecken allerdings sehr sauer und herb. Man kann im Reformhaus einen Sanddorn-Sirup kaufen und mischt ihn 1 zu 6 zu einem Saft, der sehr gut schmeckt und den vor allem auch Kinder – mit etwas Honig gesüßt – mögen.

Man kann aber vom Sirup 2-mal am Tag jeweils 1 Esslöffel einnehmen. Es gibt im Reformhaus auch Sanddorn-Mus, Sanddorn-Marmelade und Sanddorn-Dicksaft.

Hier 2 Sanddorn-Rezepte für stressreiche Tage:

- Mischen Sie zu gleichen Teilen Sanddorn-Sirup und braunen Rohrzucker. Davon nehmen Sie 1 Teelöffel und lassen ihn langsam im Mund zergehen.
- 500 Gramm Magertopfen (-quark) werden in einer Schussel mit 1 Bio-Ei, 5 Esslöffeln Ahorn-Sirup, 3 Esslöffeln Schlagsahne, 2 Messerspitzen Zimt-Pulver und 150 Gramm Sanddorn-Mark (Reformhaus) verrührt.

Preiselbeeren: wunderbare Arznei für die Harnwege

Die reifen Früchte des Preiselbeer-Strauches werden bis Ende Oktober geerntet. Die meisten von uns kennen Preiselbeeren einzig und allein als Kompott oder Konfitüre zu Wild-Spezialitäten. Doch Preiselbeeren sind eine wertvolle Naturarznei, inzwischen von der modernen Medizin voll in ihrer Wirkung anerkannt.

Bereits die Indianer Nordamerikas haben Preiselbeeren für die Gesundheit eingesetzt. Sie haben damit Wunden desinfiziert. Und in Europa hat im 12. Jahrhundert die Heilige Hildegard von Bingen viele Rezepte mit Preiselbeeren gegen Erkrankungen von Darm und Blase empfohlen. Damals hat man auch bereits aus den Blättern des Preiselbeerstrauches einen Blasentee zubereitet.

Preiselbeeren

Im Jahr 1923 haben amerikanische Ärzte erstmals die Preiselbeer-Anwendungen der Indianer unter die Lupe genommen und Folgendes nachgewiesen: In der Preiselbeere stecken natürliche antibiotische Kräfte. Und 1994 hat man an der Rutger State Universität in New Jersey die Substanzen gefunden, die sich ideal als Naturmedizin gegen Harnwegsinfektionen eignen. Es sind die so genannten Pro-Anthocyane. Sie verhindern, dass sich in der Blase und in der Niere Bakterien festsetzen. Die Bakterien werden mit dem Harn ausgeschwemmt.

Die Wirkstoffe der Preiselbeeren setzen sich direkt auf die Bakterien drauf und hindern sie daran, dass sie haarähnliche Fäden ausstrecken und sich damit an die Zellen des Harntraktes heften.

Frauen leiden 8-mal häufiger als Männer an einer Harnwegsinfektion, weil die Bakterien bei der Frau einen viel kürzeren Weg in die Harnröhre haben. Aber auch Kinder sind sehr anfällig. Die typischen Symptome sind heftiger und häufiger Harndrang, Brennen in der Harnröhre und trüber Harn.

Eine gute Nachricht für den Winter, in dem die Gefahr für einen Harnwegsinfekt, im Speziellen für einen Blasenkatarrh, sehr groß ist: Wir können allein mit dem Essen von Preiselbeer-Kompott oder mit dem Trinken von Preiselbeer-Saft einen Harnwegsinfekt erfolgreich bekämpfen. Man muss einige Zeit täglich etwa 1/2 bis 3/4 Liter Preiselbeer-Saft trinken oder 1/4 Liter Kompott konsumieren. Alternativ bietet die Naturmedizin aber auch Preiselbeer-Präparate an. Es gibt in der Apotheke und im Reformhaus Lutschtabletten aus hochdosiertem Preiselbeer-Extrakt. Man nimmt 2 Stück pro Tag. Eine Tablette hat die Kraft von 1/4 Liter Preiselbeersaft. Es gibt in der Apotheke aber auch Preiselbeer-Konzentrat. Man löst da einfach ein Fläschchen mit 30 Milliliter in 3/4 Liter Wasser auf.

Bei der Anwendung von Preiselbeeren an sich gibt es keine Nebenwirkungen. Den Blasentee aus Preiselbeerblättern sollte man nicht zu lange trinken. Das könnte die Nieren und die Leber belasten.

Preiselbeeren sind aber auch ein wertvoller Bestandteil der Vorsorgemedizin. Speziell für all jene unter uns, die besonders zu Harnwegsinfekten neigen: Damit es erst gar nicht zu einer Infektion der Harnwege kommt, macht es auch Sinn, vorbeugend zu Beginn der kalten Jahreszeit Preiselbeeren als Kompott, als Marmelade oder als Preiselbeer-Saft zu konsumieren. Die einfachste Kur: Man trinkt 3 Wochen lang täglich 1 Glas Preiselbeer-Saft.

Das allein genügt allerdings nicht. Zusätzliche notwendige Maßnahmen: Trinken Sie viel Wasser. Entleeren Sie die Blase regelmäßig. Nicht zurückhalten. Tragen Sie Baumwoll-Unterwäsche und keine zu enge Kleidung. Eines aber sollte man beachten: Wenn durch die Anwendung von Naturarzneien die Schmerzen bei einem Harnwegsinfekt binnen 24 Stunden nicht verschwunden sind, dann muss in jedem Fall ein Arzt konsultiert werden.

Nützen Sie die heilenden Kräfte des Apfels

Der Apfel ist eine der wichtigsten und wertvollsten Obstsorten, die uns den ganzen Winter hindurch begleiten und mit wertvollen Vitalstoffen versorgen. Wenn Äpfel gut gelagert werden, sind Sie auch zum Winterende noch attraktiv, was ihre Inhaltsstoffe betrifft. Sie kennen sicher das englische Sprichwort: „An apple a day keeps the doctor away“. Was auf Deutsch in etwa heißt: Ein Apfel am Tag spart den Arzt. Wenn unsere Urgroßmütter und Großmütter diesen Spruch verwendeten, wurden sie oft belächelt. In den letzten Jahren hat die medizinische Wissenschaft exakt nachgewiesen: Die Heilkraft des Apfels ist heute bei vielen Medizinern und Ernährungsfachleuten unbestritten. Er enthält eine Reihe von Wirkstoffen, die für unsere Gesundheit sehr wertvoll sind.

- Der amerikanische Arzt Prof. Dr. Ancel Keys aus Minneapolis hat in einer Studie nachgewiesen, dass ein Apfel vor dem Zu-Bett-Gehen einen tiefen, festen Schlaf garantiert. Diese Wirkung beruht auf der gleichmäßigen Verteilung des Blutzuckers während der Nacht. In diesem Zusammenhang ist interessant, dass der deutsche Arzt Dr. Christoph Hufeland bereits seinen Patienten Goethe, Schiller, Ludwig Uhland und Jean Paul einen so genannten „Einschlaf-Apfel“ verordnete.

- Prof. Dr. Ancvel Keys hat aber noch andere Heilkräfte des Apfels entdeckt. Er empfiehlt 2 saftige Äpfel pro Tag gegen Arterienverkalkung und Infarkt. Das Geheimnis: Der Apfelquellstoff Pektin senkt den zu hohen Cholesterinspiegel (zusätzlich zur Diät!) im Blut. Das hat auch Prof. Dr. Sinzinger an der Universität Wien nachgewiesen.
- Äpfel wirken aber auch gegen zu hohen Blutdruck. Sie schwemmen übermäßige Mengen an Kochsalz und Wasser aus dem Organismus. Dadurch entsteht die blutdrucksenkende Wirkung. Interessante Untersuchungen dazu gibt es von dem österreichischen Arzt Prof. Dr. Josef Jagic. Sein Rat: Jeden Morgen ein Apfel auf nüchternen Magen gegen Bluthochdruck (zusätzlich zur ärztlichen Therapie!).
- Der amerikanische Mediziner Dr. Jeffry S. Hyams empfiehlt einen Apfel vor dem Mittagessen zur Förderung des Stuhlgangs und zur Bekämpfung der verbreiteten Verstopfung. Die Erklärung: Äpfel regulieren das Wachstum der gesunden Darmflora.
- Der Wiener Arzt Dr. Ewald Riegler rät: Wenn man die ersten Anzeichen einer Migräne spürt, kann man mit dem Genuss eines Apfels eventuell den Anfall verhüten.
- Auch ein zünftiger Alkoholkater ist schneller vorbei, wenn man drei knackige Äpfel auf nüchternen Magen verzehrt. Das bessert den Kater samt Kopfschmerzen.

An sich sollten wir alle im Winter Äpfel zu Hause haben und täglich 1 bis 3 Stück verzehren.

Maronen für starke Nerven und Vitalität

Im Winter kann man in vielen Städten an Straßenecken heiße Maronen aus der Tüte kaufen. Sie wärmen nicht nur unsere kalten Hände. Sie sind ein hervorragender Beitrag für unsere Gesundheit. Maronen sind derart reich an Vitaminen, Mineralstoffen und Spurenelementen, dass man damit die Vitalstoffe von einem kompletten 5-Gang-Vollwert-Menü aufnimmt. Maronen gehören zur Gattung der Nüsse, haben aber viel weniger Fett. Sie liefern hochwertiges Eiweiß, sind reich an Magnesium, Kalium, Kalzium, Kupfer, Mangan, Schwefel, Eisen sowie an den Vitaminen E, C sowie an allen B-Vitaminen.

Maronen haben nicht wenig Kalorien, (100 Gramm etwa 220 Kalorien). Man sollte sie nicht zwischendurch, sondern an Stelle einer Mahlzeit essen.

Und das alles kann man mit Maronen-Essen für die Gesundheit tun:

- Maronen stärken die Nerven und können uns bei geistiger und körperlicher Erschöpfung schnell wieder aufbauen. Vor Prüfungen oder bei harter geistiger Arbeit sollte man Maronen kauen. Da man dabei auch die Aminosäure Tryptophan aufnimmt, kann man abends besser einschlafen, wenn man am späten Nachmittag Maronen verzehrt.
- Wer viel Fleisch isst, sollte auch Maronen genießen. Sie sind reich an basischen Mikronährstoffen und helfen den Säurenüberschuss im Organismus abbauen. Maronen geben nach einer Krankheit Vitalität, helfen gegen Aufstoßen und Völlegefühl. Maronen stärken die Knochen und die Zähne.

Es gibt viele Möglichkeiten, Maronen zu essen. Es muss nicht immer nur aus der Tüte auf der Straße sein. Man kann sie in der Suppe kochen. Oder man kann aus geriebenen Maronen Kuchen backen. Das hat man im Mittelalter gemacht. Man kann die Gans oder die Ente vor dem Braten mit Maronen füllen. Maronen sind eine wunderbare Beilage zu Rotkohl und Spinat.

Sehr schmackhaft ist folgende Variante:

Die Schalen der Maronen an der Oberseite einschneiden und bei 180 °C 15 Minuten im Backrohr garen. Auf einem Holzteller mit einer Birne, einem Apfel, etwas Topfen (Quark) und Wein servieren. So hat man die Maronen in der Antike in Griechenland gegessen.

Kohlgerichte senken das Risiko für Darmkrebs

In den Supermärkten, Gärtnereien, auf Märkten sowie in den Gemüseläden wird den ganzen Winter ein sehr beliebtes heimisches Gemüse angeboten: das Kohl-Gemüse. Dazu gehören Weißkohl, Rotkohl, Wirsing, Blumenkohl, Grünkohl. Kohlgemüse hat in der traditionellen deutschen und österreichischen Küche einen Stammplatz. Es schmeckt gut und kann in vielen Zubereitungsarten serviert werden.

Kohlgemüse ist aber auch sehr wertvoll für unsere Gesundheit. Dazu allerdings muss es zuerst draußen auf dem Feld den ersten Frost erlebt haben. Der Frost stabilisiert nämlich eine Reihe von Wirkstoffen in den Kohlblättern. Sie werden dann vom menschlichen Organismus besser aufgenommen. Kohl, der aus dem Frost kommt, schmeckt auch viel kräftiger und enthält mehr Vitamine, Mineralstoffe, Spurenelemente und Enzyme. Diese werden bei Frost in riesigen Mengen in den Blättern gebildet, weil sich das Gemüse damit vor der Kälte schützen möchte. Und das machen wir Menschen uns zunutze.

Kohlblätter enthalten viel Betacarotin, Vitamin A, Vitamin E und B-Vitamine. Die absolute Sensation aber ist das Vitamin C. Mit 100 Gramm Kohl-Gemüse kann man den Tagesbedarf decken. Auch, wenn man Kohl kocht, bleibt das Vitamin C erhalten, während es beim Erhitzen in fast allen anderen Naturprodukten kaputtgeht. Das Geheimnis ist die Zusammensetzung von ganz bestimmten Co-Enzymen, die wieder eine spezielle biochemische Verbindung eingehen. So bleibt das Vitamin C geschützt.

Aber auch das Kalzium in den Kohlblättern ist nicht ohne. Mit einer Portion Kohl-Gemüse – das sind 250 Gramm – nimmt man so viel Kalzium auf, wie in 2 Gläsern Milch enthalten ist, allerdings ist Kalzium aus Pflanzen schlechter verwertbar.

Was kann Kohl für unsere Gesundheit bewirken? Magen- und Darmschleimhäute werden gestärkt. Kohl schützt durch seinen Anti-Ulcus-Faktor vor Magen- und Darmgeschwüren. Fachärzte an der Uni Essen betonen: Mit Kohl-Gemüse kann man das Risiko für Magen- und Darmkrebs deutlich senken.

Viele essen weder Wirsing, Grünkohl oder Weißkohl, weil sie Blähungen bekommen. Da gibt es einen Trick. Legen Sie das Gemüse 1 bis 2 Tage ins Tiefkühlfach. Die Kälte knackt die festen Blätter, macht sie besser verdaulich. Deshalb ist auch Kohl als Tiefkühl-Ware sinnvoll.

Wärmen Sie ein Kohlgericht, das vom Vortag übrig geblieben ist, niemals auf. Kohl enthält aus dem Boden Nitrate und Nitrite. Sie können beim zweiten Erhitzen der Speise in krebserregende Nitrosamine umgewandelt werden.

Und hier ein sehr schmackhaftes Kohl-Rezept, nämlich Wirsing-Eintopf:

250 Gramm Lammfleisch, 3 Zwiebeln und 250 Gramm Kartoffeln in Würfel schneiden. 500 Gramm Wirsing putzen, waschen und ohne Strunk hobeln. Das Fleisch 10 Minuten in einem Topf in etwas Öl anbraten, Zwiebeln dazugeben, 3 Minuten braten. Wirsing dazugeben, 2 Minuten anbraten, die Kartoffeln dazugeben, 1/4 Liter Gemüsebrühe (Reformhaus) zugießen. Mit Salz, Pfeffer, Kümmel würzen. Zugedeckt 30 Minuten kochen. Mit gehackter Petersilie bestreuen. Servieren.

Brokkoli schützt den Magen vor Umweltgiften und Bakterien

Seitdem die Biochemie und Ernährungsmedizin die sekundären Pflanzenstoffe – auch Bioaktivstoffe genannt – in Gemüse und Obst entdeckt haben, wissen wir wie wertvoll Früchte und Gemüse für unsere Gesundheit sind. So z. B. Brokkoli. Er stammt aus Italien und hat in den letzten Jahren ganz Europa erobert.

Brokkoli liefert uns viele wertvolle Vitalstoffe: hochwertiges Eiweiß und Kohlenhydrate, Ballaststoffe für Magen und Darm, Kalzium für die Knochen, Eisen fürs Blut, die Vitamine B_1, B_2, B_6 und Folsäure für die Nerven, für den Stoffwechsel sowie für Herz und Kreislauf, Vitamin C gegen Stress und Erkältungen. Das Besondere am Brokkoli-Gemüse: Es enthält viele sekundäre Pflanzenstoffe. Die wichtigsten sind das Sulforaphen, verschiedene Glucosinolate und Carotinoide. Sie werden in ihrer Wirkung vom Vitamin C unterstützt.

Studien an der John Hopkins Universität in Baltimore, USA, haben ergeben: Das Sulforaphen im Brokkoli senkt gemeinsam mit den Glucosinolaten das Krebsrisiko, weil es die Produktion von Schutz-Enzymen auslöst, welche krebsauslösende Stoffe in den menschlichen Zellen entgiften und unschädlich machen können. Ein Beispiel: Wenn beim Verzehr von Lebensmitteln, die Nitrate oder Nitrite enthalten, krebserregende Nitrosamine entstehen, werden diese von den Wirkstoffen im Brokkoli abgebaut.

Außerdem bindet das Sulforaphen Umweltschadstoffe und fördert den Abtransport aus dem Körper. Jemand, der den ganzen Tag Schadstoffen – zum Beispiel im Straßenverkehr – ausgesetzt ist, der sollte deshalb so oft wie möglich Brokkoli essen. Das trifft auf Taxifahrer und LKW-Lenker besonders zu.

Das Sulforaphen im Brokkoli stärkt die Magenschleimhäute. Damit wirkt Brokkoli vorbeugend gegen Magengeschwüre und bestimmte Formen von Gastritis. Studien haben nachgewiesen: Brokkoli wirkt vorbeugend gegen das Bakterium Helicobacter Pylori.

Doch Brokkoli kann mit seinen Wirkstoffen noch viel mehr: Man kann damit Infektionen vorbeugen. Die Verdauung wird verbessert, die Verstopfung wird bekämpft. Der Stoffwechsel von Kohlenhydraten und Eiweiß wird angekurbelt. Brokkoli stärkt Herz und Kreislauf. Das Immunsystem wird angeregt. Brokkoli ist aber auch ein Anti-Stress-Gemüse für alle, die beruflich oder in der Schule unter großem Leistungsdruck stehen.

Wer Kürbis isst, stärkt die Immunkraft der Blase

Fast den ganzen Winter über leuchten uns überall in den Gemüseläden kleine und große Kürbisfrüchte von grün über gelb bis orange, kugelrund und länglich entgegen. Wir sollten diese lange Kürbiszeit nützen. Denn wir können mit Kürbisspeisen viel für unsere Gesundheit tun.

Kürbis fördert die Verdauung und neutralisiert Gift- und Gärstoffe im Darm. Mit Kürbisspeisen kann man erhöhte Cholesterinwerte senken. Bei Nieren- und Prostataleiden ist es sinnvoll, Kürbis zu essen, weil er harntreibend wirkt. Mit Kürbis kann man die Nerven stärken. Man nimmt leicht ab, weil 100 Gramm Kürbis nur 25 Kalorien liefern.

Das Wichtigste aber in der kalten Jahreszeit: Wer Kürbis isst, der stärkt die Blase und kann damit oft eine Blasenentzündung abwenden. Dazu wäre auch wichtig, jeden Tag entweder 2 Esslöffel Kürbiskernöl oder 2 Esslöffel grüne weichschalige Kürbiskerne zu kauen. Im Kürbisfleisch, in den Kernen und im Öl, das aus den Kernen gepresst wird, befinden sich die Substanzen Sitosterin, Delta-7-Sterole und Phytoöstrogene. Man kann damit die Immunkraft der Blase stärken.

Das Kürbisfleisch ist außerdem reich an Ballaststoffen, an Enzymen, welche die Bauchspeicheldrüse entlasten und an Carotinen, an Farbstoffen, welche die natürlichen Abwehrkräfte fördern.

Die kleinen Kürbisse haben mehr Wirkstoffe als die riesengroßen. Wenn Sie ein Stück von einem großen Kürbis kaufen, dann achten Sie darauf, dass er am selben Tag angeschnitten worden ist.

Sehr schmackhaft ist eine Kürbissuppe. Hier das Rezept für 2 Personen:

130 Gramm Kürbisfleisch raffeln, zu einer fein gehackten Zwiebel geben, die Sie zuvor in etwas Butter gedünstet haben. Anbraten, dann in 1/2 Liter Gemüsebrühe einrühren, einmal aufkochen lassen. Etwas saure Sahne dazugeben.

Mit Sauerkraut gegen viele Ernährungssünden

Wer gesund und fit durch den Winter kommen will, der sollte sich in der Küche einen kleinen Vorrat an Sauerkraut anlegen. Sauerkraut kann hervorragend viele Ernährungssünden ausgleichen. Und es kann uns vor lästigen Erkältungen schützen. Sie sollten im Winter – etwa vor den Weihnachtsfeiertagen – eine Woche lang konsequent 3-mal täglich eine gehäufte Gabel rohes Sauerkraut gut kauen.

Sauerkraut ist eine Naturarznei für unseren Organismus. Ähnlich wie ein probiotisches Jogurt hat es eine interessante Wirkung für den Verdauungstrakt: Es fördert die Bildung von positiven Darm-Bakterien, stärkt damit die Darmflora und die Immunkraft.

Sauerkraut hat einen extrem hohen Anteil an Vitamin C. Es macht uns daher stark gegen Erkältungen und Stress. Es ist aber auch reich an Vitamin B_{12}, das nur sehr selten in Pflanzenkost vorkommt, das aber sehr wichtig im Kampf gegen die Adernverkalkung ist. Vitamin B_{12} ist aber auch ein sehr wichtiger Baustein für unsere geistige Frische, für starke Nerven und für die Versorgung unserer Zellen mit Sauerstoff.

Sauerkraut kann aber auch mit viel Vitamin B_6 aufwarten.

Der beachtliche Anteil am Mineralstoff Kalium sorgt dafür, dass unser Körper entwässert und auch entsäuert wird. Magnesium stärkt das Herz. Und das Zink im Sauerkraut bekämpft Hautprobleme und fördert die Liebeslust.

All diese Substanzen zusammen sorgen dafür, dass man dem Organismus mit Sauerkraut sehr viel Kraft geben kann: Wer regelmäßig Sauerkraut isst, fühlt sich frischer, vitaler. Er ist widerstandsfähiger gegenüber Stresssituationen. Sauerkraut aktiviert den Gehirn- und den Nervenstoffwechsel. Es hält unsere Zellen jung und stärkt den Knochenbau. Es reguliert den Fettstoffwechsel, kann zu hohe Cholesterinwerte senken stärkt das Bindegewebe. Wenn Sie eine Fettstoffwechselstörung haben, müssen Sie – trotz Sauerkraut – Diät halten und die vom Arzt verordneten Medikamente einnehmen.

Wer im Winter viel Fleisch und viel Süßigkeiten konsumiert hat, der hat seinen Organismus übersäuert. Das kann der Auslöser für viele Erkrankungen werden. Mit Sauerkraut und Sauerkrautsaft kann man ein basisches Gegengewicht schaffen. Die Säuren der Ernährungssünden werden dann schneller abgebaut.

Kaufen Sie mildes Sauerkraut, denn es ist nicht sinnvoll, zu kräftiges Sauerkraut zu wässern. Dabei gehen wertvolle Biostoffe verloren. Am gesündesten ist Sauerkraut, wenn man es roh isst. Wer es aber lieber gekocht mag, der sollte es niemals länger als 25 Minuten köcheln lassen. Sonst wird das Kraut weich und inhaltslos. Vom rohen Sauerkraut genügt es, im Winter jeden Tag 2 bis 3 Gabeln voll zu essen. Gut kauen. Vom gekochten sollte man eine Portion von 125 Gramm verzehren. Es gibt einen Trick, wie man das gekochte Sauerkraut gesünder machen kann: Geben Sie einfach auf die Portion gekochtes Kraut 2 Gabeln fein geschnittenes rohes obendrauf.

Wie wäre es einmal in der kalten Jahreszeit mit einem Sauerkraut-Salat? Hier das Rezept für 2 Personen:

500 Gramm Sauerkraut klein schneiden, mit Kümmel und Wacholderbeeren würzen. Dann 2 geraffelte Äpfel und 1 Esslöffel geriebenen Meerrettich (Kren) dazurühren. Mit etwas Zitronensaft, gehackten Kräutern wie Dille, Kerbel und Bohnenkraut würzen. In einer kleinen Dessertschale mit einem Klacks Sauerrahm servieren.

Wenn Sie regelmäßig Sauerkraut essen, werden Sie gesünder durch die kalte Jahreszeit kommen.

Meerrettich (Kren): Gesundheit, die aus der Erde kommt

Wissen Sie, was ein Paar Wiener oder Frankfurter Würstchen oder Wurzelfleisch so wertvoll für die Gesundheit macht? Der geriebene Meerrettich (Kren), den man dazu genießt. Im Sommer muss die Meerrettich-Wurzel in der Erde wachsen und gedeihen. In der kalten Jahreszeit sollte man sie dann konsumieren.

Wer Meerrettich reibt, der muss fast immer weinen. Der Hauptwirkstoff der Wurzel ist ein Glykosid mit dem Namen Sinigrin. Es ist in hohen Konzentrationen enthalten. Durch spezielle Enzyme werden daraus, wenn Sauerstoff hinzukommt, starke, scharfe Senföle. Beim Reiben werden diese ätherischen Öle frei, geraten in die Augen und regen die Tränendrüsen an. Speziell diese Senföle sind für unsere Gesundheit von großem Wert:

- Sie können schädliche, krankmachende Bakterien in unserem Körper bekämpfen. Daher nennt man den Meerrettich auch das Penicillin aus dem Garten.
- Die Senföle sorgen dafür, dass Schadstoffe und andere negative Substanzen rasch aus unserem Körper abtransportiert werden.

- Sie helfen uns, dass wir schneller mit einer Erkältung fertig werden.

- Es gibt allerdings in der Meerrettich-Wurzel noch andere interessante Wirkstoffe, die für unsere Gesundheit wichtig sind, und welche die Senföle massiv unterstützen: Asparagin, Arginin, Harze, Schwefelstoffe und reichlich Vitamin C. All diese Substanzen hemmen Erkältungsviren. Sie stärken und schützen die Atemorgane. Und sie regen den Magen- und Darmtrakt an, reinigen ihn von Gär-, Fäulnis- und anderen Giftstoffen.

Und so setzt man Meerrettich gegen Erkältungen ein:

- Allein, wenn man die Wurzel reibt und dabei tief einatmet, ist das bereits eine unterstützende Maßnahme gegen Schnupfen und Husten.

- Im ländlichen Raum gibt es seit Jahrhunderten ein einfaches Hausmittel. Man schält eine Meerrettich-Wurzel, schneidet sie in Räder, bohrt in der Mitte der Räder ein Loch und fädelt sie alle auf einer Schnur zu einer Kette auf. Die hängt man um den Hals, legt sich ins Bett und deckt sich bis über die Nasenspitze zu. Durch die Bettwärme werden die Senföle im Meerrettich frei und eingeatmet.

- Sehr bewährt gegen Schnupfen hat sich folgendes Rezept: 2 Esslöffel frisch geriebene Meerrettich-Wurzel werden mit etwas Zwiebelsaft und Honig verrührt. Von dieser Mischung nimmt man alle 2 – 3 Stunden 1 Teelöffel.

Man kann auch Meerrettich-Saft aus dem Reformhaus einsetzen:

- Süßen Sie den Saft mit etwas Honig und trinken Sie 3-mal täglich 1 Schnapsgläschen. Sie können damit Hustenanfälle stoppen und die Atemwege stärken.

- Wenn Sie rheumatische Schmerzen oder Gichtbeschwerden lindern möchten, dann nehmen Sie zwischen den Mahlzeiten – niemals auf nüchternen Magen – 3-mal täglich 10 Tropfen. Das wirkt auch gegen Blähungen. Bei Gicht: unbedingt eine purinarme Kost essen und sich ärztlich behandeln lassen.

Halten Sie sich an die angegebenen Dosierungen. Zu viel Meerrettich ist schädlich, kann Magen, Darm und Nieren reizen. Man kann Durchfall bekommen oder unter Nachtschweiß leiden.

Sehr vorsichtig muss man auch bei der äußeren Anwendung von Meerrettich sein. Wer die geriebene Wurzel gegen rheumatische Beschwerden auflegen will, der muss vorher unbedingt die betreffende Hautstelle dick mit Olivenöl oder Schweineschmalz einmassieren. Andernfalls kann es zu starken Rötungen oder gar schmerzhaften Verbrennungen kommen. Darauf kommt der geriebene Meerrettich, darüber ein Tuch. Das Ganze darf nur 10 Minuten einwirken.

Rote Bete schützt uns vor Erkältungen, stärkt die Leber

Die Rote Bete ist speziell im Winter sehr wichtig für unsere Gesundheit. Dafür gibt es 2 wesentliche Gründe:

- Der Farbstoff der Wurzel, das Betanin, gehört zur Gruppe der Anthocyane. Er kann Krankheitserreger bekämpfen. Das Betanin macht Viren und Bakterien inaktiv und fördert ihren Abtransport aus dem Körper. Dadurch können die natürlichen Abwehrkräfte wieder Oberhand gewinnen.
- Außerdem befindet sich in der Roten Bete das Betain, ein Eiweißbaustein. Er stärkt die Leber und baut Fettpölsterchen im Körper leichter ab.

Außerdem stecken in der Roten Bete noch viele Bioaktivstoffe, die Spurenelemente Kupfer für bessere Konzentration und gesunde Gelenke, Eisen fürs Blut, Chrom gegen Übergewicht, Mangan zur Vorbeugung von Rheuma, Zink und Selen für die Immunkraft.

Die Rote Bete ist eher arm an Vitaminen. Einsame Spitze ist sie allerdings, was Vitamin B_{12} und Folsäure betrifft. Daher schützt die Rote Bete vor zu hohen Homocystein-Werten und damit vor frühzeitiger Arteriosklerose und vor Herz- und Kreislauferkrankungen.

Und das alles können Sie mit dem regelmäßigen Konsum von Roter Bete erreichen: Sie verstärkt die Wirkung von Vitamin C, das wir von anderswo aufnehmen. Sie stärkt unsere Nerven. Sie fördert die Blutbildung. Wer Medikamente einnehmen muss, die das gesunde Blutbild stören, sollte regelmäßig Rote-Bete-Saft trinken. Die Rote Bete vertreibt Müdigkeit und schützt vor Infektanfälligkeit. Sie schafft positive Stimmung, weil die Folsäure jene Botenstoffe im Gehirn aktiviert, die für Glücksgefühle verantwortlich sind. Haut, Haare und Nägel werden fester und schöner. Rote Bete kann Verstopfung bekämpfen.

Und so kann man die Rote Bete am besten genießen:

- Wenn sie zart ist, kann man sie roh schälen, reiben und mit etwas Zitronensaft und ein paar Tropfen Olivenöl essen.
- Meist wird sie in Wasser zwischen 20 und 40 Minuten gekocht. Größere

Rüben sind oft erst nach 1 1/2 Stunden gar. Danach schält man die Rote Bete, schneidet sie in Räder oder in kleine Stücke und bereitet daraus einen Salat mit einer Marinade aus Olivenöl, Salz, Pfeffer, Kümmel und Meerrettich zu. Anstelle von Essig sollte man unbedingt Zitronensaft nehmen. Das Vitamin C verhindert, dass Nitrate aus der Roten Bete in krebserregende Nitrosamine umgewandelt werden.

Man sollte vorwiegend nitratarme Rote Bete aus biologischem Anbau kaufen, weil die Rübe aus dem Boden wie ein Schwamm auch alle schädlichen Substanzen aufsaugt.

Die beliebteste Form, die Vorteile der Roten Bete zu genießen, ist der Rote-Bete-Saft. Wer sich vor Erkältungen schützen will und wer – bereits erkrankt – schneller gesund werden möchte, der sollte einige Zeit jeden Tag 1/4 Liter Rote-Bete-Saft trinken oder jeden Tag 1 Portion Rote-Bete-Salat konsumieren.

Was Sie noch im Interesse der Gesundheit beachten sollten: Kaufen Sie kleine Rüben. Sie sind zarter und haben weniger Nitratgehalt. Meiden Sie weiche Rüben mit dunklen Flecken. Stechen Sie die Rüben niemals beim Kochen an, weil sonst viele Wirkstoffe ausfließen. Der Supertrick für die Gesundheit: Geben Sie auf den Salat aus gekochter Roter Bete wenig roh geriebene.

Wer zu Nierensteinen neigt, muss sehr sparsam mit der Roten Bete umgehen. Sie enthält nämlich steinbildende Oxalsäure.

Kartoffeln gegen Müdigkeit und Bluthochdruck

Es lohnt sich im Winter, oft und regelmäßig Kartoffeln in den Speiseplan einzubauen. Sie bringen so viele Vorteile für unsere Gesundheit. Und sie machen – entgegen längst überholten Behauptungen – nicht dick. Allerdings sind sie nur dann eine wertvolle Nahrung, wenn man sie als Pellkartoffeln genießt. Als Bratkartoffeln, Pommes frites oder Chips werden sie zur Kalorienbombe.

Die Kartoffel an sich ist kalorienarm, nährstoffreich und gehört zu den vielseitigsten Lebensmitteln. Sie enthält hochwertiges pflanzliches Eiweiß, das sich ideal mit Käse, Topfen (Quark) und Eiern kombinieren lässt. Außerdem ist die Kartoffel ein klassischer Lieferant für basische Substanzen und daher eine ideale Beilage zum Fleisch, welches dem Körper reichlich Säuren zuführt.

In der Kartoffel sind nahezu alle wichtigen Vitalstoffe enthalten: sämtliche lebenswichtige Mineralstoffe und Spurenelemente. Die Kartoffel verfügt nicht nur über reichlich Stärke, sondern auch über Magnesium fürs Herz, Kalium für Nerven, Muskel und Verdauung sowie Kalzium für die Knochen.

Beachtlich ist der hohe Anteil an Vitamin C, der – dank einer speziellen biochemischen Verbindung – auch beim Dämpfen nicht kaputtgeht. Daher kann man mit dem regelmäßigen Genuss von Kartoffeln Erkältungen und anderen Infektionen vorbeugen, kann sich stark gegen Stress machen.

Wer an zu hohem Blutdruck leidet, der sollte ebenfalls regelmäßig Kartoffeln essen. Das kann auf ideale Weise die ärztliche Therapie ergänzen.

All jene Menschen, die auf Grund einer Erkrankung vom Arzt aus Medikamente einnehmen müssen, scheiden sehr viel Kalium aus und bekommen mit der Zeit Verdauungsprobleme. Wenn Sie oft Pellkartoffeln essen, wird dieses Defizit ausgeglichen. Außerdem reguliert das Kalium ausgezeichnet den Wasserhaushalt des Körpers.

Viele von uns essen zu viel Süßes, trinken zu viele zuckerhaltige Flüssigkeiten und konsumieren zu viele Lebensmittel aus Weißmehl. Durch all diese Nahrungsgewohnheiten wird aus dem Körper zu viel vom Spurenelement Chrom ausgeschieden und abgebaut. Mit 5 Kartoffeln kann der gesamte Tagesbedarf des Organismus an Chrom gedeckt werden.

Schwarzwurzeln bringen das Gehirn in Hochform

Die Schwarzwurzeln sind ein typisches Wintergemüse. Die schmalen, langen schwarzen Stangen sind nicht sehr beliebt. Viele sind sich nicht bewusst, wie wertvoll sie für unsere Gesundheit sind. Dabei stecken in den Schwarzwurzeln gigantische Kräfte. Sie sind speziell für ältere Menschen ein wahres Lebenselixier und obendrein preisgünstig.

Die Schwarzwurzel stammt aus Mitteleuropa, war schon den Germanen bestens bekannt. Unter Kaiser Karl dem Großen galt sie als Gemüse der feinen Leute. Im Laufe der Zeit ist sie zu einem Arme-Leute-Essen geworden. Man nannte sie „Spargel der Armen". Vermutlich haben sich deshalb viele von diesem Gemüse distanziert.

Die Schwarzwurzel ist kalorienarm und hilft beim Abnehmen. Sie liefert viele Ballaststoffe, fördert also die Verdauung. Sie enthält reichlich Vitamin B_1, das unsere Nerven stärkt. Die Schwarzwurzel enthält viele Mineralstoffe und Spurenelemente: Magnesium für Herz und Kreislauf, Kalium für die Verdauung und für die Muskeln, Eisen fürs Blut, Kupfer für unsere Gehirnarbeit, Mangan für die Leber.

Und das alles kann man gezielt mit dem Essen von Schwarzwurzeln für die Gesundheit tun: Die Entgiftung der Leber wird gefördert. Die Bildung der roten Blutkörperchen wird aktiviert. Schwarzwurzeln bremsen das Eindringen von Umweltgiften in den Organismus, vor allem von Blei.

Mit Schwarzwurzeln kann man der gefürchteten Knochenentkalkung vorbeugen. Frauen, die in die Wechseljahre kommen, sollten einmal die Woche dieses Gemüse essen.

Am interessantesten ist die Wirkung der Schwarzwurzeln auf unser Gehirn. Wer sie regelmäßig in den Speiseplan einbaut, hat eine bessere Konzentration, kann Vergesslichkeit bekämpfen und bringt das Gehirn in Hochform. Auf diese Weise wird die Schwarzwurzel zu einem Jungbrunnen.

Man hat allerdings mit diesem Wintergemüse viel Arbeit. Schwarzwurzeln sind außen schwarz und voll Erde. Deshalb auch der Name. Man muss die Wurzeln zuerst sauber bürsten. Dann werden die Blatt- und Wurzelansätze abgeschnitten. Schließlich muss man sie mit einem Kartoffelmesser schälen. Dann sehen sie appetitlich weiß aus. Gummi-Handschuhe anziehen! Der weiße Saft der Wurzeln verfärbt sonst die Hände.

Legen Sie die Schwarzwurzeln in Essig- oder in Zitronenwasser. Dann bleiben sie schön weiß. Beim Zubereiten in kochendes Wasser geben. Sie sind in etwa 20 Minuten fertig. Bitte immer als Ganzes kochen, damit der Wurzelsaft nicht ausfließt. Man kann Schwarzwurzeln allein oder als Beilage servieren. Man kann sie – klein geschnitten – mit anderem Gemüse mischen. Man kann sie auch zu einem Salat verarbeiten.

Chinakohl: wertvolles Eiweiß aus dem Gemüsegarten

Beim Wort Eiweiß denken wir in erster Linie an Fleisch und Fisch. Das ist auch richtig. Tierisches Eiweiß ist im Rahmen einer ausgewogenen Ernährung durch nichts zu ersetzen. Aber auch pflanzliches Eiweiß hat einen ganz besonderen Wert. Ein Naturprodukt, das uns dieses Eiweiß in hoher Qualität liefert, ist der Chinakohl, ein beliebtes Wintergemüse.

Alle Zellen werden mit Eiweiß geschaffen, geschützt und repariert. Wir brauchen Eiweiß als Aufbau- und Gerüstsubstanz und zum Aufbau der Immunkraft.

Was ist so besonders wertvoll am Blatt-Eiweiß aus dem Chinakohl? Wenn wir Eiweiß aus Fleisch aufnehmen, gibt es ein Problem: Es ist immer Fett dabei. Das Eiweiß aus dem Chinakohl ist fettfrei und somit ideal für Menschen, die mehr Eiweiß, aber wenig Fett konsumieren sollten. Chinakohl ist auch eine wunderbare Nahrung für alle, die schlank werden und schlank bleiben wollen: 100 Gramm liefern bloß 15 Kalorien. Zudem ist Chinakohl leicht verdaulich und verursacht keine Blähungen.

Weitere gesundheitliche Vorteile: Chinakohl enthält sehr viel Vitamin C, schützt vor Erkältungen. Er liefert viel Betacarotin für die Sehkraft und für die Immunkraft. Chinakohl ist reich am Mineralstoff Kalium, der wichtig für Muskeln, Nerven, Herz und eine gute Verdauung ist. Chinakohl versorgt uns auch mit Eisen fürs Blut und für Vitalität. Man sollte Chinakohl nicht länger als 2 Tage zu Hause aufbewahren, damit er nicht zu viele Wirkstoffe abbaut.

Chinakohl genießt man am besten als Salat mit Olivenöl. Er schmeckt köstlich mit Tomaten oder Paprikaschoten in kleinen Stücken oder mit Maiskörnern. Wer einen süßen Salat mag, der richtet den Chinakohl mit Mandarinen-Stücken oder Kiwi-Scheiben an.

Prof. Bankhofers

heißer Tipp für die kalte Zeit:

Wenn Sie zu viel Fleisch und Süßigkeiten konsumiert haben, dann ist Ihr Organismus übersäuert. Essen Sie Sauerkraut. Damit können Sie ein basisches Gleichgewicht schaffen. Die Säuren der Ernährungssünden werden dann schneller abgebaut.

Keime und Sprossen für die Gesundheit im Winter

Gerade in der kalten Jahreszeit ist es wichtig, dass wir uns regelmäßig mit Vitaminen, Mineralstoffen, Spurenelementen und Enzymen versorgen. Doch bis zum Freiland-Gemüse aus biologischem Anbau dauert es noch Monate. Wir können uns aber inzwischen das gesündeste Gemüse der Welt selbst zu Hause in der Küche züchten. Die Lösung lautet: Produzieren Sie frische Keime und Sprossen. Sie sind ein Kraftpaket mit ungeheuren Mengen an Vitalstoffen für unsere Gesundheit. Und das ist eigentlich ganz logisch: In den winzig kleinen Samenkörnern, die man zum Keimen bringt, schlummert die gesamte Energie für eine neue Pflanze. Und wenn das Samenkorn mit Wasser in Berührung kommt und zu keimen beginnt, dann stellt es alles, was es hat, zur Verfügung.

Der Vitamin-C-Gehalt vieler Keime und Sprossen steigt um bis zu 500 Prozent und mehr, der Gehalt am Provitamin A, Betacarotin um 300 Prozent. Auch Mineralstoffe und Spurenelemente vermehren sich gigantisch. Und diese Superkraft sollten wir nützen.

Sehr wertvoll sind Weizenkeime. Sie liefern B-Vitamine und Magnesium für unsere Nerven. Linsensprossen versorgen uns mit den Vitaminen C und E sowie mit Eisen. Die Sprossen der kleinen, grünen Sojabohne sind reich an Kalzium für die Knochen, an Phosphor und Lecithin fürs Gehirn. Kichererbsen versorgen uns mit Vitamin D, das wir sonst nur durch Sonnenbestrahlung bilden können. Kresse-Sprossen stärken die Schilddrüse, Sonnenblumen-Keimlinge liefern Zink für die Immunkraft, Kürbiskern-Sprossen sind reich an ungesättigten Fettsäuren, die wichtig für Herz und Kreislauf sind.

So einfach ist es, selbst Sprossen und Keime herzustellen:

- Besorgen Sie ein Einweck-Glas, eine Schüssel oder am besten eine Keimbox (Reformhaus). Und Sie brauchen keimfähige Samenkörner oder Hülsenfrüchte.
- Große Körner werden 12 Stunden, kleine Körner 6 Stunden in kaltem Wasser bei Zimmertemperatur angesetzt.
- Dann gut waschen und in dem Gefäß verteilen. Die Keimbox hat viele Vorteile: Man muss das Wasser, mit dem die Samen gegossen werden, nicht abgießen. Es läuft von selbst ab. Und man kann in den drei Etagen der Box drei verschiedene Sprossen und Keime zugleich ansetzen.
- Von nun an muss man die Samen und Hülsenfrüchte zweimal am Tag mit kaltem Wasser gießen, sodass sie immer feucht sind. Sie brauchen eine Zimmertemperatur von 22 – 24 °C. An den ersten beiden Tagen sollten sie im Dunkeln stehen. Dann holt man sie ans Licht, damit sich auch immunstärkendes Chlorophyll bildet.
- Am 4. oder 5. Tag ist Erntezeit. Da haben die Keime und Sprossen die meisten wertvollen Inhaltsstoffe für unsere Gesundheit. Man darf sie aber niemals gleich so aus der Schüssel, aus dem Glas oder aus der Box essen. Man muss sie zuerst gründlich in einem Sieb unter laufendem Wasser waschen. Während des Keimens haben sich Bakterien, Pilze und Sporen gebildet, die Verdauungsprobleme hervorrufen könnten.
- Nach dem Waschen kann man die Keime und Sprossen gleich so knabbern. Man kann sie in den Salat mischen oder daraus einen Sprossen-Salat anrichten. Man kann sie ins Müsli oder ins Jogurt rühren, auf die Suppe und aufs Butterbrot streuen oder in eine Omelette einschlagen. Man sollte sie aber niemals erhitzen, weil dann all die wertvollen Vitalstoffe kaputtgehen.

Zitrusfrüchte: So wichtig sind Orange, Mandarine & Co.

Ich habe Ihnen bisher ausschließlich heimisches Obst und Gemüse vorgestellt. Doch viele können sich den Winter ohne Zitrusfrüchte gar nicht vorstellen. Dabei geht es aber nicht nur um die Gaumenfreude. Wenn es draußen kalt und ungemütlich ist, wenn viele rund um uns erkältet sind, dann sollten wir viel Vitamin C aufnehmen. Eine gute Lösung sind Zitrusfrüchte. Es gibt aber viele verschiedene Zitrusfrüchte. Daher wird mancher fragen: Ist es egal, ob ich eine Orange, Mandarine, Grapefruit oder Zitrone konsumiere?

Alle diese Früchte haben eines gemeinsam: die interessanten Mengen an Vitamin C. Unsere Abwehrzellen – vor allem die Killerzellen – brauchen Vitamin C als Nahrung, damit sie gegen Krankheitserreger aktiv werden können. Da dieses Vitamin C im Körper aber schnell verbraucht und abgebaut wird, muss man es mehrmals am Tag aufnehmen. Wer morgens ein paar Orangen isst, der hat keineswegs für den ganzen Tag einen guten Schutz mit Vitamin C.

Was wenige wissen: Vitamin C schützt uns nicht nur gegen Erkältungen und andere Infektionsgefahren. Vitamin C macht auch stark gegen Stress, stoppt Zahnfleischbluten und aktiviert unsere Glückshormone.

Alle Zitrusfrüchte haben aber noch etwas gemeinsam: wertvolle Pflanzenfarbstoffe, auch Bioaktivstoffe oder Bioflavonoide genannt. Allerdings hat der Nobelpreisträger Albert Szent-Györgyi entdeckt: Die meisten dieser wichtigen Substanzen befinden sich nicht im Fruchtfleisch, sondern in dem schwammigen, weißen Gewebe, das sich zwischen dem Fruchtfleisch und der Schale befindet und das die meisten von uns abziehen und wegwerfen. Das sollten wir in Zukunft nicht mehr tun.

Die Bioaktivstoffe der Zitrusfrüchte schützen unsere Zellen vor Umweltschadstoffen, vor den so genannten freien Radikalen. Sie senken das Krebsrisiko, helfen uns, dass wir nicht zu früh altern. Und durch Bioaktivstoffe wird die Wirksamkeit des Vitamin C um ein Vielfaches verstärkt.

Und das sind nun die speziellen Eigenschaften der einzelnen Zitrusfrüchte und ihre optimale Einsatzmöglichkeit für unsere Gesundheit:

- Die Zitrone fördert die Produktion der Magensäure, kräftigt Zahnfleisch, Haare und Nägel. Ungezuckerte Zitronenlimonade ist ein wertvolles Begleitgetränk zu einer Diät. Die Wirkstoffe der Zitrone helfen Fettpolster abbauen und sie machen stressfest.
- Die Orange, die beliebteste Zitrusfrucht der Deutschen und Österreicher, macht geistig rege, stärkt die Konzentration. Kinder sollten daher in der Schule zwischendurch Orangen essen. Aber bitte, niemals die Orange bereits abgeschält mit-

geben: Sie verliert dann sehr schnell ihre Wirkstoffe. Orangen stärken den Kreislauf, fördern die Produktion von Sexualhormonen und vertreiben ganz schnell Müdigkeit und Erschöpfung. Es ist sehr sinnvoll, nach einer Mahlzeit mit viel Fleisch eine Orange zu essen. Ihre Wirkstoffe helfen, dass das Eiweiß vom Fleisch schneller und besser verarbeitet wird.

- Mandarinen enthalten als einzige Zitrusfrucht sehr viel vom Pflanzenfarbstoff Rutin. Dieser festigt das Bindegewebe und hilft Frauen und Mädchen, der Cellulite vorzubeugen.

- Grapefruits stärken die Venen, beugen Krampfadern vor und fördern – wie die Zitrone – den Abbau von Fettpolstern.

Die besten Gesundheits-cocktails für den Winter

Der menschliche Körper besteht zu zwei Dritteln aus Flüssigkeit. Er braucht ständig die Zufuhr von Flüssigkeit, damit alle Organe sowie der Stoffwechsel optimal funktionieren, die Versorgung mit Nährstoffen und die Entsorgung von Giftstoffen gesichert ist. Das gilt auch für die kalte Jahreszeit. Auch da kann der Kreislauf bei mangelnder Flüssigkeitszufuhr sehr leiden oder versagen, vor allem, wenn wir uns in überheizten Räumen oder in Räumen mit Zentralheizung oder Klimaanlage aufhalten. Was liegt da näher, als auch für den Winter die Aufforderung: Trinken Sie sich gesund und fit!

Es gibt viele Getränke, die nicht nur gut schmecken, sondern auch wertvolle, lebenswichtige Substanzen liefern. Man könnte sie als flüssige Naturarzneien bezeichnen. Ich will Ihnen die wirksamsten vorstellen: Cocktails ohne Alkohol, die nur der Gesundheit, der geistigen Fitness und der Schönheit dienen und herrlich schmecken.

Der Hagebutten-Glühwein ohne Wein schützt vor Erkältungen

Sicher kennen Sie Glühwein. Er wird an kalten Wintertagen immer wieder gern getrunken. Aber so richtig gesund ist er nicht, denn er enthält viel Alkohol und Alkohol kann in der eisigen Kälte viel Schaden anrichten.

Er weitet die Gefäße und die Poren der Haut aus, sodass der Körper viel lebenswichtige Wärme verliert. Da der Alkohol aber ein wohliges Gefühl vermittelt, spürt man es nicht. So kann es zu Erfrierungen kommen.

Ich möchte Ihnen daher einen Glühwein ohne Wein vorstellen: den alkoholfreien Hagebutten-Glühwein. Ein wunderbares Gesundheitsgetränk, das im Winter gute Dienste leisten kann. Sie brauchen dazu 6 Beutel Hagebuttentee, 1 Beutel Glühweingewürz, 1 Liter Wasser, 1 ungespritzte Bio-Zitrone sowie Honig oder braunen Rohrzucker.

Und hier das Rezept: Die Hagebutten-Teebeutel werden in einem großen Küchentopf mit 1 Liter kochendem Wasser übergossen. Reiben Sie die Schale einer Bio-Zitrone dazu und lassen Sie das Ganze 5 Minuten ziehen.

Wer etwas auf sich hält, wird natürlich ganze Hagebutten oder getrocknete Hagebutten (Apotheke, Reformhaus)

Mit Hagebutten, Glühweingewürz, Zitrone, Honig und Wasser lässt sich ein wirksamer und köstlicher Cocktail gegen Erkältungen zubereiten.

kaufen und den Tee auf klassische Weise und nicht mit Teebeuteln zubereiten: 4 gehäufte Teelöffel Hagebutten-Fruchtfleisch und zerstoßene Kerne werden mit 1 Liter kaltem Wasser angesetzt, am besten über Nacht stehen gelassen. Dann seiht man durch, bringt das Hagebutten-Wasser zum Kochen und überbrüht damit die eingeweichten Hagebutten-Bestandteile. Das Ganze 10 – 15 Minuten ziehen lassen, danach durchseihen, mit etwas Honig süßen. Nicht zu heiß trinken.

Die Hagebutten und die Zitronenschale liefern große Mengen an Vitamin C. Vor allem das Vitamin C der Hagebutten ist so wertvoll, weil es auch beim Erhitzen – bei der Zubereitung des Tees – durch spezielle Enzymverbindungen nicht kaputtgeht. Allein dadurch schützt uns dieses Getränk vor Schnupfen und anderen Erkältungen. Unsere Abwehrzellen werden nur dann aktiv, wenn sie genügend Vitamin C als „Sprit" zur Verfügung haben.

Neben dem Vitamin C liefert uns dieses Hagebutten-Getränk aber auch Magnesium für Herz und Kreislauf, Zink und Selen für die Immunkraft, alle B-Vitamine und den roten Farbstoff Lycopin, den wir von den Tomaten kennen. Der ist auch hier drinnen.

Das Zusammenspiel all dieser Vitalstoffe macht den Hagebutten-Cocktail zu einer interessanten Naturarznei, die auch gegen rheumatische Beschwerden hilft, das ergab eine Studie an der Universität Kopenhagen. Hagebutten wirken schmerzlindernd und entzündungshemmend.

Der Schoko-Punsch ohne Alkohol fördert den Schlaf

Gehören Sie zu jenen Menschen, die Schokolade über alles lieben und jede Gelegenheit nützen, um so ein verführerisches Stück in den Mund zu schieben? Sicher kennen Sie dann auch die flüssige Version: die Trink-Schokolade. Wenn Sie diese bisher für eine „ süße Sünde" gehalten haben, die außer Kalorien nichts bringt, dann haben Sie sich gründlich geirrt. Ich möchte Ihnen etwas ganz Besonderes vorstellen: den alkoholfreien Schoko-Punsch, der voll lebenswichtiger Geheimnisse steckt und viele Vorteile für unsere Gesundheit bringt.

Sie brauchen dazu: 200 Milliliter flüssige Schlagsahne (flüssiges Schlagobers), 1 kleine Zimtstange, 50 Gramm Zartbitterschokolade mit 70 Prozent Kakao-Anteil, 100 Milliliter Kokosmilch und 400 Milliliter heiße Vollmilch.

Und hier das Rezept: Die Schlagsahne (Schlagobers) wird mit der Zimt-Stange erhitzt. Die Schokolade wird geraffelt und in der Sahne aufgelöst. Dann gießt man die Kokosmilch und die heiße Vollmilch dazu. Mit wenig Honig nachsüßen. Servieren und sehr warm trinken. Achtung: eine Kalorienbombe! Wenn man übergewichtig ist, muss man tagsüber Kalorien sparen, wenn man am Abend diesen Drink genießen will oder man lässt die Schlagsahne weg und nimmt Magermilch.

Auf den ersten Blick hat man den Eindruck, dass es sich dabei um ein Getränk handelt, das die Gesundheit eher belastet als fördert. Das Gegenteil ist der Fall:

- Das Zimtgewürz fördert die Verdauung, verbessert die Stimmung, lindert die Schmerzen der Frau an ihren monatlichen Tagen und wirkt erotisierend.
- Die Schlagsahne (das Schlagobers) und die Milch liefern den Mineralstoff Kalzium und stärken damit die Knochen. Außerdem versorgen sie den Organismus mit dem entzündungshemmenden Vitamin E, das auch dafür sorgt, dass uns an kalten Wintertagen von innen her angenehm warm ist.
- Die Kokosmilch stärkt den Organismus, ist ein Elixier für Magen, Darm und Nerven. Und sie schützt die Harnwege vor Bakterien.

Und jetzt zur flüssigen Schokolade: Schon die Azteken haben diesen Genuss aus Kakaobohnen und Milch gekannt und geschätzt. Sie nannten die süße Köstlichkeit „Getränk der Götter". Was ist nun das Besondere an der flüssigen Schokolade? Da gibt es viele wertvolle Wirkungen:

- Schokolade – auch wenn sie zerschmolzen ist – enthält die Substanz Phenylethylamin. Sie wirkt im Körper des Menschen als Botenstoff – als so genannter Neurotransmitter –, der im Gehirn positives Denken, Glücksgefühle und seelisches Wohlbefinden auslöst. Außerdem fördert das Phenylethylamin die Produktion des körpereigenen Glückshormons Serotonin. Auch für das Getränk gilt daher der Spruch: „Schokolade macht glücklich!"
- Prof. Dr. Peter Rogers vom Institut für Ernährungsforschung in Norwich, England, hat nachgewiesen: Beim Trinken von heißer Schokolade entstehen auch deshalb Glücksgefühle, weil zusätzlich noch Beta-Endorphin freigesetzt wird. Außerdem werden damit Schmerzen gelindert, weil die Schokolade in kleinsten Mengen natürliche, harmlose Betäubungsstoffe enthält.

Der Schoko-Punsch hat mehrere gesundheitsfördernde Wirkungen: Er beruhigt vor dem Zu-Bett-Gehen und ermöglicht einen tiefen, guten, gesunden Schlaf. Er schafft zärtliche Gedanken und fördert die Erotik im Alter. Er tut an kalten, düsteren Wintertagen der Seele gut.

Kuhmilch, Kokosmilch, Honig, Zimt, Schlagsahne und Schokolade ergeben zusammen das köstlichste Schlafmittel, das es gibt.

Apfel-Orange-Mix mit Zimt vertreibt schlechte Laune

Frisches Obst, aber auch Trockenfrüchte liefern wertvolle Vitamine, Mineralstoffe und Spurenelemente. All diese Vitalstoffe benötigen wir, damit wir das Immunsystem stärken und uns vor einer Reihe von Krankheiten und Beschwerden schützen können. Man kann aber auch mit ganz bestimmten Obstsorten schlechte Laune wegzaubern und die Nerven stärken. Da gibt es zum Beispiel einen speziellen Cocktail, der alle dafür notwendigen Substanzen in flüssiger Form liefert.

Es ist der Apfel-Orange-Mix mit Zimt, den man auch als „Frucht-Punsch ohne Alkohol" bezeichnen könnte. Man sollte ihn trinken, wenn man nicht gut drauf ist, wenn man sich geärgert oder gekränkt hat oder wenn man von negativer Stimmung gequält wird.

Es ist in zahllosen Studien in den USA nachgewiesen worden: Vitamin C verbessert die Laune, stärkt die Nerven und macht stressfest. Eine ideale Quelle für Vitamin C ist und bleibt die Orange oder der frisch gepresste Orangensaft.

Mit der Zufuhr von Vitamin C wird im Zentralnervensystem und im Nebennierenmark die Produktion des Hormons Noradrenalin gesteigert. Es leitet aus dem Gehirn über die Nervenzellen Signale, die Glücksgefühle, positives Denken und gute Laune auslösen.

Auch der Apfel enthält Vitamin C. Besonders interessant aber ist sein Gehalt an Pektin und Pottasche. Die beiden Wirkstoffe fördern die Darmflora, sorgen für eine optimale Verdauung. Und auch das ist wichtig fürs Wohlfühlen und für eine gute Stimmung. Außerdem weiß man schon seit langer Zeit, dass ganz bestimmte Enzyme im Apfel enorm nervenstärkend wirken.

Eine wichtige Funktion gegen Stress und schlechte Laune haben auch die Trockenfrüchte Datteln, Feigen und Dörrpflaumen. Sie enthalten reichlich Magnesium und Kalium sowie Zink.

Eine hervorragende Waffe gegen schlechte Laune, Ärger, Stress und Nervosität ist Honig mit seinen pflanzlichen Hormonstoffen und mit seinen B-Vitaminen. Sehr beruhigend wirkt auch Schwarztee, wenn man ihn bei der Zubereitung 4 bis 5 Minuten ziehen lässt. Da gelangen nämlich aus den Teeblättern Stoffe ins Teewasser, die zu Entspannung führen. Auch das Gewürz Zimt verhilft zu besserer Laune. Gewürznelken verstärken diese Wirkung.

Was liegt also näher, als all diese Naturprodukte in einem Cocktail für bessere Stimmung zusammenzubringen?

Sie brauchen für den Apfel-Orange-Mix folgende Zutaten: 1/4 Liter naturtrüben Apfelsaft, 1/4 Liter frisch gepressten Orangensaft, 1 Teelöffel Zimt-Pulver, 4 Gewürznelken, 100 Gramm Trockenfrüchte (Feigen, Datteln und Dörrpflaumen), 1 Liter Schwarztee (am besten Assam-Tee) und Honig zum Süßen.

Und so wird der Cocktail zubereitet:

5 gehäufte Teelöffel Assam-Tee in einer Kanne mit 1 Liter kochendem Wasser übergießen, 4 bis 5 Minuten ziehen lassen. In den letzten beiden Minuten den Zimt und die Nelken dazugeben, dann durchseihen. Danach mit etwas Honig süßen und den Apfel- sowie den Orangensaft dazugießen. In Gläsern servieren. Der Cocktail gegen schlechte Laune ist rasch und einfach zubereitet und schmeckt köstlich.

Die Zutaten für den Gute-Laune-Cocktail, der auch optimal gegen Stress wirkt: Apfelsaft, Orangensaft, Schwarztee, Zimt, Gewürznelken, Trockenfrüchte und Honig.

Apfelessig und Honig geben neuen Schwung am Morgen

Viele kennen dieses unangenehme Gefühl am Morgen, unter dem sehr viele leiden: Man erwacht, erhebt sich aus dem Bett und hat das Gefühl, als hätte man nicht geschlafen. Man ist wie gerädert, möchte sich am liebsten wieder hinlegen und kommt nicht in Schwung. Man denkt mit Schrecken: „Wie soll ich in dieser Verfassung die Aufgaben des Tages schaffen?"

Etliche greifen zu dubiosen chemischen Muntermacher-Pillen, deren Nebenwirkungen man oft gar nicht kennt. Viel besser ist es, sich mit Naturkräften aufzubauen. Und da kann der naturtrübe Apfelessig eine wertvolle Hilfe sein. Er war lange Zeit in Vergessenheit geraten und wurde in den letzten Jahren als Hausmittel und Naturmedizin gegen viele Alltagsbeschwerden wieder entdeckt. Man weiß heute:

- Das Zusammenspiel von Vitaminen, Mineralstoffen, Spurenelementen und Essigsäure im Apfelessig kann den Kreislauf binnen kurzer Zeit stärken.
- Die Verdauung kommt so richtig in Schwung, eine Tatsache, die speziell am Morgen dem ganzen Organismus Vitalität bringt.
- Außerdem wirkt sich Apfelessig positiv auf erhöhte oder zu hohe Cholesterinwerte aus. Auch das ist speziell am Morgen wichtig, weil

sich in der Nacht das schädliche LDL-Cholesterin aufgebaut hat. Tagsüber auch auf die Ernährung achten und Bewegung machen!

- Die Kombination Apfelessig und Honig ist genial. Die vielen Wirkstoffe im Honig machen am Morgen schnell fit: 14 Aminosäuren, pflanzliche Hormonstoffe, Fruchtzucker, Traubenzucker, B-Vitamine, Kalium und Magnesium, Eisen, Phosphor, Enzyme und kleinste Mengen an Essigsäure. Dazu kommen noch etwa 20 anregende Duftstoffe.

Honig und Apfelessig helfen gegen Erschöpfungen am Morgen nach dem Aufstehen. Zugleich werden die Nerven gestärkt und beruhigt. Energie wird aufgebaut. Herz und Kreislauf werden optimal aktiviert. Die gesamte Durchblutung wird verstärkt. Die Arbeit der Nieren wird angeregt. Die Harnwege werden nach dem Schlafen kräftig durchgespült.

Es macht also sehr viel Sinn, im Rahmen einer Vital-Kur 10 Tage lang jeden Morgen auf nüchternen Magen einen Apfelessig-Honig-Cocktail zu trinken. Sie brauchen dazu folgende Zutaten: naturtrüben, naturbelassenen Apfelessig (Reformhaus), flüssigen Wiesenblüten-Honig, 1/4 Liter stilles Mineral- oder Leitungswasser.

Und so wird der Vital-Cocktail für den Morgen zubereitet:

Gießen Sie 1 Glas Wasser ein, das nicht zu kalt, aber auch nicht schal sein sollte. Dann rühren Sie 2 Esslöffel Apfelessig und 2 Teelöffel Honig ein, lassen das Ganze ein paar Minuten stehen, rühren noch einmal kräftig um und trinken den Cocktail dann langsam in kleinen Schlucken. Man spürt schon nach kurzer Zeit, wie neue Energien im Körper aufgebaut werden. Man kann dann endlich voll Kraft in den Tag gehen.

Zusätzlich kann man noch einige Wirkungen erzielen:

- Wenn Sie Ihre Cholesterin-Werte senken wollen, dann rühren Sie nur 2 Esslöffel Apfelessig ins Wasser, also keinen Honig.
- Wenn man damit gurgelt, hilft dies gegen Heiserkeit am Morgen.
- Wenn man diese Mischung einige Zeit vor jeder Mahlzeit trinkt, hat man weniger Hunger, isst nicht so viel und nimmt ab.

Es geht so einfach, mit Schwung in den Morgen zu gehen: mit naturtrüben Apfelessig, Honig und Wasser.

Tomaten-Worcester-Oliven-Shake gegen den Karnevalskater

Für all jene, die den Karneval (Fasching) lieben und ihn alle Jahre wieder erleben wollen, gibt es keine Altersgrenze: Alt und Jung stürzen sich ins Getümmel der tollen Tage, tanzen, singen, essen und trinken. Und das gleich mehrere Tage hintereinander. Kein Wunder, wenn so mancher danach einen zünftigen Karnevalskater hat. Man sollte ihn ganz schnell mit natürlichen Mitteln bekämpfen. Da man nach einer alkoholreichen Nacht jede Menge Durst hat und alkoholfreie Flüssigkeit benötigt, sollte man ein flüssiges Rezept bevorzugen. Es gibt mehrere Möglichkeiten, diese Beschwerden rasch wieder in den Griff zu bekommen:

- Viele schwören auf diesen schmackhaften Cocktail: 1/4 Liter frisch gepressten Orangensaft mit 4 Esslöffeln Artischocken-Frischpflanzensaft (Reformhaus) und 1 Teelöffel Honig verrühren und recht kalt trinken.
- Mit Todesverachtung muss man folgende Mischung trinken, denn sie sieht grauenhaft aus und schmeckt auch scheußlich, wirkt aber ausgezeichnet: Gießen Sie in ein hohes, großes Cocktail-Glas 1/4 Liter lauwarme Hafermark-Suppe und rühren Sie 4 Esslöffel starken, schwarzen und ungesüßten Bohnenkaffee sowie den Saft einer halben Zitrone ein. Gut umrühren, zügig trinken.

Ein Gesundheitsgetränk, das hingegen appetitlich aussieht, gut schmeckt und hervorragend gegen den Karnevalskater wirkt, ist der Tomaten-Worcester-Oliven-Shake, den viele Barkeeper als großes Geheimnis ihren alkoholbelasteten Gästen mixen.

Sie brauchen für diesen ungewöhnlichen Anti-Alkohol-Cocktail folgende Zutaten: 1 Eigelb, 2 Esslöffel Tomatensaft, 2 Esslöffel Worcestersoße, je eine Messerspitze Salz, Pfeffer und rotes Paprika-Pulver, 4 Tropfen Zitronensaft und 4 Tropfen kaltgepresstes Olivenöl.

Und so wird der Tomaten-Shake nach einer turbulenten Karnevalsnacht zubereitet:

Geben Sie in einen Cocktail-Mix-Becher das Eigelb von einem rohem Bio-Ei. Dazu geben Sie Tomatensaft, Worcestersoße, Zitronensaft, Olivenöl, Pfeffer, Salz und Paprika-Pulver. Während man die einzelnen Zutaten dazugibt, muss man ständig rühren. Dann schließt man den Mix-Becher und schüttelt ihn etwa 5 Minuten kräftig. Anschließend gießt man den Shake in ein Glas und trinkt ihn am besten in einem Zug aus.

Warum wirkt speziell dieser Cocktail so schnell gegen die Folgen von zu viel Alkohol? Dafür sind die einzelnen Zutaten verantwortlich:

- Im roten Tomatensaft befindet sich in hoher Konzentration der Bioaktivstoff Lycopin. Er schützt die einzelnen Körperzellen vor den aggressiven Angriffen der so genannten „freien Radikale“. Das sind Moleküle, welche die Zellen zerstören und rasch altern lassen. Wer viel Alkohol getrunken hat, der hat viele solcher freien Radikale im Körper. Außerdem stärkt der rote Farbstoff der Tomate Herz und Kreislauf, was nach einer durchfeierten Nacht ganz wichtig ist.

- Das Eigelb liefert Lecithin für die geistige Regeneration.
- Worcestersoße, Salz, Pfeffer, Zitronensaft und Olivenöl sind ein Teamwork, das rasch körperlich wieder fit macht. Worcestersoße besteht aus Malzessig, Sojaöl, Tamarinde, Sardellen, Zucker, Salz, Nelken, Knoblauch, Pfefferschoten.

Im Volksmund und in „Karnevalsfachkreisen" nennt man diesen Tomaten-Shake auch „Prärie-Auster".

Tomatensaft, Eigelb, Worcestersoße, Zitronensaft, Olivenöl, Salz, Pfeffer und Paprika-Pulver treiben ganz schnell den Karnevalskater aus.

Orangen-Milch mit Haferflocken und Honig bringt schnelle Energie

Es gibt Tage, da wünscht man sich mehr Energie, weil man so viele wichtige Aufgaben zu erfüllen und so wichtige Entscheidungen zu treffen hat. Die Natur bietet viele Möglichkeiten; am besten, man mixt einen Energie-Cocktail. In flüssiger Form werden die Kraftstoffe besser und schneller vom Körper aufgenommen.

Hafer, der viel zu wenig bei uns auf den Speiseplan kommt, ist unter allen Getreidesorten einer der besten Energiespender. Er liefert ein pflanzliches Eiweiß von höchster biologischer Wertigkeit. Ganz besonders energiereich wirkt Hafer in Kombination mit Milch und Milchprodukten. Der Hafer liefert auch Pflanzenfett, das zu 80 Prozent aus gesundheitsfördernden ungesättigten Fettsäuren besteht. Und die stärken Herz und Kreislauf. Hafer versorgt uns außerdem mit Super-Kohlenhydraten. Sie sind besonders leicht verdaulich – durch eine spezielle enzymbedingte Stärkespaltung – und geben viel Kraft. Daher ist er eine ideale Kost für Rekonvaleszente, Kinder und Sportler. Bei den Olympischen Spielen in München konnte seinerzeit nachgewiesen werden, dass Stabhochspringer mit Haferflockenkost ihre Bestzeiten noch weiter verbessern konnten. Hafer gibt aber auch geistige Kraft. Im Rahmen einer wissenschaftlichen Studie an der

Harvard Universität in Boston, USA, wurden leistungsschwächere Schüler regelmäßig mit Haferflocken versorgt. Innerhalb von 3 Monaten war eine deutliche geistige Leistungssteigerung zu erkennen. Zusätzlich senkt Hafer zu hohe Cholesterinwerte. Dafür sind so genannte Beta-Glukane verantwortlich.

Honig ist ein guter Energiespender, weil er über eine beachtliche Menge an B-Vitaminen und pflanzlichen Hormonstoffen verfügt. Oft genügt 1 Teelöffel Honig, den man langsam im Mund zergehen lässt, um Kraft für einen halben Tag aufzubauen.

Milch ist ein bekannter und bewährter Energielieferant, weil sie uns mit einem so leicht verdaulichen Eiweiß versorgt.

Die Orange ist nicht nur die beliebteste Zitrusfrucht. Sie ist reich an Vitamin C und macht stark gegen Stress. Und eine Reihe von Bioflavonoiden im Fruchtfleisch, aber auch in der weißen, schwammigen Masse zwischen Fruchtfleisch und Schale schützt uns vor Umweltschadstoffen, stärkt Herz und Kreislauf, bremst das Altern.

Was liegt also näher, als Hafer, Milch, Honig und die Orange zu einem Energie-Cocktail zu kombinieren? All diese Naturprodukte harmonieren hervorragend miteinander. Sie werden zu einem Kraft-Elixier für Geist und Körper.

Hier das Rezept: Sie brauchen für 4 Personen 1/4 Liter Milch, 3/4 Liter frisch gepressten Orangensaft, 1 – 2 Esslöffel Wiesenblüten-Honig und 2 Esslöffel ganz feine Haferflocken.

Und so wird der Kraft-Drink zubereitet: Geben Sie alle Zutaten in einen Mixer und vermischen Sie sie. Servieren Sie das Getränk kühl, am besten mit einem Trinkhalm.

Kraftspender aus der Natur, die einen wirksamen Energie-Cocktail ergeben: Haferflocken, Wiesenblüten- Honig, Milch und frisch gepresster Orangensaft.

Der Ananas-Sauerkraut-Mix gibt der Darmflora Kraft

Mitunter hat man das Gefühl, dass die Verdauung blockiert ist und im Oberbauch eine unangenehme Spannung herrscht. Man leidet an einer Verstopfung. Das passiert speziell an Wintertagen, an denen man zu viel gegessen und zu wenig Bewegung gemacht hat. Obendrein weiß man, dass man etwas abnehmen sollte. Gegen all diese Probleme gibt es einen wirksamen Gesundheitscocktail, der gut schmeckt und sehr erfrischt: Das ist der Ananas-Sauerkraut-Cocktail.

- Die frische Ananas enthält sämtliche Vitamine und 16 Mineralstoffe. Das Wichtigste an der Ananas aber ist das Enzym Bromelaine. Es verbessert die Eiweiß-Verdauung, speziell bei der Verarbeitung von Fleisch und Wurst und verbessert die Durchblutung. Es entspannt die Muskulatur in Magen und Darm und baut Fettpolster ab. Daher ist es sinnvoll, beim Abnehmen unterstützend frische Ananas zu essen. Außerdem entlastet die Ananas die Bauchspeicheldrüse, entwässert, bekämpft Darmstörungen und liefert Energie.
- Die zweite Komponente in diesem Gesundheitsdrink ist das Sauerkraut. Es ist ein wertvoller Vitamin-C-Lieferant, schützt uns daher vor Erkältungen und Stress. Dabei wird das Sauerkraut vom Vitamin C der Zitrone kräftig unterstützt.

Das Wesentliche am Sauerkraut ist der reiche Gehalt an Milchsäure-Bakterien. Wir sind nur dann gesund, wenn wir in unserem Darm überwiegend gesundheitsfördernde, positive Darm-Bakterien haben. Dann können alle feindlichen, krankmachenden Bakterien erfolgreich bekämpft und ausgeschaltet werden. Wenn man Milchsäure-Bakterien zuführt, dann unterstützen diese die körpereigenen, gesundheitsfördernden Bakterien. Das ist wichtig für die Verdauung und für die Abwehrkräfte des Körpers. Rund 70 Prozent der Immunkraft werden im Darm aufgebaut. Aus diesem Grund ist Sauerkraut oder Sauerkrautsaft sehr wertvoll für unsere Gesundheit.

Das brauchen wir für den Cocktail, der die Darmflora – die Welt der positiven Darm-Bakterien – stark macht: 1 frische, reife Ananas, 2 Orangen, 1 Flasche Sauerkrautsaft (Reformhaus) und 1 Zitrone.

Verdauungscocktail, der Darmflora und Immunkraft stärkt.

Und so wird der Cocktail für Magen und Darm sowie fürs Abnehmen zubereitet:

Schneiden Sie eine Ananas in kleine Stücke. Pressen Sie die beiden Orangen und eine halbe Zitrone aus. Geben Sie die Ananasstücke, den Orangensaft und etwas Zitronensaft in den Mixer und gießen Sie mit etwa 1/4 Liter Sauerkrautsaft auf. Damit es nicht zu sauer schmeckt, süßen Sie mit 1 – 2 Esslöffeln Honig. Alles zusammen wird im Mixer gedreht.

Von diesem Saft (im Kühlschrank aufbewahren) trinkt man eine Woche lang jeden Tag 1 Glas langsam in kleinen Schlucken. Das entschlackt den Körper und wirkt leicht abführend.

Der Tofu-Bananen-Shake macht satt und schlank

Je mehr wir uns dem Höhepunkt des Winters nähern, desto mehr haben wir den Wunsch, Übergewicht abzubauen. Das bedeutet nicht, dass wir auf köstliches Essen verzichten müssen. Gesundes, das schlank macht, kann auch gut schmecken. Der Trick dabei ist: Genießen Sie wertvolle Naturprodukte mit vielen Vitalstoffen, die schnell satt machen und die dafür sorgen, dass Sie lange satt bleiben und nicht gleich wieder etwas konsumieren wollen. Diese Aufgabe erfüllt in einem idealen Maße der Tofu-Bananen-Shake. Die beiden Naturprodukte, die man dazu braucht, sind Klassiker der gesunden, ausgewogenen Ernährung:

- Die Banane ist von der Weltgesundheits-Organisation (WHO) zur „Weltfrucht" ernannt worden, weil sie alle Vitamine, Mineralstoffe und Spurenelemente liefert, welche die Natur anzubieten hat. Wir tanken mit der Banane große Mengen an B-Vitaminen, Vitamin A und C. Die Banane liefert viel Magnesium und Kalium sowie die beruhigende Substanz Katecholamin und die Glückshormone Norepinephrin und Serotonin. Sie stärkt Herz und Kreislauf und liefert dem meist übersäuerten Organismus basische Elemente. Sie beruhigt die Nerven, bringt uns in gute Stimmung und heilt entzündete Magenschleimhäute.

Bananen sind die ideale Zwischenmahlzeit für Sportler, für Schulkinder und Studenten, aber auch für Menschen, die viel Stress haben. Bananen geben Senioren schnell wieder Kraft. Wichtig allerdings ist, dass man goldgelbe, reife, duftende Bananen genießt. Wenn sie bereits braune Flecken haben, dann bauen sie bereits massiv Vitalstoffe ab. Und wenn sie noch grün sind, haben sie all diese Substanzen noch gar nicht voll entwickelt. Die Banane ist ein Schlankmacher. Sie macht schnell satt. Wir bleiben dann auch lange satt und haben nicht gleich das Bedürfnis, wieder etwas zu essen.

- Tofu ist der japanische Name für Sojamilch-Quark. Ein faszinierendes Naturprodukt, das reichlich Kalium und Vitamin B_1 für die Nerven enthält, aber auch Eisen für Vitalität und Magnesium für Herz und Kreislauf liefert. Soja hat ein sehr wertvolles Pflanzen-Eiweiß und enthält interessante Mengen von Lecithin für geistige Fitness. In jüngster Zeit beschäftigt man sich wissenschaftlich intensiv mit den Phytoöstrogenen, die in der Sojabohne reichlich enthalten sind. Sie können das Krebsrisiko senken und spielen vor allem für Frauen eine besonders wichtige Rolle. Für die Herstellung von Tofu wird Sojamilch erhitzt und mit Gerinnungsmitteln vermischt, die in kaltem Wasser aufgelöst sind. Meist handelt es sich um einen Meersalzextrakt. Man kann Tofu backen, braten. Er eignet sich wunderbar für Diät-Mahlzeiten.

Aus der Banane und aus dem Tofu zaubern wir jetzt den Abspeck-Cocktail. Sie brauchen dazu: 2 Bananen, 1/4 Liter Mineralwasser, 75 Gramm naturbelassenen Tofu (Reformhaus), 2 Teelöffel Honig und 1 Tasse zerstoßene Eiswürfel.

Und so wird das Getränk, das sehr sättigt und das uns für Stunden den Hunger nimmt, zubereitet:

Der Tofu-Block wird in kleine Stücke geschnitten und in den Mixer gegeben. Dazu schneiden Sie die beiden Bananen in dünne Räder, gießen das Mineralwasser darüber, süßen mit den 2 Teelöffeln Honig und geben die Eiswürfel dazu. Dann lassen Sie den Mixer ein paar Minuten laufen, gießen den Cocktail in 2 Gläser und trinken ihn langsam in kleinen Schlucken. Sie können auch alles in einen Topf geben und mit dem Handmixer mischen.

Wenn Sie etwas für den Gaumen und fürs Schlankbleiben tun wollen, dann bereiten Sie einen Cocktail aus Bananen, Tofu, Honig und Mineralwasser zu.

Das Kräuter-Elixier gegen Müdigkeit und Erschöpfung

An düsteren, kalten Wintertagen haben viele keinen Elan, fühlen sich erschöpft und müde. Sie haben ein ausgeprägtes Schlafbedürfnis und schleppen sich gähnend durch den Tag. Jetzt ist wichtig, dass wir unseren Körper entschlacken, dass wir den Stoffwechsel ankurbeln und Vitalkräfte in uns aufbauen. Dafür eignet sich wunderbar ein Kräuter-Cocktail. Seine Hauptbestandteile sind Löwenzahn und Brennnessel.

Die Brennnesselblätter, die von vielen Menschen im Garten als Unkraut verfolgt werden, sind eine wertvolle Naturarznei. Die wichtigsten Inhaltsstoffe sind Eisen, Kalium, Gerbstoffe, Kieselsäure, Kalzium, Serotonin, Vitamin C, Chlorophyll und Acetylcholin. Und das kann man mit der Brennnessel für die Gesundheit tun: Sie lindert rheumatische Schmerzen, regt den Stoffwechsel an, wirkt harntreibend und reinigt das Blut. Auch Gichtschmerzen können gelindert werden. Die Arbeit der Nieren wird aktiviert. Akne und andere Hautunreinheiten können bekämpft werden. Die Brennnessel stärkt das Haar, gibt ihm einen schönen Glanz und macht es geschmeidig.

Unmittelbar, nachdem die ersten Brennnessel-Pflanzen im Frühling aus der Erde sprießen, kommt der Löwenzahn. Auch seine Blätter sind eine Naturarznei. Die wertvollen Wirkstoffe in den Blättern sind Glykoside, Cholin, Phenolsäure, Asparagin, Enzyme, Kalium, Karotinoide, Eisen, Vitamin A und C sowie Bitterstoffe wie das Taraxin.

Das Besondere an den Löwenzahnblättern: Sie aktivieren Leber und Galle, verbessern die Funktion der Bauchspeicheldrüse und regen die Produktion von Magensäften an. Mit Löwenzahn kann man die Verdauung in Schwung bringen.

Man kann aus Löwenzahn- und Brennnesselblättern Kräutertee zubereiten. Man trinkt 3 Wochen lang jeden Tag 3 Tassen Brennnesseltee, anschließend 3 Wochen lang jeden Tag 3 Tassen Löwenzahntee aus Blättern und Wurzeln. Die jungen, frischen Blätter waschen, klein hacken. 2 gehäufte Teelöffel mit 1 Tasse kochendem Wasser übergießen, nur 2 Minuten ziehen lassen, durchseihen, mit etwas Honig trinken.

Da aber im Winter bei uns keine frischen Brennnesseln und Löwenzahn vorhanden sind, ist es sinnvoll, die Kraft dieser Heilpflanzen in Form eines Frischpflanzensaftes aus dem Reformhaus zu nützen.

Und deshalb habe ich für Sie einen Cocktail mit diesen Säften vorbereitet. Sie brauchen für das Rezept: 1 Schnapsgläschen Brennnessel-Frischpflanzensaft, 1 Schnapsgläschen Löwenzahn-Frischpflanzensaft, 1 Orange, naturtrüben Apfelsaft, 3 Stück Eiswürfel aus der Tiefkühltruhe.

Und so wird der Cocktail gegen die Frühjahrsmüdigkeit zubereitet:

Gießen Sie Brennnessel- und Löwenzahn-Saft in ein hohes Trinkglas, geben Sie 2 Eiswürfel hinein und gießen Sie mit Apfelsaft oder mit stillem Mineralwasser auf. Stecken Sie auf den Glasrand die Scheibe einer Orange.

Für eine Kur sollten Sie 14 Tage lang 1-mal täglich so einen Cocktail langsam in kleinen Schlucken trinken, am besten am Vormittag. In dieser Zeit sollten Sie keinen Alkohol trinken, nicht rauchen und höchstens 2 Tassen Kaffee pro Tag trinken.

Für den Cocktail gegen die Frühjahrsmüdigkeit brauchen Sie Brennnesselsaft, Löwenzahnsaft, Apfelsaft, Eiswürfel und 1 Orange.

Mit dem Sellerie-Karotten-Shake gegen den lästigen Schnupfen

Wir sehnen uns mitten im Winter nach der schönen Jahreszeit und genießen jeden Sonnenstrahl, den es gibt. Gerade jetzt handelt man sich sehr schnell einen lästigen und hartnäckigen Schnupfen ein. Was wir brauchen, ist ein wirksamer Viren-Killer, der uns vor einer letzten Erkältung der Saison schützt. Eine hervorragende Hilfe kann da der Sellerie-Karotten-Shake sein. Er schmeckt gut und ist gleichzeitig eine Naturmedizin.

- Die Sellerie-Knolle liefert dem Organismus die Mineralstoffe Kalium, Kalzium und Magnesium, Pantothensäure, weiters die Vitamine A, B_2 und B_6 sowie das Pro-Vitamin A, Betacarotin. Mit diesen Inhaltsstoffen leitet die Sellerieknolle Schadstoffe, Gifte und Krankheitserreger rasch aus dem Körper aus.

Dann gibt es in der Sellerie-Knolle auch noch zahllose Terpene. Das sind Aromastoffe. Sie können im Körper kleine Entzündungen beheben, eine Verstopfung bekämpfen und desinfizieren und entgiften die Schleimhäute im Mund und im Rachenraum. Mit all diesen Eigenschaften stärkt Sellerie die Immunkraft.

- Die Karotten (Möhren) haben ein besonders großes Wirkspektrum. Das Betacarotin baut nicht nur die Sehkraft auf, sondern stärkt auch die Immunkraft. Die Atemwege werden gegen Infekte geschützt. Außerdem werden Herz und Kreislauf aktiviert. Die Aufnahme von Betacarotin ist speziell in diesen Wochen wichtig, weil es die Haut vor den ersten starken Sonnenstrahlen im Frühling schützen kann. Obendrein hilft das Betacarotin mit, dass wir mit weniger Sonnenbestrahlung eine gute Gesichtsfarbe bekommen. Das Geheimnis dabei ist, dass die aggressiven Umweltschadstoffe – die freien Radikale –,

Schützen Sie sich vor dem Schnupfen mit einem Cocktail aus Karotten, Sellerie, Orangen und Sahne.

die beim Sonnen entstehen, von den Karotten abgefangen und entschärft werden.

Da im Kampf gegen den Schnupfen Vitamin C eine große Rolle spielt, muss unser Cocktail auch mit einer Zitrusfrucht angereichert werden.

Die Orangen liefern das Vitamin C, den Treibstoff für die Abwehrzellen. Ohne Vitamin C werden sie nicht gegen die Schnupfen-Erreger aktiv werden. Sie sollten 2- bis 3-mal die Woche so einen Cocktail genießen.

Und das brauchen Sie für den Cocktail gegen den April-Schnupfen: 6 Karotten (Möhren), 1/2 weich gekochte Sellerie-Knolle, 4 Orangen, 1 Esslöffel Sahne, eine Prise Salz und Pfeffer.

Und so wird der Cocktail zubereitet:

Die Möhren und die Sellerie-Knolle werden geschält und gut gewaschen. Dann werden sie in kleine Stücke geschnitten. Die 4 Orangen werden ausgepresst. Dann geben Sie alle Zutaten in einen Mixer, gießen die Sahne dazu und würzen mit Salz und Pfeffer. Die Sahne ist dabei ganz wichtig. Sie liefert das nötige Fett, damit das Vitamin A und das Betacarotin vom Organismus aufgenommen und verwertet werden können.

Lassen Sie alles im Mixer einige Minuten durchdrehen, gießen Sie den Shake in Gläser und trinken Sie ihn kühl. Dabei sollte jeder Schluck längere Zeit im Mund behalten werden, damit die Mundschleimhäute bereits einen Teil der Wirkstoffe aufnehmen können.

Der Umwelt-Drink schützt vor Schadstoffen im Essen

Was immer wir tun, wo immer wir uns aufhalten, wir werden Tag für Tag von Umweltschadstoffen bedroht – speziell in der kalten Jahreszeit. Viele dieser Substanzen können uns alt und krank machen. Wir atmen diese Substanzen ein. Wir nehmen sie beim Essen und beim Trinken zu uns. Daher müssen wir uns im Interesse unserer Gesundheit bemühen, die Menge dieser Schadstoffe so gering wie möglich zu halten. Es gibt allein in unserer Nahrung Schutzstoffe, mit denen wir eine Reihe von Giften und Schadstoffen neutralisieren können. Hier einige Beispiele:

- In der Tomate und im Saft der Tomate gibt es den Bioaktiv-Stoff Lycopin. Er kann verhindern, dass sich Nitrate oder Nitrite in unserer Nahrung beim Essen in krebserregende Nitrosamine umwandeln. Wenn man zum Beispiel ein Stück Räucherspeck isst, so weiß man, dass er mit Nitrat-Salzen zubereitet worden ist. Wenn man nun zum Brot mit Räucherspeck Tomaten isst oder Tomatensaft trinkt, so kann es nicht so schnell zur Bildung von schädlichen Nitrosaminen kommen.
- Die Umwandlung von Nitraten in Nitrosamine bremst übrigens auch das Vitamin C aus dem Zitronensaft. Darum sollte man die Marinade für Treibhaussalat nicht mit Essig,

sondern mit Zitronensaft anrichten. Denn auch im Treibhaussalat können sehr viele Nitrate enthalten sein.

- Karotten (Möhren) sind reich an Carotinoiden. Das sind Pflanzen-Farbstoffe, die das typische Rot der Karotte ausmachen. Sie schützen uns vor Schadstoffen in der Atemluft und machen unsere Bronchien dagegen stark. Außerdem bauen die Carotinoide der Karotten die allgemeine Immunkraft im Organismus auf und aktivieren die Produktion von Sehpurpur für unsere Augen, damit wir besser sehen können.
- Auch die Zwiebel ist ein Naturprodukt in der Küche, die uns über das Essen viel Gutes tut: Der russische Forscher Prof. Dr. Gurwitsch hat in jahrelangen Untersuchungen nachgewiesen, dass sich in den Zellen der Zwiebel Lichtenergie befindet, die wir mit aufnehmen. Diese Energie aus der Zwiebel macht unsere Zellen stark gegen Umweltschadstoffe und hält sie jung. Der Bioaktivstoff Quercetin in der Zwiebel macht stark gegen Allergien, weil er die Histamin-Ausschüttung bremst – wenn man nicht gerade gegen Lauchgewächse allergisch ist.

Was liegt also näher, als im Winter aus Tomaten, Karotten und Zwiebeln einen wirksamen Umweltschutz-Cocktail zuzubereiten? So ein Drink schmeckt köstlich und erfüllt zusätzlich mehrere wichtige Aufgaben: Unsere natürlichen Abwehrkräfte werden gestärkt und Schadstoffe in der Nahrung werden entschärft. Das brauchen wir für unseren Umwelt-Drink: 1 Liter Tomatensaft, 4 Stangen Jungzwiebeln, 1 kleine Zwiebel, 4 Karotten (Möhren), 1 Esslöffel Zitronensaft, 1/2 Teelöffel Worcestersoße, 1 Prise Pfeffer.

Und so wird der Drink zubereitet:

Karotten, Zwiebel und Jungzwiebeln werden zerkleinert und im Mixer püriert. Dann wird dieses Püree in einer Karaffe mit dem Tomatensaft, dem Zitronensaft, der Worcestersoße und dem Pfeffer verrührt. Servieren Sie den Drink kalt in einem Glas, das Sie mit einer Zwiebel-Scheibe garnieren.

Für den Umwelt-Drink braucht man Tomatensaft, Zwiebel, Jungzwiebeln, Zitronensaft, Worcestersoße, Karotten und Pfeffer.

Schlank und fit mit der Fett-weg-Limonade

Unbarmherzig sagt uns gerade jetzt in der kalten Jahreszeit die Waage jeden Morgen, dass wir zu viel, zu fett und zu süß gegessen und viel zu wenig Bewegung gemacht haben. Wir wollen abnehmen, damit wir dann in der schönen Jahreszeit in leichter Kleidung gute Figur machen können. Es gibt viele Möglichkeiten, die Fettpolster im Körper zu dezimieren.

Eine davon ist der Einsatz einer Südfrucht und das ist die Grapefruit. Sie wird auch als Pampelmuse bezeichnet. Die meisten schneiden sie in 2 Hälften und essen das Fruchtfleisch mit einem Löffel aus der Schale. Viele pressen die Grapefruit aus und trinken den Saft zum Frühstück. Sehr beliebt ist es auch, das in Würfel geschnittene Fruchtfleisch der Grapefruit, das feinsäuerlich, herb-bitter schmeckt, zu anderen Früchten in den Obstsalat zu mischen.

Die Grapefruit enthält wertvolle Vitalstoffe für unsere Gesundheit. Sie ist reich an Vitamin C, das sehr wichtig für unser Immunsystem und fürs Abnehmen ist. Nur wenige wissen, dass man nur dann Übergewicht abbauen kann, wenn man genügend Vitamin C im Körper hat. Und zwar funktioniert das so: Wenn wir abspecken wollen und weniger essen, dann müssen Fettzellen zur Energieproduktion herangezogen werden. Also greifen Hormonsubstanzen unsere Fettzellen an, lösen Fettmoleküle heraus und schicken diese durch die Blutbahn in ganz bestimmte Körperzellen, damit sie dort verbrannt werden. Diesen Transport führt die körpereigene Substanz L-Carnitin durch. L-Carnitin wird aber nur dann tätig, wenn im Körper reichlich Vitamin C vorhanden ist. Darum ist es wichtig, dass man bei jedem Abnehm-Programm Grapefruits in den Speiseplan einbaut, damit man genügend Vitamin C zur Verfügung hat.

Nun hat die Grapefruit eine hervorragende Eigenschaft. Sie verfügt über sekundäre Pflanzenstoffe, welche die Wirksamkeit von Vitamin C bis

Für die Limonade zum Abnehmen im Winter benötigt man nur Grapefruitsaft, Honig, Zimt und Gewürznelken.

zu 20fach verstärken. Dank dieser Bioflavonoide bleibt das Vitamin C im Körper länger aktiv. Zusätzlich zur Folsäure für Herz und Kreislauf liefert uns die Grapefruit auch noch eine Reihe von Enzymen, welche unsere Fettpolster angreifen und abbauen. Daher spielt der Grapefruitsaft in den USA als Begleitgetränk zu Abnehmprogrammen eine sehr wichtige Rolle. Jeder kann das selbst ausprobieren. Mit Grapefruits geht das Abspecken leichter. Dabei ist natürlich auch der hohe Wassergehalt der Früchte entscheidend. Die Flüssigkeit fördert den Abtransport von Stoffwechselschlacken und festigt das Bindegewebe.

Es ist daher sinnvoll, zum Abnehmen im Winter eine Fett-weg-Limonade zu trinken. Sie brauchen dazu: 1,5 Liter Grapefruit-Saft, 2 bis 3 Esslöffel Honig, 1 Zimtstange und 3 Gewürznelken.

Und so wird die Fett-weg-Limonade zubereitet:

Der Grapefruit-Saft wird gemeinsam mit dem Honig und den Gewürzen in einen Küchentopf geleert und unter ständigem Rühren erhitzt. Der Saft darf nicht kochen, damit nicht zu viele Wirkstoffe kaputtgehen. Das sehr warme Getränk wird in Gläser gefüllt und in kleinen Schlucken langsam getrunken, am besten zu jeder Mahlzeit ein Glas.

Mit dem Kiwi-Citrus-Mix gegen Stress und Ärger

Kiwis werden bei uns von Jahr zu Jahr beliebter. Und sie tun unserer Gesundheit auch richtig gut. Im Grunde genommen sind sie für die heutige hektische Zeit wie geschaffen. Stress, Schadstoffe aus der Umwelt, zu wenig Schlaf und nicht sehr gesunde Ernährung belasten den Organismus. Hier spielt als Schutz-Substanz das Vitamin C eine wesentliche Rolle und Kiwis sind klassische Vitamin-C-Lieferanten.

Früher dachte man: Vitamin C ist einzig und allein wichtig für uns gegen Erkältungen. Heute ist in zahllosen wissenschaftlichen Studien längst nachgewiesen: Vitamin C kann noch viel mehr:

- Es macht uns stark gegen Stress und Ärger. An der Berkeley Universität in Kalifornien hat man errechnet: Wenn sich jemand 15 Minuten kränkt, ärgert oder wenn er Stress hat, dann verliert er in dieser Zeit 300 bis 320 Milligramm Vitamin C und hat, wenn er nicht schnell für Nachschub sorgt, ein geschwächtes Immunsystem.
- Vitamin C schützt uns aber auch vor dem schädlichen Einfluss von Schadstoffen. Da Nikotin das Vitamin C im Körper zerstört, muss der Raucher 3-mal so viel zu sich nehmen als der Nichtraucher.
- Vitamin C schützt auch den Darm vor krebsbelastenden Stoffen.

- Ernährungswissenschaftler haben errechnet, dass man mit 4 – 6 Kiwis am Tag eine sehr gute Vitamin-C-Versorgung erreichen kann. Das hat noch einen besonderen Vorteil in der Ernährung: Wer nach einer Mahlzeit mit Fleisch 2 Kiwis verzehrt, kann das Fleisch-Eiweiß besser und schneller verdauen. Es müssen keine ganzen Kiwis sein. Dasselbe leistet ein Kiwi-Saft oder ein spezielles Kiwi-Getränk, vor allem wenn es zusätzlich das Vitamin C der Zitrone mitliefert. Diese Kombination ist besonders wirksam.

Wer also stark sein will gegen Stress, Ärger und Kränkungen, der sollte das Rezept für einen köstlichen, erfrischenden Kiwi-Citrus-Mix kennen. Sie brauchen dazu: 6 Kiwis, 6 Esslöffel Zitronensaft, 1/4 Liter Zitronen-Limonade und Eiswürfel.

Und so wird der Kiwi-Citrus-Mix zubereitet:

Schälen Sie die Kiwis und pürieren Sie sie gemeinsam mit dem Zitronensaft im Mixer. Dann gießen Sie diesen Kiwi-Zitronensaft in ein Trinkglas, füllen mit der Zitronen-Limonade auf und servieren den Drink mit Eiswürfeln. Garnieren Sie das Glas mit einer Kiwi-Scheibe.

Wichtig dabei ist, dass Sie jeweils ein Glas von dem Kiwi-Citrus-Drink morgens, mittags und abends genießen. Das ist wichtig, weil unser Körper das aufgenommene Vitamin C nicht speichern kann. Er verbraucht es rasch wieder. Daher muss er es gleichmäßig immer wieder anliefern. Morgens trinkt man den Mix am besten zum Frühstück, mittags vor dem Essen und abends nach dem Essen beim Fernsehen anstelle von Kartoffel-Chips.

Der Kiwi-Citrus-Mix hilft nicht nur gegen Stress und Ärger. Man kann auch bei schlechter Stimmung die Laune entscheidend verbessern, weil Vitamin C auch noch stimmungsaufhellend wirkt. Es fördert die Ausscheidung von Glückshormonen.

Der Kiwi-Citrus-Mix macht stark gegen Stress und Ärger, aktiviert Hormone, die fürs positive Denken verantwortlich sind. Man braucht für den Drink: Kiwis, Zitronen, Wasser und Eiswürfel. Einfacher geht es nicht!

Der Glücks-Drink bringt gute Laune und ruhigen Schlaf

Das erlebt jeder von uns immer wieder: Man hat so Tage, an denen ist man nicht gut drauf. Man hat schlechte Laune, nimmt alle Probleme besonders ernst und nimmt viele Sorgen abends mit ins Bett. Die Folge: Man kann lange nicht einschlafen, wälzt sich ruhelos im Bett umher und ist am nächsten Tag in einer noch schlechteren Verfassung. Das muss man so nicht hinnehmen. Dagegen kann man etwas tun. Eine Maßnahme: Trinken Sie sich glücklich und sorgen Sie mit einer ganz bestimmten Mischung von wertvollen Natursubstanzen für bessere Stimmung und einen tiefen, ungestörten Schlaf.

Wenn wir uns in unserer Haut so richtig wohl fühlen, wenn wir mit positiven Gedanken durch den Tag gehen, dann stimmt die Biochemie in unserem Gehirn und in unserem Nervensystem. Wir haben dann genügend so genannte Glückshormone produziert. Eine Substanz ist ganz besonders wichtig: das Noradrenalin. Es leitet Euphorie-Signale aus dem Gehirn über die Nervenzellen in den Körper und sorgt dafür, dass wir in ein Gefühl von Freude und Zufriedenheit eintauchen. Dieses Noradrenalin kann aber nur dann gebildet werden, wenn wir genügend Vitamin C im Körper haben. Daher ist Vitamin C sehr massiv auch für gute Laune und fürs Glücklichsein zuständig.

Auch das Enzym Bromelin ist ein interessanter „Sprit“ für positive Laune. Die meisten kennen dieses Enzym nur, weil es mithilft, Fettpolster im Körper zu verbrennen. In den Antillen gilt die reife, süße Ananas allerdings auch als Förderer von Liebeslust und Liebeskraft für Mann und Frau. Logisch: Wer gute Laune hat, ist auch in besserer Stimmung für die Liebe.

Schließlich brauchen wir zum Glücklichsein auch eine große Portion des Hormonstoffes Serotonin. Es wird in

Der Glücks-Drink besteht aus den Zutaten Milch, Orangen, Ananas, Zitronen und Bananen. Die wertvollen Vitalstoffe dieser Naturprodukte bringen gute Laune und einen gesunden Schlaf.

unseren Organismus aus dem Eiweißbaustein Tryptophan gebildet. Wir können es direkt aus der Nahrung aufnehmen. Das Tryptophan sorgt auch für einen entspannten, tiefen und gesunden Schlaf. Der ideale Zustand ist, wenn wir unserem Körper sowohl Tryptophan als auch Serotonin zuliefern.

Jetzt wird klar, was wir alles für einen Glücksdrink benötigen: Vitamin C in Form von Orangen und Zitronen, Serotonin in Form von Bananen. Dazu kommt noch aus der Banane der beruhigende Bioaktivstoff Katecholamin. Tryptophan liefert uns die Milch. Und der klassische Lieferant für das Enzym Bromelin ist die frische, saftige Ananas. Wenn wir für 6 Personen einen Glückscocktail zubereiten wollen, müssen wir einkaufen: 1 Liter Milch, 8 Bananen, 1 Zitrone, 1/2 Liter frisch gepressten Orangensaft, 1/2 Liter Ananassaft.

Und so wird der Glücksdrink zubereitet:

Schälen Sie die reifen, aber festen Bananen und schneiden Sie sie in dünne Scheiben. Sie müssen Sie sofort mit Zitronensaft beträufeln, damit sie ihre schöne, gelbe Farbe behalten und nicht braun werden. Dann gießen Sie die kalte Milch, den Orangensaft und den Ananassaft dazu. Am besten mischen Sie alles im Mixer zu einem flüssigen Brei. In Cocktail-Gläser füllen, mit einer Orangenscheibe garnieren und mit einem Trinkhalm servieren. Der Cocktail schmeckt am besten eisgekühlt. Er muss schluckweise, also ganz langsam, getrunken werden.

Gurken-Jogurt mit Weizenkeimen spart den teuren Kosmetiksalon

Haben Sie gewusst, dass man Schönheit auch trinken kann? Ich werde es Ihnen beweisen: mit einem speziellen Gesundheitscocktail, der Haut und Haare attraktiv macht und uns daher jünger aussehen lässt. Sie brauchen für diesen Cocktail einige wertvolle Naturprodukte, die in der gesunden Ernährung eine wesentliche Rolle spielen.

Da ist in erster Linie die Salatgurke. Sie besteht zu 95 Prozent aus Wasser. Sie ist daher ein idealer Durstlöscher. Die Gurke ist reich an Vitaminen, Mineralstoffen, Enzymen und Spurenelementen. All diese Vital-Substanzen sind optimal in der Gurkenflüssigkeit gelöst und werden daher vom Organismus rasch und intensiv aufgenommen. Auf diese Weise liefert uns die Gurke viele Elektrolyte und nimmt es daher mit jedem Sportler-Drink auf.

Das wichtigste Enzym in der Gurke ist das Erepsin. Es sorgt dafür, dass aufgenommenes Eiweiß besser verarbeitet wird. Und da auch Eiweiß-Bausteine für unser Aussehen wichtig sind, kann die Gurke auch auf diesem Weg eine Menge für uns tun. Ganz wichtig fürs Aussehen ist das Körpergewicht. Gurken helfen uns, schlank zu werden und schlank zu bleiben. 100 Gramm haben nur 14 Kilokalorien. Außerdem macht die Gurke schnell satt.

Gurken und Gurkensaft festigen das Bindegewebe. Und das ist für ein faltenfreies Gesicht sowie im Kampf gegen Cellulite sehr wichtig. Sie alle kennen das alte Kosmetik-Hausrezept: Man schneidet eine Gurke in dünne Scheiben und legt diese für 10 – 15 Minuten aufs Gesicht. Die Haut saugt die Wirkstoffe der Gurke mit dem Gurken-Wasser auf.

Ebenso braucht unsere Haut regelmäßig die Zufuhr von Vitamin E aus pflanzlicher Herkunft. Das Vitamin E wird vom Organismus in die Haut entsandt, wo es wertvolle Funktionen ausübt: Es bremst den Alterungsprozess der Haut und schützt die Haut vor den zerstörenden Strahlen zu intensiver Sonne.

Und so wird der Schönheitsdrink zubereitet:

Schälen Sie die halbe frische Gurke und schneiden Sie sie in ganz dünne Scheiben. Pressen Sie die beiden Orangen aus. Gurkenstücke und Orangensaft werden in den Mixer gegeben. Dann kommen 1 Becher Jogurt und die Weizenkeime dazu. Gießen Sie mit ein wenig Mineralwasser auf. Jetzt mischen Sie alles im Mixer und gießen die erfrischende Flüssigkeit in ein Cocktail-Glas. Garnieren Sie den Glasrand mit einer Gurkenscheibe.

Der Schönheitscocktail, der Ihnen so manch teuren Besuch im Kosmetiksalon erspart, sollte kalt getrunken werden.

Straffe Haut braucht zum Jungbleiben auch Vitamin C, am besten in Form von Zitrusfrüchten. Diese liefern außerdem die Bio-Substanz Rutin. Und die hält die Haut ebenfalls glatt und bremst die Faltenbildung. Dazu passt natürlich der Jungbrunnen-Effekt des Jogurts, der vor allem durch die Orotsäure und das Vitamin E gegeben ist.

Und nun wollen wir den Anti-Falten-Cocktail mixen: Bereiten Sie 1/2 Salatgurke, 2 Orangen, 1 Becher Naturjogurt und 2 Esslöffel Weizenkeime, die klassischen Lieferanten für das Vitamin E, zu.

Der Schönheitscocktail für Ihre Haut besteht aus 1/2 Gurke, Jogurt, Weizenkeimen, Orangensaft und Mineralwasser. Sie sollten im Frühling eine Woche lange jeden Tag 1 Glas davon trinken.

Der Sanddorn-Drink gibt neue Kraft bei Ärger und Kränkung

In unserer hektischen Zeit vergeht kaum ein Tag, an dem wir uns nicht ärgern müssen, an dem wir uns nicht kränken. Allein die zunehmenden Fälle von Mobbing am Arbeitsplatz, aber auch die vielen Bosheiten, die man von unangenehmen Nachbarn erleben muss, sind ein Beweis dafür. Man braucht eine dicke Haut, gute Nerven und eine gefestigte Seele, wenn man stark bleiben möchte. Sie können da etwas nachhelfen und eine flüssige Naturarznei trinken, die Ihnen hilft, leichter mit Ärger, Stress und Kränkungen fertig zu werden. Das ist der Sanddorn-Citrus-Drink mit Kiwis.

Das Geheimnis dieses Drinks liegt in dem ungeheuer hohen Gehalt an Vitamin C. Und dieses Vitamin schützt uns nicht nur gegen Erkältungen, sondern erfüllt in unserem Organismus eine Reihe von wichtigen Aufgaben. Man kann sagen: Das Vitamin C ist so etwas wie ein Lebenselixier gegen viele unangenehme Situationen im Leben.

- Vitamin C aktiviert die Produktion von Neurotransmittern. Das sind Botenstoffe, die für starke Nerven und für gute Laune zuständig sind. Vitamin C sorgt auf diese Weise für eine positive Lebenseinstellung und hilft mit, dass man leichter über Kränkungen und Enttäuschungen hinwegkommt.
- Vitamin C macht aber auch regelrecht glücklich. Es fördert die Bildung von Glückshormonen, so genannten Endorphinen. Wer zu wenig Vitamin C im Körper hat, der kann positive Empfindungen und Gefühle nicht verarbeiten.
- Nur mit entsprechenden Mengen Vitamin C im Körper kann unser Gehirn optimal arbeiten. Ein Mangel an Vitamin C führt zu Vergesslichkeit, Gedächtnisschwäche, aber auch zu schlechter Laune.

Trinken Sie Ärger und Kränkungen einfach weg: mit Sanddorn-Sirup, Orangen-, Zitronen- und Kiwi-Saft sowie mit Mineralwasser. Ein einfaches Rezept, das in unangenehmen Situationen des Lebens Kraft geben kann.

- Oft hat man nicht die nötige Kraft, sich gegen Ärger zu wehren. Da steckt meist eine Störung im Eisenstoffwechsel dahinter. Vitamin C ist für einen gesunden Eisenstoffwechsel unverzichtbar.

Für einen Spezial-Drink gegen Ärger, Mobbing und Kränkung brauchen wir jede Menge natürliches Vitamin C. Besorgen Sie sich als Grundlage für das Getränk jenen Saft, der das meiste Vitamin C liefert. Es ist der Sanddorn-Sirup aus dem Reformhaus. Die Sanddornbeeren gelten als die klassischen Lieferanten von Vitamin C. Außerdem schmeckt Sanddorn-Sirup köstlich. Weiters wählen wir als weitere Vitamin-C-Quellen reife, saftige Kiwis aus Neuseeland, Zitronen und Orangen. Zusätzlich brauchen Sie für das Rezept Mineralwasser.

Und so wird der Drink gegen Ärger und Kränkung zubereitet:

In ein 1/4 Liter-Trinkglas wird 1/16 Liter Sanddornsirup gegossen. Dazu kommt 1/8 Liter frisch gepresster Orangensaft und der Saft von 2 Kiwis und 1 Zitrone. Alles wird gut verrührt und mit Mineralwasser aufgegossen. Es sieht sehr hübsch aus, wenn Sie den Glasrand mit einer Kiwi- und einer Zitronen-Scheibe garnieren. Trinken Sie den Mix in langsamen Schlucken mit einem Trinkhalm.

Bananen, Sesam und Haferflocken bringen die Hormone in Schwung

Die reifen Jahrgänge – Senioren – kann man heute in den meisten Fällen nicht als „alte Menschen" bezeichnen. Es ist das Zeitalter der „jungen Alten" angebrochen. Wir haben es mit unternehmungslustigen, aktiven Frauen und Männern zu tun, die einen vollen Terminkalender haben, einer abwechslungsreichen Freizeitgestaltung nachgehen, Sport treiben und Reisen unternehmen. In so einem Leben sind natürlich – ganz unabhängig vom Alter – auch nach wie vor Liebe, Zärtlichkeit und Sex ein wichtiges Thema. Allerdings klappt es da nicht immer. Das hängt in den meisten Fällen von der Ernährung ab:

- Ältere Menschen essen wenig und nehmen schon aus diesem Grund weniger lebenswichtige Substanzen auf, die auch für die Liebe wichtig sind.
- Außerdem können im Magen und Darm aus der Nahrung nicht mehr so viele Nähr- und Vitalstoffe aufgenommen – resorbiert – werden.
- Wenn nun dem Organismus wichtige Substanzen fehlen, die für Vitalität und Fitness zuständig sind, dann funktioniert vieles nicht – auch in der Liebe. Und da gibt es ein paar Stoffe, die speziell für die Produktion von ganz bestimmten Hormonen wichtig sind:

Eine ganz besondere Bedeutung hat das Spurenelement Zink, das ja auch für gute Laune, fürs Stärken der Immunkraft sowie für eine gesunde Haut zuständig ist. Bei Mann und Frau spielt Zink als Treibstoff für Zärtlichkeit und sexuelles Interesse eine entscheidende Rolle. Der zusätzliche Vorteil: Zink schützt auch vor den letzten Erkältungen, die im Frühling besonders unangenehm sein können.

Der reife Mensch braucht aber auch zum Erhalt von hormoneller Aktivität das Vitamin C, das ihn auch vor Infektionen und vor Stressanfälligkeit schützt. Und auch die Liebe im fortgeschrittenen Alter ist gewissen Stress-Belastungen ausgesetzt.

- Schließlich muss zum Funktionieren der Hormone auch die seelisch-geistige Einstellung vorhanden sein. Dafür wieder sorgen spezielle Botenstoffe, die für positives Denken und Glücksgefühle zuständig sind. Dazu gehören in erster Linie das Norepinephrin und das Serotonin, aber auch der beruhigende Bio-Aktivstoff Katecholamin.

Was also brauchen wir für einen Drink, der das Gefühl für Zärtlichkeit und Liebe fördert, der die dafür zuständigen Hormone richtig in Schwung bringt? Ganz einfach: Bereiten Sie 1 reife, goldgelbe Banane, 2 Kiwis, 4 Orangen, 2 Esslöffel Sesam-Samenkörner und 2 Esslöffel Haferflocken vor. Und dann brauchen Sie einen Mixer. Die Banane liefert die Glückshormone Serotonin und Norepinephrin. Die Haferflocken und die Sesam-Samenkörner versorgen uns mit interessanten Mengen des Spurenelementes Zink. Die Kiwis und Orangen liefern ebenfalls Zink, vor allem aber Vitamin C.

Und so wird der Hormon-Drink zubereitet:

Die Banane wird geschält, das Fruchtfleisch in Stücke geschnitten. Auch die Kiwis werden geschält und in Würfel geschnitten. Nun kommt beides in einen Mixer. Gießen Sie mit frisch gepresstem Orangensaft auf und rühren die Haferflocken dazu. Jetzt lassen Sie kräftig den Mixer arbeiten. Der Drink wird in ein Glas gefüllt, mit Sesam bestreut und serviert.

Mit einem Drink kann man auch im reifen Alter noch Zärtlichkeit und Liebe aktivieren. Sie brauchen dazu 1 Banane, Kiwis, Orangen, Sesam und Haferflocken.

Bitte, keine Angst vor dem nächsten Sommer

Ein Nachwort

Ist es mir gelungen, Ihnen mit diesem Buch ein wenig mehr Freude am Winter zu vermitteln? Habe ich es geschafft, das schlechte Image der kalten Jahreszeit etwas aufzupolieren? Wenn ja, dann hat es sich gelohnt, das Buch „Winter-Wellness" zu schreiben. Vielleicht aber sind meine Erwartungen noch weit übertroffen worden. Eventuell sind Sie durch dieses Buch ein ausgesprochener Winter-Fan geworden? Der „Feind" Winter ist für Sie plötzlich ein „ guter Freund", weil Sie jetzt wissen, wie man sich auf die kalte Jahreszeit vorbereitet, wie man sie richtig genießen kann. Wenn ich das tatsächlich geschafft habe, werden manche unter Ihnen mit Schrecken daran denken, dass es auch wieder Frühling und Sommer wird. Aber Spaß beiseite: Ich hoffe, Sie sehen den Winter nach der Lektüre dieses Buches mit anderen Augen und machen das Beste daraus. Ich mache es genau so. Lassen Sie uns also gemeinsam die kalten Monate meistern.

Anhang

Prof. Bankhofer: Der Gesundheits-Experte aus dem Fernsehen

Jeden Donnerstag, wenn in der ARD und im ZDF das ARD-Morgenmagazin ausgestrahlt wird, steht er – seit dem Jahr 1996 – schon um 6.45 Uhr und dann wieder um 8.15 Uhr im Studio vor der Kamera und erinnert die Zuschauer daran, dass sie etwas für ihre Gesundheit tun sollten. Dasselbe tut er seit dem Jahr 1985 im ORF, jeweils am Montag im Vorabendmagazin „Willkommen Österreich": Prof. Hademar Bankhofer, Medizin-Publizist, Autor von bisher 40 Gesundheits-Ratgeberbüchern, Lehrbeauftragter an der Universität Leipzig, über den das Magazin „Der Spiegel" geschrieben hat: „Bankhofer: Das ist das Lied in den Möhren, der Sound des Salates, die Sonne im naturtrüben Apfelsaft..."

Viele freuen sich über die positive, lockere Art, wie Prof. Bankhofer seine Gesundheitsempfehlungen weitergibt, neueste wissenschaftliche Studien verständlich präsentiert und sich für eine ausgewogene, gesunde Ernährung einsetzt. In erster Linie geht es ihm dabei um die Prävention, um die Vorbeugung.

Prof. Hademar Bankhofer, Jahrgang 1941, hat nach seinem Abitur vorerst Jura, dann Publizistik, Germanistik und Philosophie an der Universität Wien studiert. Dann wurde er Reporter, Berichterstatter, schließlich stellvertretender Chefredakteur einer Wochenzeitung. Er hat nicht immer gesundheitsbewusst gelebt. Sein Alltag war das Gegenteil: Stress, hastiges Essen – hauptsächlich Wurstsemmeln und eiskalte Getränke –, Zigaretten, Pfeife. Eines Tages musste er die Rechnung dafür bezahlen: Gastritis, Kopfschmerzen, Nierensteine.

In dieser Zeit lernte er den Radrenn-Weltmeister Ferry Dusika kennen, der damals bereits Aufsehen erregende Hinweise über die Zusammenhänge von Gesundheit und Ernährung sowie Ernährung und Sport gab. Er wurde zum Lehrer Bankhofers, führte ihn

in das Wissen der sinnvollen Vollwerternährung ein, machte ihm die Bedeutung von Vitaminen, Mineralstoffen, Spurenelementen, Enzymen und Ballaststoffen klar. Und Bankhofer erlebte es plötzlich an sich selbst: Mit Kräutertees, Vollkornprodukten, viel frischem Obst und rohem Gemüse sowie mit Mineralwasser als Hauptgetränk und ohne Nikotin wurde er gesund, leistungsfähiger, fit und vital. Er war von der Kraft des naturnahen Lebens überzeugt.

Er stellte spontan sein Leben um, tapfer unterstützt von seiner Frau Lizzy, mit der er bereits seit 1969 verheiratet ist. Und dann kam der Tag, an dem er beschloss, all diese Vorteile eines gesünderen Lebens auch anderen mitzuteilen. Sein Weg als Medizin-Journalist und Medizin-Publizist war bestimmt. Er schrieb Bücher zum Thema Gesundheit.

Er arbeitet inzwischen selbst wissenschaftlich, bildet sich ununterbrochen auf dem Gebiet der Medizin und der gesunden Ernährung weiter. Er arbeitet eng mit führenden Ärzten, Naturheilexperten und Ernährungsfachleuten in aller Welt zusammen, besonders intensiv mit dem Institut für Sozialmedizin an der Universität Wien, aber auch mit dem Linus-Pauling-Institut, dem größten Ernährungsforschungs-Institut der Welt, in den USA. Er war Mitarbeiter des Institutes für medizinische Vitamin- und Mineralstoff-Forschung in München, sitzt im Kuratorium des Verbandes zur Förderung der gesunden Ernährung und Diätetik in Aachen, ist Vorstandsmitglied des Österreichischen Kneippbundes, gehört seit Sommer 2003 dem Kuratorium der deutschen Gesellschaft für Ernährungsmedizin an und sitzt im Vorstand der Gesellschaft für Gesundheit und Ernährung in Köln. Und er ist seit dem Jahr 2000 Lehrbeauftragter an der Universität Leipzig.

Im Jahr 1991 verlieh ihm der österreichische Wissenschaftsminister für seine medizinisch-wissenschaftliche Arbeit auf Vorschlag der Universität Wien den Berufstitel „Professor". Seit seiner Vorlesung im Jahr 1990 an der Ruhr-Universität Bochum befasst er sich auch intensiv mit dem Thema „Medizinische Kommunikation in den Massenmedien".

Er folgte bereits mehrmals einer Einladung an die Medizinische Schule der weltberühmten Harvard Universität, an die Tufts Universität, beide in Boston, USA, und an die Universität von North Carolina, USA, mit der er

als Initiator eine wissenschaftliche Plattform, das Internationale Lecithin-Forum, ins Leben gerufen hat. Immer wieder unternimmt er Studienreisen in die USA und in andere Teile der Welt, um die neuesten wissenschaftlichen Erkenntnisse mit in seine Arbeit einbeziehen zu können.

Privat steht Hademar Bankhofer auf dem Standpunkt: Man kann nur überzeugen, wenn man so lebt wie man schreibt und redet. Rund ums Haus im eigenen Garten am Stadtrand von Wien baut das Ehepaar Bankhofer nach biologischen Grundsätzen sein eigenes Obst, Gemüse und viele Kräuter an. Den Naturdünger dazu liefern unter anderem die zutraulichen Ziegen Marie, Stefanie, Sophie und Sahni sowie das zahme Schaf „Mausi", allesamt richtige Schmusetiere. Bei seinen Tieren – und dazu gehören auch die beiden Kater „Tommy" und „Timmy" – findet Bankhofer Erholung von seiner Arbeit, kann so richtig abschalten.

Ehefrau Lizzy sitzt für ihren Mann am Computer an der Arbeit, unterstützt ihn bei der Entstehung seiner Bücher, macht nahezu alle Fotos zu diesen Büchern und erledigt die umfangreiche Korrespondenz. Aber sie bäckt auch regelmäßig das hauseigene Vollkornbrot und sorgt dafür, dass jeder Morgen mit Kräutertee und einem Vollkorn-Müsli mit Kefirmilch beginnt.

Prof. Bankhofer und Ziege Marie